我们一起解决问题

跨境电商出口零售实务

王淑翠 编著

人民邮电出版社
北 京

图书在版编目（CIP）数据

跨境电商出口零售实务 / 王淑翠编著. -- 北京：人民邮电出版社，2020.9（2023.7重印）
ISBN 978-7-115-54470-4

Ⅰ．①跨… Ⅱ．①王… Ⅲ．①对外贸易—电子商务—零售业—商业经营 Ⅳ．①F713.365

中国版本图书馆CIP数据核字(2020)第131082号

内 容 提 要

作为电子商务发展的热点领域，跨境电商为企业和个人创业者提供了一个施展身手的空间。本书以实操指导的方式，对跨境电商出口零售的基础知识、运营管理，以及亚马逊、速卖通、eBay、Wish、Lazada等平台在市场状况、业务模式、运营规则与要求等方面的情况进行了详细讲解和分析。同时书中还介绍了各平台账号注册、店铺定位与页面管理、页面打造与视觉设计等技巧，以期帮助读者快速开启海外掘金之路。

本书适合所有电商从业人员和将在电商行业创业的读者阅读，也可作为电子商务、国际贸易专业学生学习相关课程时的参考用书。

◆ 编　　著　王淑翠
　　责任编辑　程珍珍
　　责任印制　彭志环
◆ 人民邮电出版社出版发行　北京市丰台区成寿寺路 11 号
　　邮编 100164　电子邮件 315@ptpress.com.cn
　　网址 https://www.ptpress.com.cn
　　北京七彩京通数码快印有限公司印刷
◆ 开本：800×1000　1/16
　　印张：20.75　　　　　　　　　　2020 年 9 月第 1 版
　　字数：450 千字　　　　　　　　2023 年 7 月北京第 4 次印刷

定　价：89.00 元

读者服务热线：（010）81055656　印装质量热线：（010）81055316
反盗版热线：（010）81055315
广告经营许可证：京东市监广登字20170147号

推荐序

近年来,全球经济增长乏力,国际贸易保护主义抬头,传统外贸面临更加复杂严峻的形势。加上传统外贸交易周期长、环节多、流程繁杂等原因,我国外贸出口企业面临转型升级的诸多困惑。特别是2020年新冠肺炎疫情的全球突发,更对传统外贸造成了重大冲击。相比之下,在互联网技术全球应用和迭代创新基础上,跨境电子商务呈现蓬勃发展之势,逐渐成为我国外贸的新引擎和经济的增长点。

基于跨境电商顺应时代潮流以及对我国经济增长的重要贡献,国家高度重视跨境电商新型贸易模式的发展,持续释放政策利好,优化跨境电商营商环境。

从我国跨境电商综合试验区的多次扩围,到有关部门推出一系列的跨境电商贸易便利化措施,以及大力支持世界电子贸易平台(eWTP)建设,这些重要举措都凸显了国家对于加快推动跨境电商发展的信心和决心。跨境电商必将加速打造我国外贸新格局,成为中国连接世界各国的新纽带。

跨境电商模式呈现多样化,目前占主导地位的是B2B模式,但以中小微企业为主的跨境电商出口零售发展更加迅速。中华人民共和国商务部相关数据显示,2020年1—2月,我国跨境电商出口零售额为59.6亿元,同比增长144%。在传统外贸遭受新冠肺炎疫情重创而跨境电商总体订单受到一定影响的情况下,跨境电商出口零售的逆势增长令人欣喜,为国内企业和个人参与国际市场增添了信心和动力。

杭州师范大学王淑翠教授编著的《跨境电商出口零售基础》和《跨境电商出口零售实务》两部书恰逢其时。《跨境电商出口零售基础》阐述了跨境出口零售的内涵,介绍了目前全球跨境电商出口零售的主要市场、营销模式、配套服务以及相关政策等。《跨境电商出口零售实务》以培养适应跨境电商发展需要的经营管理人才为目标任务,开篇介绍了跨境电商出口零售的基础知识，随后介绍了亚马逊、速卖通、eBay、Wish、Lazada 等跨境电商主流平台以及独立站的实际操作流程。基础知识可帮助读者全面深入了解跨境电商的基础理论、发展历程、运营管理与相关政策。平台实操部分不仅可以帮助读者了解和熟悉跨境电商平台的业务特点与平台环境，同时也可以帮助读者掌握后台实操与运营技巧。

本书结构清晰、内容通俗、图文并茂，可以让读者快速学习和掌握各大平台的开店技能。本书既适合外贸公司从业者、跨境电商创业者和政府部门管理人员阅读，也适合高等院校相关专业的师生学习。总体来说，本书涉及的理论和实务，基本上涵盖了跨境电商实践的各个环节，是一本能够有效提高读者理论知识和实践能力的图书。

欧阳澄

阿里巴巴跨境电子商务研究中心主任

2020 年 6 月 18 日

跨境电子商务简称"跨境电商",是一种新兴的商业交易模式。该模式使得电子商务从单一国家(地区)内部的交易服务延伸为跨越关境的全球化交易服务。随着互联网和电子商务在全球各地的发展,跨境电子商务正逐渐取代传统的线下外贸交易方式,成为全球商品与服务的重要流通方式,并为我国外贸导向型企业提供了转型升级的极佳途径。跨境出口电商发端于B2B,借助传统外贸优势飞速发展,且逐步向价值链上下游延伸。近年来B2C、C2C等零售电商蓬勃兴起并呈现高速增长的势头。

在此背景下,笔者在全面深入了解跨境电商出口零售的发展现状及主要岗位技能要求的基础上,以培养适应跨境电商发展需要的经营管理人才为目标,以应用型专业大学生和社会创业者为培养主体,以跨境电商的基本理论与应用为核心,以产学结合、学以致用、理论与实践并重为导向,编写了本书,以便对计划从事跨境电商的实践者提供入门所需要的知识和技能。

本书第一章介绍了跨境电商出口零售的基础知识,使读者能全面而深入地了解跨境电商的基础理论、发展历程、运营管理与相关政策。第二章至第七章主要介绍了跨境电商主流平台、独立站及其运营管理工作,使读者能了解并熟悉跨境电商平台的业务特点和平台环境,以及后台实操与运营技巧。通过本书,读者可快速掌握跨境电商的运营知识,以及从平台卖家账号注册到运营管理的技能。

在本书的编写过程中,笔者负责全书章节的设计、组织、审阅、修改和完善,杭州谷洋科技有限公司创始人柴鑫玉(杭州师范大学阿里巴巴商学院2016级电子商务专业本科生)协助专业指导并提供部分资料,王丹丹、宣峥楠协助全书的编写工作。资料收集与整理人员的具体分工为:俞金君负责第一章,叶荣金负责第二章,王宏莉负责第三章至第五章，郑亚萍负责第六章和第七章。

　　本书内容源于笔者六年来在杭州师范大学阿里巴巴商学院从事互联网商务相关教学和科研工作的积累。近两年笔者关于eWTP建设、跨境电商综合试验区发展、互联网平台监管、新零售等方面的7份咨政报告9次获得浙江省领导的肯定性批示，在数字经济发展和治理方面贡献了学者智慧，拥有了一流的写作知识积累。在此，感谢杭州师范大学和阿里巴巴商学院同事的支持！感谢南斯团队（Amazon）负责人叶振、延一团队（Amazon）负责人柴鑫玉、瑞修团队（Wish、Shopee）负责人胡锦鹏等同学，笔者曾参与指导学科竞赛，带他们一起获得了国家级大学生竞赛全国最高奖。感谢阿里巴巴旗下阿里研究院立项的"活水计划"项目给笔者提供很多实践调研学习机会。此外，本书也借鉴了一些公开出版物与网络资料的信息和数据，得到了来自亚马逊、速卖通、Wish、Shopee、eBay、Lazada等跨境电商平台运营管理人员和创业者的支持，特别感谢速卖通平台的资深创业者汤华江先生的指导。在此，对以上各项数据资料提供者和原创者表示感谢。

　　跨境电商出口是对外贸易的重要方向，也是大势所趋。在这种趋势下，必然会有更多的资本和企业涌入，使跨境电商的竞争更加激烈。谁能更早地进入跨境电商领域，谁就能更好地布局跨境电商平台；谁能更多地抢占全球市场高地，谁就能在这场国际贸易转型变革中获得更多的竞争优势。我们的团队成员均来自杭州师范大学阿里巴巴商学院，受益于杭州这个全国首个跨境电商综合试验区的政策优势和发展经验，但我们的研究还处于积累和深化的过程中，与此相关的很多原创概念和学术观点比较新，可能在业内尚未达成普遍共识，且由于作者水平有限，书中的疏漏、不当之处难免，望读者不吝指正。

王淑翠
杭州师范大学阿里巴巴商学院
网络贸易发展与治理研究中心
2020年6月28日

目 录

第一章 跨境电商出口零售概述

第一节 初识跨境电商出口零售 // 1
 一、跨境电商出口零售定义 // 1
 二、跨境电商出口零售模式分类 // 2

第二节 跨境电商出口零售市场 // 4
 一、全球市场概况 // 4
 二、成熟主流市场 // 5
 三、新兴发展市场 // 7
 四、潜力掘金市场 // 8

第三节 跨境电商出口零售营销模式 // 9
 一、搜索引擎营销与优化 // 9
 二、社交媒介功能与推广 // 12
 三、直接营销——邮件推广 // 14
 四、"网红"营销 // 16
 五、营销推广 // 17

第四节 跨境电商出口零售相关服务 // 19
 一、外贸综合服务平台 // 19

 二、跨境收款服务 // 19
 三、国际仓储物流 // 21
 四、数据分析软件 // 24

第五节 税务合规管理 // 24
 一、各种税务的定义 // 24
 二、现阶段各国和地区税务政策的特殊要求 // 26

第六节 知识产权建设 // 30
 一、知识产权纠纷类型 // 30
 二、各跨境电商平台知识产权规则 // 31

第七节 跨境电商出口零售品牌建设 // 35
 一、跨境电商出口零售品牌战略 // 35
 二、如何进行品牌建设 // 36

第八节 跨境电商出口零售团队建设与管理 // 38

一、团队建设 // 38

二、团队管理 // 39

第九节　跨境电商零售出口政策汇总 // 41

第二章　亚马逊平台实务

第一节　亚马逊全球市场概况 // 47

一、北美站 // 50

二、欧洲站 // 50

三、日本站 // 51

四、澳大利亚站 // 51

五、印度站 // 52

六、中东站 // 53

七、中国站 // 54

第二节　亚马逊开店注册过程介绍 // 54

一、亚马逊账号 // 54

二、注册方式 // 55

三、注册资料准备 // 56

第三节　店铺定位与页面管理 // 57

一、两种运营模式 // 57

二、产品开发思路 // 58

三、选品建议 // 62

四、选品的辅助工具 // 62

五、从样品到产品的过程 // 64

六、选品的其他问题 // 65

第四节　页面打造与视觉设计 // 66

一、产品标题 // 66

二、搜索关键词 // 67

三、五行描述 // 69

四、长描述 // 71

五、产品图片 // 73

六、上传商品页面 // 74

七、页面打造注意事项 // 79

第五节　店铺网络营销 // 80

一、数据分析与爆款打造 // 80

二、客户服务与评论管理 // 87

三、站内引流与促销推广 // 92

第六节　仓储与物流 // 100

一、跨境电商物流模式 // 101

二、发货方式 // 101

三、FBA 介绍与分析 // 102

四、FBA 发货实操及注意事项 // 107

第七节　平台规则与账号安全 // 110

一、全球开店卖家禁止的行为 // 110

二、法规和海关规则 // 112

三、欧洲站 KYC 审核 // 112

四、欧洲站 VAT 税号 // 114

五、知识产权 // 116

六、账号关联 // 117

七、品牌备案 // 119

第三章　速卖通平台实务

第一节　平台规则与平台服务 // 120

一、平台规则 // 120

二、客户服务 // 128

三、跨境支付 // 136

四、物流管理 // 141

第二节　平台店铺账户注册 // 147

一、账户注册 // 147

二、后台设置 // 150

第三节　店铺选品与页面管理 // 153

一、店铺选品 // 153

二、页面管理 // 156

第四节　营销活动与数据分析 // 161

一、平台活动 // 161

二、店铺促销 // 164

三、其他营销 // 166

四、数据分析 // 170

第四章　eBay 平台实务

第一节　eBay 平台规则与平台服务 // 173

一、平台规则 // 173

二、客户服务 // 176

三、跨境支付 // 182

四、物流管理 // 184

第二节　平台店铺注册 // 188

一、注册与资费 // 188

二、后台设置 // 193

第三节　eBay 选品与产品管理 // 198

一、店铺选品 // 198

二、产品管理 // 200

第四节　网络营销与数据分析 // 206

一、网络营销 // 206

二、平台促销 // 207

三、店铺促销 // 209

四、数据分析 // 210

第五章　Wish 平台实务

第一节　Wish 平台规则与平台服务 // 213

一、平台规则 // 213

二、物流管理 // 216

三、客户问题 // 220

第二节　Wish 平台账号注册 // 221

一、账号注册 // 221

二、后台设置 // 225

第三节　Wish 选品与页面管理 // 232
　　一、市场选品 // 232
　　二、产品管理 // 233

第四节　网络营销与数据分析 // 236
　　一、网络营销 // 236
　　二、数据分析 // 238

第六章　东南亚跨境平台实务

第一节　东南亚 Lazada 平台实务 // 245
　　一、平台规则与平台服务 // 245
　　二、平台店铺注册 // 249
　　三、店铺选品与页面管理 // 251
　　四、订单管理 // 258
　　五、网络营销 // 261

第二节　东南亚 Shopee 平台实务 // 266
　　一、平台规则与平台服务 // 266
　　二、平台店铺注册 // 269
　　三、店铺选品与页面管理 // 272
　　四、订单管理 // 278
　　五、网络营销 // 280

第七章　独立站实务

第一节　网站搭建 // 288
　　一、案例简析 // 288
　　二、建站要点 // 291
　　三、建站常用工具 // 292

第二节　网站推广 // 293
　　一、搜索引擎优化 // 293
　　二、社交媒介推广 // 300
　　三、"网红"营销 // 319

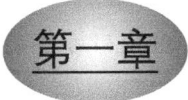

跨境电商出口零售概述

第一节 初识跨境电商出口零售

一、跨境电商出口零售定义

在我国，跨境电子商务特指跨境电子商务出口零售。跨境电子商务（Cross-Border Electronic Commerce）简称"跨境电商"，是指通过电子商务平台达成交易、进行结算，并通过跨境物流送达商品、完成交易的国际商业活动。

跨境电商有各种不同的分类方法。从贸易方式来看，跨境电商可分为出口跨境电商和进口跨境电商；从贸易主体来看，跨境电商可分为B2B（Business-to-Business，企业对企业）跨境电商、B2C（Business-to-Customer，企业对消费者）跨境电商和C2C（Customer to Customer，消费者对消费者）跨境电商。此外，跨境电商还有广义和狭义之分。

从广义上看，跨境电商是指分属不同的国家或地区的交易主体，通过互联网将传统的国际贸易中的商品展示、磋商和支付等环节电子化，实现产业链上各个主体的信息资源互通、互动，并通过跨境物流将商品送达、完成交易的新型贸易方式。

从狭义上看，跨境电商是指分属不同关境的交易主体，通过互联网达成交易，进行跨境支付结算，并采用跨境物流递送商品、完成交易的一种国际贸易活动。

跨境电商是互联网发展到一定阶段催生的新型电子商务应用模式。海关定义的跨境电子商务是在网上针对消费者进行的小包买卖。从严格意义上来说，随着跨境电商的发展，跨境零售消费者中也包括一部分碎片化小额买卖的商家用户，但在现实中这类商家用户和个人消费者很难区分，也很难对他们进行严格界定。因此，从总体上来说，这部分针对商家用户的销售也属于跨境零售。本书主要介绍狭义跨境电商中的出口零售部分。

跨境电商 B2C 模式是指分属不同国家或地区的企业直接向个人消费者开展的国际电子商务活动，也可概括为企业对个人开展的电子商务活动，包括企业通过互联网为个人消费者提供咨询服务、进行商品销售等，为消费者搭建一个网上商店和一套网上交易系统。与传统外贸不同，B2C 跨境电商面对的最终客户群体是个人消费者，因此需要针对不同的消费需求，通过互联网将商品信息发布到电商平台。全球消费者可通过电商平台选择来自世界各地的商品，这减少了原有的批发、零售等一些中间环节，使得跨境交易更加便捷。跨境电商 B2C 模式的代表平台有国内的速卖通、DX、兰亭集势、米兰网、新蛋（Newegg），以及国外的亚马逊、eBay、Wish 等。各跨境电商平台在不同的垂直类目商品销售上各有优势，如兰亭集势在婚纱销售方面比较有竞争力，新蛋在 3C 数码电子产品销售方面较有优势。

二、跨境电商出口零售模式分类

（一）以电商网站开发与运营主体为划分依据

按照电商网站开发与运营主体划分，可将跨境电商分为平台型跨境电商和自营型跨境电商。其中，平台型跨境电商开发与运营第三方电子商务网站，吸引商品卖家入驻平台，由卖家负责商品物流与客服，并对买家负责；自营型跨境电商开发与运营电子商务网站，自己负责商品的采购、销售、客服与物流，并对买家负责。两种电商模式的对比如表 1-1 所示。

表 1-1　平台型跨境电商与自营型跨境电商的对比

类型	主要特征	优势	劣势
平台型跨境电商（亚马逊、速卖通、eBay、Wish）	商家云集，商品种类丰富，不从事商品交易环节的工作，主要工作是吸引商家入驻	（1）商品货源广泛 （2）商品种类繁多 （3）支付方式便捷 （4）平台规模效应强	（1）商品质量没有保证，消费者信任度偏低 （2）物流、海关与海检等环节资源不稳定，服务质量不高

(续表)

类型	主要特征	优势	劣势
自营型跨境电商（兰亭集势、米兰网、环球易购、DX）	采购商品与备货是主营业务之一，涉及从商品供应、销售到售后的整条供应链	（1）掌控能力强 （2）商品货源可信度高 （3）商品货源较稳定 （4）物流、海关与商检等环节资源稳定	（1）整体运营成本高 （2）资源需求多 （3）运营风险高 （4）资金压力大 （5）商品滞销、退换货成本高

（二）以网站经营商品的品类为划分依据

按照网站经营商品的品类划分，电商又可分为垂直型跨境电商和综合型跨境电商。其中，垂直型跨境电商是指专注于某些特定的领域或某种特定的需求，提供该领域或需求的全部深度信息与服务。它最大的优势体现在更精准的市场定位、更优质的服务、更强的客户黏性，以及独特的品牌附加度等方面。目前，我国盈利能力较强的垂直型跨境电商企业主要经营化妆品、母婴产品、保健品、服装、奢侈品等，如定位母婴商品的红孩子（2012年被苏宁收购）、专注于女性用品特卖的唯品会等。垂直型跨境电商凭借其在某一细分市场上的专注与专业，通过更加细致的产品运营与售后管理，提供更加符合消费者需求的产品。与综合型跨境电商企业相比，垂直型跨境电商更能满足消费者需求，更容易赢得消费者信任，从而获得更强的客户黏性，塑造更强的品牌口碑与品牌价值，最终实现良好的业态循环。

垂直型跨境电商企业与传统的内贸垂直电商企业在下列几个方面有所不同。

1. 采购端

垂直型跨境电商的采购模式一般根据消费者订单信息决定采购品种并向供货商进行采购。采取这样的采购模式既能减少被中间商盘剥利润，提高盈利，又可以保证产品质量，从而增强客户黏性。这也是目前我国垂直型跨境电商企业能够保持进销差价优势的重要原因。

2. 支付端

由于垂直型跨境电商企业的业务重心在于发掘行业内产品与服务价值和质量，所以其在支付端往往采用与第三方合作的模式,而非自建支付体系,如兰亭集势与环球易购等。虽然跨境支付与内贸支付有所不同,但这并不是垂直型跨境电商与国内电商的重要差异。

3. 物流端

物流是垂直型跨境电商与国内电商的重要差异点。考虑到跨境物流这一棘手问题,目前,海外仓已经取代大小包邮,成为解决这一问题的有效措施。例如,兰亭集势等大型垂直型跨境电商企业纷纷开展海外仓的建设,通过提前备货、集中化运输降低物流环节的成本。考虑到垂直型跨境电商企业的产品多集中于某一领域,管理成本更低,因此未来海外仓有望成为垂直型跨境电商的外贸标配。

4. 关税与商检

目前,我国海关通关商检政策允许试点城市对跨境零售电商使用行邮清关规则,从制度上维持跨境电商渠道与一般进口渠道间价差,因此跨境电商产品仍具备价格竞争优势。随着未来政策的进一步完善,跨境电商企业报关程序将进一步简化,这在提高通关效率的同时也有助于降低企业交易费用。

垂直型跨境电商企业凭借其在某种产品与服务上极强的专业性、价格的合理性,较综合型跨境电商企业具备一定的竞争优势,是一种具有"刚性"的电商企业模式。

第二节 跨境电商出口零售市场

一、全球市场概况

随着全球电子商务市场的快速成长,跨境电商已经成为国际贸易的新亮点,并受到各国的高度重视,一些国家也基于本国利益收紧了相关政策。欧盟数字单一市场(DSM)计划推出增值税(VAT)改革,将单一的增值税系统扩展到实物商品的在线销售,并在欧盟范围内引入一个共同的增值税门槛,以帮助小型电商企业。欧盟增值税 DSM 改革预期将会降低电子商务的合规性和会计成本,并将简化在欧盟销售跨境商品的程序。

随着"一带一路"倡议的走深做实,丝路电商快速发展,成为中国外贸新亮点。在"一带一路"沿线65个国家中,12个是发达国家,占"一带一路"国家总数的18.46%,53个是发展中国家,占比达到81.54%,各国经济发展阶段不尽相同。2018年,"一带一路"倡议拓展到欧盟成员国,如奥地利、希腊、马耳他、葡萄牙等,并正式延伸至拉美地区,如智利、乌拉圭、委内瑞拉、玻利维亚、厄瓜多尔等,增加了37个非洲国家,此外还有9个太平洋岛国加入。随着中国"一带一路"倡议的不断延伸,沿线国家之间的多样性和差异性将进一步扩大,开拓新兴市场的难度也将进一步增加。

2018年,中国与柬埔寨、科威特、阿联酋、奥地利等国跨境电商交易额同比增速均超过100%。同时,中国"一带一路"沿线重要节点城市的跨境电商也快速发展。2018年《亚马逊全球开店中国出口电商城市发展趋势报告》的评选结果显示,21世纪海上丝绸之路沿线的福州、泉州和广州入选中国2018年跨境电商出口发展20强城市。同时,丝绸之路经济带沿线的西安和兰州进入中国2018年新增22个跨境电商综合试验区名单。中国重要节点城市跨境电商持续创新发展,将进一步带动中国与"一带一路"沿线国家跨境电商的发展。

二、成熟主流市场

(一)欧洲市场

欧洲跨境电商信息平台发布的第一版《欧洲跨境电商500强企业》"Top 500 Cross-Border Retail Europe"研究报告显示,欧洲的在线跨境市场2018年的营业额为950亿欧元,这相当于欧洲在线电商销售总额22.8%的跨境份额。艾媒咨询数据显示,2018年西欧电子商务市场份额达到68.22%,是欧洲最大的电子商务市场,南欧次之,电子商务市场份额占比11.96%,中欧最低,仅占5.15%。此外,2018年的相关数据显示,在欧洲各国中,跨境网购普及率最高的是马其顿地区和葡萄牙,卢森堡次之,瑞士紧随其后。欧洲跨境网购普及率体现出较大的地区差异,排名第一的地区跨境网购普及率高达85%,排名末位的地区跨境网购普及率则低至2%,大多数国家的跨境网购普及率为25%~36%。2018年,欧洲互联网普及率为82.5%,北欧和西欧是互联网普及率最高的地区（分别是93.3%和92.3%）。欧洲消费者中使用网购的消费者所占比例因国家而异。瑞士、英国和丹麦这一比例在2018年超过85%，而在罗马尼亚和乌克兰等国家的这一比例不到26%。在2018年欧洲电子商务排名前十的国家中英国以1777亿欧元的电商销售额稳坐欧洲第一电商市场位置，法国和德国分别以932亿欧元和930亿欧元的销售额，占据欧洲电商市场第二、第三的位置。占据第四位的是有着317亿欧元销售额的俄罗斯。欧洲电子商务发展的黑马西班牙在2018年已成为欧洲第五大电商市场。

（二）美国市场

购买行为和科技的变化已经影响了美国人的购物方式。在信息技术和网络技术等快速发展的背景下，美国的消费者已习惯并熟悉各种先进的电子支付方式，如网上支付、邮件支付、手机支付等支付方式。信用卡是美国常用的跨境支付方式之一。美国的第三方支付公司能处理支持158种货币的维萨（VISA）与万事达（MasterCard）信用卡、支持79种货币的美国运通卡（American Express）、支持16种货币的大莱卡（Diners）等。另外，PayPal也是美国人常用的电子支付方式。

对于品牌电商来说，升级现有业务、营销和销售策略来迎合现代消费者的需求，将会变得非常重要。

（三）日本市场

日本虽然是个岛国，但物流相当成熟，配送质量和速度都非常稳定，除了冲绳及四国岛，一般物品都可在一至两天签收。日本口岸清关十分麻烦，海外仓补货不当会产生风险，因为日本海关对货物进关要求非常严格，不够专业或没有按照要求申报货物，会被查验及扣压，从而会产生很多费用。此外，缴纳的关税、仓储服务费也比较高。海关征税分进口关税和消费税，不同品类的关税税率不同。

2018年日本经济产业省发布的无现金化愿景（Cashless Vision）表明，中国的无现金支付普及率约为60%，韩国为89%，欧美为40%~50%，日本仅为18%。日本目前没有突出的第三方支付平台，根据日本ICT综合研究所的数据统计，截至2019年3月，无现金支付方式的使用人数正在大幅增长。其中,移动支付大有超越电子货币之势,成为日本未来支付手段的中流砥柱。

三、新兴发展市场

(一)俄罗斯市场

近几年俄罗斯一直遭受世界经济危机的影响,但是经济危机恰恰促进了电子商务特别是跨境电商的发展。Data Insight(IT咨询公司)的数据显示,2018年,俄罗斯的电商市场价值达1.15万亿卢布,相较于2017年增长了19%。俄罗斯中央银行报告称,2018年俄罗斯消费者在外国在线商店花费了6 100亿卢布。2018年,跨境电商卖家来自俄罗斯市场的收入有了明显增加,达到34.7%。跨境在线销售已经显示出增长的迹象。

俄罗斯网民数量逐年攀升,推动着跨境电子商务市场的发展。Yandex与GFK的研究资料表明,跨境网购的消费群体多集中在20~29岁,该年龄段消费群体表现最活跃,文化水平较高,易于接受新事物,对跨境在线购物与支付了解较深。移动网络与移动支付在俄罗斯市场初露端倪,虽然现有的接受度不高,但发展潜力巨大。Planet Retail对俄罗斯消费者的一份调查资料显示,俄罗斯有53%的互联网消费者使用移动网络,有39%的互联网消费者表示将会使用手机购物,有57%的互联网消费者倾向于通过手机实现跨境商品的价格比较。近几年,俄罗斯网购规模增速较快,新增网购群体主要来源于莫斯科以外的偏远地区、低收入群体以及互联网新进群体。曾有多份资料提出,俄罗斯互联网消费者选择跨境网购的主要原因是较低的商品价格与更多的商品种类选择。历史上,俄罗斯与中国一直有着非常密切的贸易交往,到了跨境电商时代,贸易往来更为高效。RBC研究机构数据显示,速卖通已成为俄罗斯跨境电子商务市场中的"领头羊",占据着35%的市场份额。在进入俄罗斯市场后,速卖通得益于自身管理、地理、产品、价格等众多优势成为每月访问量最高的平台,并稳居行业老大地位。eBay于2013年涉入俄罗斯跨境电子商务业务,一并进入的还有旗下支付服务系统PayPal,占据了30%的市场份额,居行业第二位。俄罗斯本土平台Ozon和Ulmart表现不俗。其中,Ozon服务辐射整个俄罗斯市场,经营商品达300多万种,年营业收入近10亿美元;Ulmart以3C产品及家居用品为主,服务主要面向大城市市场,自建物流配送体系,并在几个大城市建有物流基础设施,年营业收入超过 10 亿美元。

(二)巴西市场

巴西是以初级加工为主的发展中国家。巴西占据了南美洲电商市场的半壁江山,电商市场调研公司 Ebit Nielsen 公布的数据显示,2018 年巴西的电商交易额为 532 亿雷亚尔(约合 950.09 亿元人民币),同比增长了 12%,电商订单数量达到了 1.23 亿个,同比增长了 10%。电子商务是巴西国内经济增长较为活跃的领域之一,其发展态势尤为可观。与此同时,对于巴西人民来说,国外电商网站的选择范围更大,价格也往往更便宜。尼尔森市场研究公司关于跨境购物动机的调查显示,巴西民众跨境网购的一个主要原因是"网购省钱",另一个主要原因是"网上能找到更多当地没有的商品"。

(三)澳大利亚市场

由于澳大利亚在全球的地理位置和本国的资源优势,使得澳大利亚民众非常喜欢跨境购物。互联网覆盖率的不断扩大促进了电子商务的快速发展。澳大利亚民众网络购物非常频繁。谷歌的消费者洞察报告显示,澳大利亚的互联网覆盖率非常高,平均每人拥有 3.1 台网络设备,处于世界领先水平。有研究显示,澳大利亚大约有 30% 的消费者在网上购物的时间超过在实体店的时间。澳大利亚国家银行称,2018 年澳大利亚人在网购方面的支出共计达到 286 亿澳元。据 Statista 估计,到 2021 年,澳大利亚电商市场规模将达到 352 亿澳元。

四、潜力掘金市场

(一)东南亚市场

东南亚市场主要包括新加坡、马来西亚、印度尼西亚、泰国、菲律宾和越南等。目前,东南亚正站在电子商务黄金时代的风口浪尖上,正在为成为仅次于中国和印度的第三大电商市场做准备。美国 eMarketer 公司预计,未来 40% 以上的 B2C 电子商务企业将设在亚太地区。2018 年 11 月,谷歌和淡马锡联合发布的《东南亚互联网经济报告》显示，东南亚的互联网经济规模已经接近 1 000 亿美元，预计在 2025 年将超过 2 400 亿美元，较此前的预期增长了 400 亿美元。东南亚有将近 6.5 亿人口，截至 2019 年 6 月，东南亚地区的互联网渗透率已超过 60%。据统计，由于智能手机和移动网络的普及，电子商务也将迎来爆发式增长。

（二）印度市场

印度作为"一带一路"倡议辐射区域的核心地区，具有重要的战略地位。中国从古至今都与印度存在经贸往来，印度与中国毗邻，中国具备开发印度跨境电子商务的地理优势，不仅表现为海上的地理优势，也表现为陆地与空间的地理优势。中国丝绸之路经济带辐射地区、中国沿海地区，乃至内陆地区都可以有条件地根据自身优势借助"一带一路"倡议积极参与印度跨境电子商务市场的开发。例如，泛北部湾具备区域经济角度的发展优势，需要重视与印度经贸关系的发展与维持。

（三）中东市场

中东地区自古以来就是国际贸易要塞。因其独特的地理位置和丰富的石油资源，中东地区的消费能力高但物资相当缺乏，因此当地居民跨境网购的热情非常高，客单价较高。中东在 16 个国家有 122 个主机托管数据中心，海湾六国互联网基础设施较为成熟，71% 的用户通过 3G/4G 上网，移动电话渗透率高达 77%，其中 64% 是智能手机（阿联酋 80.6%），位居世界前列。

第三节　跨境电商出口零售营销模式

一、搜索引擎营销与优化

（一）搜索引擎营销

1. 搜索引擎营销的概念

搜索引擎营销是根据用户使用搜索引擎的方式，利用用户检索信息的机会尽可能将营销信息传递给目标用户。简单来说，搜索引擎营销就是基于搜索引擎平台的网络营销，利用人们对搜索引擎的依赖和使用习惯，在人们检索信息时尽可能地将营销信息传递给目标客户。搜索引擎营销的基本思想是让客户发现信息，并通过进入网站/网页进一步了解他所需要的信息。在介绍搜索引擎策略时，一般认为，搜索引擎优化设计的主要目标有两个：被搜索引擎收录、在搜索结果中排名靠前。如今这已经成为一种常识，多数网络营销专业服务商对搜索引擎的目标设定也基本处于这个水平。但从目前的实际情况来看，仅仅做到被搜索引擎收录并且在搜索结果中排名靠前还不够，因为取得这样的效果实际上并不一定能增加客户的点击率，更不能保证将访问者转化为顾客或者潜在顾客，所以这只是搜索引擎营销策略中两个最基本的目标。

2. 搜索引擎营销的主要特点

（1）搜索引擎营销与企业网站密不可分

一般来说，搜索引擎营销作为网站推广的常用方法，在未建立网站的情况下很少被采用（有时也可以用来推广网上商店、企业黄页等）。搜索引擎营销需要以企业网站为基础，企业网站设计的专业性对网络营销的效果会产生直接影响。

（2）搜索引擎传递的信息只发挥向导作用

搜索引擎检索出来的是网页信息的索引，一般只是某个网站/网页的简要介绍，或者搜索引擎自动抓取的部分内容，而不是网页的全部内容，因此这些搜索结果只能发挥一个"引子"的作用。如何尽可能地将有吸引力的索引内容展现给客户，是否能吸引客户根据这些简单的信息进入相应的网页继续获取信息，以及该网站网页是否可以给客户提供他所期望的信息，这些都是搜索引擎营销所需要研究的主要内容。

（3）搜索引擎营销是客户主导的网络营销方式

客户的信息检索行为，即使用什么搜索引擎、通过搜索引擎检索什么信息完全是由客户自己决定的，在搜索结果中点击哪些网页也取决于客户的判断。因此，搜索引擎营销是由客户所主导的，最大限度地减少营销活动对客户的干扰，这也非常符合网络营销的基本思想。

（4）搜索引擎营销可以实现较高程度的定位

网络营销的主要特点之一就是可以对用户行为进行准确分析并实现高程度定位。搜索引擎营销在客户定位方面发挥了非常大的作用，尤其是在搜索结果页面出现的关键词广告，完全可以实现与用户检索所使用的关键词高度相关，从而提高营销信息被关注的程度，最终达到增强网络营销效果的目的。

（5）搜索引擎营销的效果表现为网站访问量的增加而不是直接销售

搜索引擎营销的使命就是获得访问量，因此其也成为网站推广的主要手段，至于访问量最终是否可以转化为收益，不是搜索引擎营销可以决定的。这说明，提高网站的访问量是网络营销的主要内容，但不是全部内容。

（6）搜索引擎营销需要适应网络服务环境的发展变化

搜索引擎营销是搜索引擎服务在网络营销中的具体应用，因此在应用方式上，其依赖于搜索引擎的工作原理、提供的服务模式等。当搜索引擎检索方式和服务模式发生变化时，搜索引擎营销方法也应随之变化。因此，搜索引擎营销方法具有一定的阶段性。与网络营销服务环境的协调是搜索引擎营销的基本要求。

3. 搜索引擎营销的主要模式

搜索引擎营销从1994年产生到现在已经过了二十几年的时间，其技术已经相对比较成熟，模式不断发展，逐渐适应了商业发展的需要。常见的利用搜索引擎营销的方法有以下几种。

（1）免费登录分类目录。这是最传统的网站推广手段。企业登录搜索引擎网站，将自己企业网站的信息在搜索引擎中免费注册，然后由搜索引擎将其信息添加到分类目录中。现如今，免费登录分类目录的方式已经越来越不适应实际的需求，其将逐步退出网络推广的舞台。

（2）收费登录分类目录，其与免费登录分类目录的方法非常相似，但需要支付一定的费用。

（3）关键词广告是付费搜索引擎营销的一种形式，也可称为搜索引擎广告、付费搜索引擎关键词广告等。当客户利用某一关键词进行检索时，检索结果页面会出现与该关键词相关的广告内容。由于关键词广告具有较高的定位性,其效果比一般网络广告形式要好,因而获得快速发展。

(4)关键词竞价名次是一种按效果付费的网络推广方式,由百度率先在我国国内推出。企业使用该项服务后,通过注册一定数量的关键词,其推广信息就会率先出现在网民相应的搜索结果中。企业只需要支付较低的费用,便能吸引潜在的客户。竞价名次属于许可式营销,只有需要的客户才会看到竞价名次的推广信息,因此竞价名次的推广效果具有很强的针对性;竞价名次按照效果付费,即根据给企业带来的潜在访问数量计费,没有访问则不计费,企业可以灵活控制推广力度和资金投入,投资回报率高。

(5)网页内容定位广告。基于网页内容定位的网络广告是关键词广告搜索引擎营销模式的进一步延伸,广告载体不仅仅是搜索引擎搜索结果的网页,也是延伸到这种服务的合作伙伴的网页。

(二)搜索引擎优化

搜索引擎优化(Search Engine Optimization,简称 SEO)也叫网站优化,是通过对网站本身的优化而符合搜索引擎的搜索习惯,从而获得比较好的搜索引擎名次。通过搜索引擎优化,不仅使网站获得好的搜索引擎名次,而且使网站获得更多的业务机会和效益。

二、社交媒介功能与推广

(一)社交化媒体营销——领英

领英(LinkedIn)是一家面向商业客户的社交网络(SNS)服务网站,成立于 2002 年 12 月。建立 LinkedIn 的目的是让注册用户维护他们在商业交往中认识并信任的联系人。

LinkedIn 提供"高效""安全"并且有"商务价值"的社交服务。LinkedIn 专注于商务功能,并提供付费服务,这极大地体现了它的确具备提供高质量商务社交服务的能力。LinkedIn 非常适合有国际业务的企业员工或者自由职业者使用,而不太适合学生,因为 LinkedIn 很注重工作经验和教育背景，除非会员有相当丰富的社会实践经验，否则它将无法为会员创造价值。

（二）社交化媒体营销——微信

微信（WeChat）是腾讯公司于 2011 年 1 月 21 日推出的一个为智能终端提供即时通信服务的低成本应用程序。微信支持跨通信运营商、跨操作系统平台，通过网络快速发送语音短信、视频、图片和文字，同时也可以使用流媒体内容的共享资料和基于位置的社交插件，如"朋友圈""公众平台"等服务插件。

微信已经成了当下最火热的互联网聊天工具，发展空间仍然很广阔。随着智能手机的普及，微信已经从高收入群体走向大众化，信息交流的互动性更加突出。然而很多企业一味地向客户传达信息，并没有认真地关注客户的反馈。有互动功能的公众号，也只是在后台设置好一些快捷回复的方案，这种缺乏人性化的沟通方式，有损用户体验。当客户的咨询无法得到满意回复时，他们唯一的选择就是取消关注。人工微信客服的核心优势在于实现人与人的实时沟通。此时客户面对的是一个个专业、服务质量优秀的客服人员，所以能得到满意的回复。

（三）社交化媒体运营——Facebook

Facebook 代表的社交化营销，在未来会成为我们开拓海外市场的主流模式。

对于 Facebook 营销推广，首先需要具有非常好的语言优势的人才，其英文必须过关，并且对于海外风土人情有一定的了解，且善于分享和交流，最好再掌握几门小语种；其次，也是最关键的一步，注册 Facebook 海外账号。在应用 Facebook 营销推广的过程中，要注意以下六点：第一，通过个人信息展示一个职业外贸人的形象；第二，涂鸦墙和照片夹的合理应用；第三，建立商业社群；第四，要在 Facebook 表现活跃；第五，加入 Facebook 的社群；第六，有针对性地增加好友。

（四）社交化媒体营销——Bing

Bing 搜索引擎的应用类似于 Google 的广告应用，跨境电商出口零售卖家可以通过百度搜索正规的 Bing 在中国的代理公司，由专业的 Bing 代理公司操作应用。其中，Bing 针对外贸市场和跨境电商推广的营销工具 Bing 出口通，对于海外市场推广拓展效果较好，覆盖面更广，营销效果更精准，性价比也最高。总体来看，跨境电商出口零售企业选择 Bing 的优势有：一是 Bing 出口通用户覆盖最全；二是用户的含金量高；三是背景和技术最强大；四是资源更强大；五是性价比最高。

（五）社交化媒体推广——YouTube

YouTube 是全球最大的视频社交平台之一，其全球活跃用户数超过 10 亿，同时其也是全球互联网用户满意度评价最高的社交平台之一，用户可通过该平台实现下载、观看及分享影片或短片。2018 年 5 月，YouTube 的首席执行官苏珊·沃西基在 Brandcard 活动展上表示，YouTube 每月已注册用户访问数量保持在 18 亿以上。YouTube 推广的本质是一种视频推广。视频推广指的是企业或个人将各种短视频以各种形式上传到社交网站上，以达到一定宣传目的的推广方式。网络视频广告的形式类似于电视视频短片，但其以互联网为平台。因此，YouTube 推广是指在 YouTube 网站上以视频这一形式来进行推广和宣传的一种营销方式。YouTube 视频营销属于口碑营销的一种，其通过产品介绍、产品使用和产品评价相结合的方式，来提升客户对产品和品牌的印象，从而达成交易。在 YouTube 上有很多视频主通过获取免费样品或者收费来帮助企业做产品测试。

三、直接营销——邮件推广

互联网营销的主题是互动、内容营销和即时性。邮件营销作为互联网营销中比较传统的方式，大家对此评价不一，很多人认为邮件营销的优势在移动互联网时代已经过时了，但其实只要方法得当，邮件营销的价值依然存在。对于跨境电商人士来说，通过邮件营销可以用较低的成本进行高覆盖率的商业推广。邮件营销目前已经泛滥，在海外高频率的邮件推销会被直接拉进黑名单，所以在进行邮件营销时，我们应该掌握相关技巧。

（一）邮件营销应该站在客户的角度

发邮件的目的是希望开拓客户，我们可以通过海关数据等商业渠道或结合相应的邮件营销软件获取精准定位的客户邮箱，但应注意，邮件的内容才是营销的核心。因此，在给客户发送邮件营销广告时，我们应考虑邮件的内容对客户是否有价值，以及是否符合客户的利益点。

（二）邮件营销的根本是与客户建立信任感

互联网营销的关键是建立信任感，因为只有建立了信任感才可以最终产生销售，所以邮件营销的内容应该更具故事性和持续性。现在有效的邮件营销方式是这样的：首先给客户提供真正有价值的内容，如定期给女性客户发送女装的最新趋势，类似于时尚杂志推送等，在这样有价值的内容的推送过程中，客户不仅不反感而且会产生依赖；其次，企业可以通过内容营销的方式讲述企业的成长故事、品牌定位、客户体验案例等，这样能够与客户建立非常好的联系，若持之以恒最终将会产生信任，这样交易的转化也就顺理成章。

（三）给客户创造紧迫感

现在的邮件营销通过有价值的内容分享连接客户和目标客户群体，让客户接受商家持续性的内容推送，并且通过产品的品牌故事、软营销与客户建立信任感。这样，商家的营销目标就可以转化为销售业绩。这里要分享一个小技巧，就是需要给客户创造一种紧迫感，如设置有时间期限的奖励性折扣，通过这样的紧迫感可提升邮件营销的销售转化率。

（四）选择精准的目标客户，重点跟进

通过一些软件和在线调研可发现更精准的目标客户，这些客户往往对卖家的产品有非常高的期待，如客户对卖家邮件推送的产品点击率很高，用户愿意持续关注卖家推送的产品，对于这些高意向性的客户，卖家都可以重点跟进。跟进的方式具有多样性，除了邮件还可以用即时通信软件，甚至电话沟通。

（五）邮件营销的核心是给用户创造价值

邮件营销发展到现在已经从单纯的骚扰式的邮件推送转型为给客户创造价值的邮件内容营销。对于邮件营销，卖家应该从客户体验入手，给客户创造更好、更有价值的内容，与客户建立信任感，最终产生销售交易。

（六）可视化邮件营销成为一种趋势

目前在欧美等西方发达国家，邮件营销的最新趋势是可视化营销。邮件营销很长时间内都是单向式的，在可视化邮件营销过程中，可以通过信息技术，如软件系统等获取客户更多的行为模式（类似于国内流行的大数据分析）；如利用追踪软件系统，看到发给客户的邮件是不是被打开，打开了多少次，什么时候打开，在哪里打开，客户阅读邮件的时间有多长，通过对这些关于客户邮件处理方式的大数据分析，进行决策判断。

四、"网红"营销

2015年8月，在淘宝网的"'网红'现象沟通会"上，首次正式把以"网红"为中心的电商经营形态称之为"'网红'经济"。"网红"营销是自媒体时代下兴起的一种营销模式，目前对"网红"营销及其方式还没有一个公认的理论界定。曾鸣教授在《智能商业》一书中这样评价道："'网红'电商的崛起，意味着品牌营销开始互联网化，也为传统企业指明了前进的方向。"常远认为，"网红"营销本质上是一种网络红人品牌化的过程，"网红"营销模式相较传统营销模式具有"网红"品牌化、营销定制化和内容差异化的特征[1]。"网红"的变现模式包括电商变现、视频变现、直播变现等。随着电子商务的快速发展，传统门户网站营销模式已经成为过去式，作为后起之秀的"网红"，利用粉丝群体和低运营成本优势成功跻身营销市场，在营销方面比门户网站更加精准，在发展过程中逐渐形成了一条产业链。从整体来看，"网红"发展经历了五个阶段，即"网红"1.0写手时代→"网红"2.0图片时代→"网红"3.0微博大V时代→"网红"4.0电

---

[1] 常远.关于"网红"营销模式的新思考[J].经营管理者，2016，(6)：261.

商平台孵化变现时代→"网红"5.0 视频直播时代[①]。下面主要分析"网红"4.0 和"网红"5.0 时代的营销方式与发展问题。

(一)"网红"4.0 时代:电商平台孵化变现时代

随着淘宝和微博的打通,基于信息、社交和电商的商业闭环已经形成。"网红"的存在使得人变成了入口,推荐变成了主流渠道。微博、微信公众号、今日头条等都开始孵化自媒体平台,将内容生产和商品渠道打通,让更多人有成为"网红"的机会,也增加了变现的渠道。可以说,这个时代是"网红"变现时代的起跑线。

(二)"网红"5.0 时代:视频直播时代

随着手机、云计算存储等基础设施的不断完善,视频技术高速发展,社会开始进入视频时代。信息由图片传播进入视频传播,开启了视频内容时代。各路自媒体平台纷纷向直播和短视频转型,证实了视频直播是重新定义流量的新时代。

五、营销推广

(一)专属折扣

优惠券是企业开展营销和促销活动最常用的工具之一。其主要作用是吸引潜在消费者,使其变成自己的新顾客;维系老顾客(会员)的关系,使其不流失并购买更多的产品与服务;作为一种变相的价格战来应对竞争者。从理论上来说,消费者认为市场营销人员的目的是获取利润,但打折促销使制造商愿意与消费者分享边际利润。折扣策略是由公司制定的,其在一定程度上能够反映出公司对顾客参与行为所带来的产品价值的认可程度。优惠券有多种,最常见的有赠礼券、折扣券、现金券、买赠券、数量加赠券等。其中,折扣券由于其灵活性高以及收益核算便捷,已成为商家与企业最广泛运用的一种优惠券。折扣券还可以进一步细分为价格折扣券与比例折扣券。价格折扣券是指顾

---

① 朱彤.新媒体时代"网红"营销模式探析[J].商业经济研究,2017,(21):60-62.

客消费满一定金额后按照券面规定金额进行扣减,而比例折扣券则是指顾客消费满一定金额后按照券面规定的百分比进行消费金额打折。与传统折扣券发放形式不同,专属折扣基于线上企业的优势,可以快速、大量且低成本地获取消费者或会员的消费行为数据,并通过大数据分析对会员进行标签化,随后系统可根据自动生成的标签进行差异化的折扣券发放,将原来的线下手动发券模式转变为基于大数据分析的自动化发券模式。

(二)"黑色星期五"

在西方国家,"黑色星期五"(每年11月的第四个星期五被人们定义为"黑色星期五")是一年中购物最疯狂的日子,其氛围和中国的办年货差不多,都有那种幸福的气氛,毕竟是快到节日了。许多国家的商场都会借此开展打折活动,顾客们会在这一天进行大采购。随着电子商务的发展,这一购物传统也被"发扬光大"。各大电商平台、商家都会进行各式各样的大型促销活动。奥多比分析(Adobe Analytics)数据显示,2019年美国"黑色星期五"的网购金额破纪录地达到74亿美元,在感恩节当日消费了42亿美元,其中智能型手机消费的交易数量大增。

(三)"双十一"

"双十一"购物狂欢节是指我国每年11月11日的网络促销日。其源于淘宝商城(天猫)2009年11月11日开始举办的网络促销活动,当时参与的商家数量和促销力度有限,但营业额远超预想的效果,于是从这以后每年的11月11日就成为天猫举办大规模促销活动的固定日期。从2009年的27家品牌参与到2018年的180 000家品牌参与,"双十一"已成为中国电子商务行业的年度盛事,并且对国际电子商务行业产生了影响。

2019年11月11日,天猫"双十一"开场14秒销售额破10亿元;开场1分36秒成交额破100亿元,开场17分06秒,成交额超过571亿元,超过2014年"双十一"全天成交额。"双十一"购物狂欢节的汹涌客流和极为庞大的单日成交量显示了民众较强的消费意愿和消费能力,这对拉动内需无疑是个积极信号。电子商务需求的逆势"井喷"展示了中国网上消费的巨大潜力,这也是传统零售业态与新零售业态的交锋。阿里巴巴集团原CEO马云认为,"双十一"购物狂欢节是中国经济转型的一个信号,是新的营销模式与传统营销模式的大战。相关人士分析，随着100亿元节点的成功突破，中国的零售业态正在发生根本性变化——线上交易形式已经由之前的作为零售产业的补充渠道之一，转型为拉动中国内需的主流形式，由此开始全面倒逼传统零售业态升级。

第四节　跨境电商出口零售相关服务

一、外贸综合服务平台

外贸综合服务平台是指依据一般贸易进出口专业服务能力，基于互联网技术，把复杂的进出口流程标准化，再把分散的进出口服务资源集约化，最终形成的以服务为核心的全球供应链服务体系。该平台的服务内容主要包括通关、物流、金融、退税四大业务板块及一些周边增值类服务。例如，浙江某家具企业要出口产品至德国，它需要通过报关、拖车、海运、银行、保险等完成交付并实现结汇，我们把这个过程称为一条链路。如果将其外包给一达通，则这条链路便会被标准化，即将用哪家银行和哪家船公司、有什么监管条件、需多少费用、用多长时间完成等信息输入系统。从我国浙江发货至德国的外贸企业都可采用这条链路，以集约规模获取更好的服务和议价能力。外贸综合服务平台通过"团购"金融、海运、保险、陆运、退税融资、贸易融资等服务获利。

阿里巴巴外贸综合服务部总经理魏强对外贸综合服务平台的兴起有更形象的比喻："过去，从事外贸的主体偏大，像机电进出口、纺织进出口等企业，属于'大象'级别；但随着互联网的发展、电子商务的应用，越来越多的企业和个人参与到外贸行列中，贸易频率急速增加，就像是繁忙的'蚂蚁军团'，政策简化的速度赶不上外贸主体变小、变杂、变散的急剧变化，'蚂蚁'和'大象'不能走同一条路，解决贸易便利化除了优化政策上的'硬手段'，还必须对服务的申报模式、方法进行重组，从'软手段'入手解决，为'蚂蚁'铺路。"

二、跨境收款服务

跨境支付是决定跨境电商发展的关键，没有良好的支付收款通道，跨境电商创业及发展都会面临巨大风险，甚至会突遭毁灭性打击。目前跨境电商收款方式主要有以下几种。

（一）境内卖家银行账户直接收款

境内卖家银行账户直接收款是指跨境电商平台与境内卖家开设账户的网上银行直连，境外买家通过平台对接的境外银行或者支付机构的入口进行支付，货款直接到达卖家的网上银行账户的一种方式。视境内卖家绑定的账户不同，货款可能进入卖家在境外银行开立的境外外汇账户、在境内银行开立的经常性外汇账户或是在获得由中国人民银行批准进行人民币跨境支付业务许可的银行开设的人民币账户。这种模式与传统的外贸企业收款模式并无本质区别，电商平台需要分别对接不同的境内银行和境外合作银行并取得其网银系统的授权。

（二）通过第三方支付机构通道收款

通过第三方支付机构通道收款是指境内卖家通过跨境电商平台绑定的第三方支付机构为通道进行跨境收款。第三方支付机构是指根据中国人民银行《非金融机构支付服务管理办法》的规定取得《支付业务许可证》、在收付款人之间作为中介机构提供全部或部分货币资金转移服务的非银行机构，如支付宝、微信等。

这种模式背后的资金流和信息流颇为复杂，简言之，即第三方支付机构在对应的银行有一个专用的备付金账户，境外买家付款后，货款先到达第三方支付机构的专用备付金账户，等买家确认收货之后，第三方支付机构再从备付金账户中打款给境内卖家的账户。例如，阿里巴巴在开发的速卖通平台上绑定了第三方支付机构——国际支付宝。

通过第三方支付机构通道收款解决了跨境电商平台单独对接各银行的难题，降低了平台开发成本以及平台使用费率，为用户提供了更加友好的跨境支付操作界面，而且可以在买家和卖家的交易中发挥货款监管的作用。因此，通过第三方支付机构通道收款是目前大多数跨境电商出口平台上境内卖家使用的收款模式。

（三）跨境电商平台全球收款服务

跨境电商平台全球收款服务模式的典型是跨境电商平台亚马逊 2018 年上线的"全球收款服务"，卖家无须开设外国银行账户或第三方支付机构账户，即可"使用您的本地货币接收全球付款，直接存入您的国内银行账户"（Receive your global payments in your local currency, directly into your local bank account）。这种模式实际上是跨境电商平台为卖家提供综合的收款和结汇服务。其资金的流转过程不外乎是上述两种之一或者结合。但目前这项服务收取的平台使用费较高，同时也可能涉及跨境支付业务试点的市场准入资格和平台资金沉淀合规风险问题，所以该收款服务尚未得到普遍应用。

三、国际仓储物流

跨境电商领域的国际仓储物流服务是指为跨境商品流通提供的存储、运输、配送、装卸及仓内加工等一系列服务的总称。跨境电商国际仓储物流伴随着跨境电商的快速发展而兴起，目前主要由原本服务于传统贸易的货代、航运、外资服务平台以及国际快递、邮政等企业提供。从提供服务的模式上看，国际仓储物流可以分为国际商业快递、专线物流、邮政物流和海外仓储。

（一）国际商业快递

2017 年 5 月，联邦快递（FedEx）以 48 亿美元完成对有 70 年历史的老牌快递公司 TNT 的收购，对全球快递格局产生了巨大影响。四大国际快递正式变成三大国际快递，联邦快递、中外运敦豪（DHL）和联合包裹（UPS）形成"三足鼎立"之势。这些国际快递商通过自建的全球网络，利用强大的 IT 系统和遍布世界各地的本地化服务，为网购中国产品的海外用户带来了极好的物流体验。例如，通过 UPS 寄送到美国的包裹，最快可在 48 小时内到达。然而，优质的服务总是伴随着昂贵的价格，一般中国商户只有在客户对时效性要求很强的情况下才使用国际商业快递来派送商品。三大国际商业快递的优缺点如表 1-2 所示。

表 1-2 三大国际商业快递的优缺点

国际商业快递	总部地点	优点	缺点
DHL	德国	（1）寄往西欧、北美有优势，适宜快递小件，可送达国家网点比较多 （2）一般 2～4 个工作日可送达，寄往欧洲一般需要 3 个工作日，寄往东南亚一般需要 2 个工作日 （3）网站货物状态更新比较及时，问题解决速度快	（1）寄送小件的运费较贵不划算，DHL 适合发 5.5 千克以上或者 21～100 千克的货物 （2）对托运物品的限制较多，拒收许多特殊产品，部分国家不提供 DHL 包裹寄递服务
FedEx	美国	（1）适宜快递 21 千克以上的大件，到南美洲的价格有竞争力 （2）一般 2～4 个工作日可送达 （3）网站信息更新快，网络覆盖全，查询响应快	（1）运费较贵，需要考虑产品体积和重量 （2）对托运物品限制较多
UPS	美国	（1）速度快，服务好 （2）在美洲等线路具有优势，特别是美国、加拿大、南美洲多国、英国、日本 （3）一般 2～4 个工作日可送达。若寄往美国，大约 48 小时能送达 （4）货物可送达全球 200 多个国家和地区，可以在线发货 （5）网站信息更新及时，问题解决速度快	（1）运费较贵，要计算包装后的产品的体积和重量，适合发 6～21 千克或者 100 千克以上的货物 （2）对托运物品的限制较多 （3）我国香港地区的 UPS 代理停发澳大利亚件，但我国内地 UPS 可以发 （4）我国香港地区的 UPS 大货不宜使用香港地址发货（发票也不宜使用我国香港地区的地址和公司），如果目的地清关必须使用我国香港地区地址，并找正规的货代公司发货

（二）专线物流

跨境专线物流一般通过航空包舱方式运输到国外，再通过合作公司进行目的国（地区）的派送。专线物流的优势在于其能够集中大批量寄送到某一特定国家或地区的货物，通过规模效应降低成本。因此，专线物流的运费价格一般比商业快递低。在时效上，专线物流稍慢于商业快递，但比邮政包裹快很多。市面上最普遍的专线物流产品是美国专线、欧洲专线、澳洲专线、俄罗斯专线等，也有不少物流公司推出了中东专线、南美专线、南非专线等。提供专线物流服务的公司有很多，为人们熟知的有燕文物流、

Equick、中环运、永利通达等。专线物流往往会推出特定的产品,如中环运的"俄邮宝""澳邮宝"等,而有的物流公司则在形式上大胆创新,如中外运空运发展股份有限公司在其旗下子公司中外运电子商务的官网上推出中国城市到国外城市的专线物流团购业务。

(三)邮政物流

邮政网络基本覆盖全球,几乎比其他任何物流渠道都要广。这主要得益于万国邮政联盟和卡哈拉邮政组织(KPG)。万国邮政联盟是联合国下设的一个关于国际邮政事务的专门机构,其通过一些公约法规来改善国际邮政业务,发展邮政方面的国际合作。万国邮政联盟由于会员众多,而且会员方之间的邮政系统发展很不平衡,因此很难促成会员方之间的深度邮政合作。2002年,邮政系统相对发达的国家和地区的邮政部门在美国召开了邮政CEO峰会,并成立了卡哈拉邮政组织,后来西班牙和英国也加入了该组织。卡哈拉邮政组织要求所有成员方的投递时限要达到98%的质量标准。如果在指定日期没能将货物投递给收件人,那么负责投递的运营商要按货物价格的100%向客户赔付。这些严格的要求促使成员方之间深化合作,努力提升服务水平。例如,从中国发往美国的邮政包裹,一般15天以内可以到达,eBay上的国际e邮宝美国全境妥投时间甚至能达到7~12天。由于邮政一般为国营,有国家税收补贴,因此价格也非常便宜。据不完全统计,中国出口跨境电商70%的包裹都是通过邮政系统投递的,其中中国邮政占据50%左右。邮政物流包括了各国的邮政航空大包、小包,以及中国邮政速递物流分公司的EMS、packet等。

(四)海外仓储

海外仓储服务是指为卖家在销售目的地进行货物仓储、分拣、包装和派送的一站式控制与管理服务。海外仓主要有三种模式。一是第三方海外仓。第三方海外仓模式是指由第三方企业(多数为物流服务商)建立并运营的海外仓。第三方海外仓可以为跨境电商企业提供清关、入库质检、接受订单、商品分拣、配送等服务。二是亚马逊FBA仓。FBA仓是亚马逊提供的包括仓储、拣货打包、派送、收款、客服与退货处理的一条龙式物流服务。FBA仓的物流水平是海外仓行业内的标杆，FBA仓的日发货量、商品种类、消费者数量都远远超过第三方海外仓，但FBA仓也面临着巨大的管理难度。除了运费贵、退货麻烦外，FBA的物流几乎让卖家无可挑剔。三是自营海外仓。由于第三方海外仓的服务水平还比较初级，不能满足客户的个性化需求，有不少电商企业选择自建海外仓。另外，FBA仓也并非尽善尽美，所以有不少跨境商家企业选择自己建立并且运营海外仓，仅为本企业的产品提供仓储、配送等服务。

四、数据分析软件

数据分析是拨开迷雾看清本质，进而找到操作方法的过程。如果仅凭一腔热情和几句口号，则分析出的结果往往南辕北辙。例如，是否能在速卖通平台上卖邮票？答案是否定的。相关数据分析表明，商品没有流量，没有成交，甚至没有合适的分类，都无法正常销售。例如，婚纱、礼服、假发在速卖通平台上好卖吗？答案是好卖，但是相关数据分析表明这些产品的竞争度非常高，若没有厂商支持、没有营销手段的支撑，则失败将是注定的。

速卖通平台提供了"数据纵横"工具，其中有庞大的行业数据和卖家自己店铺的所有数据，我们可运用图表直观分析，也可用Excel的公式及数据透视表功能进行统计运算，最后快速得到答案。速卖通数据分析分为两大块，即行业数据分析和店铺经营分析。进行行业数据分析的目的是选好行业、选好产品，让店铺发展起来。进行店铺经营分析的目的是根据众多的数据指标，针对店铺和产品开展优化工作、营销活动，为店铺成长提供动力。

第五节　税务合规管理

一、各种税务的定义

（一）增值税

增值税是指以商品（含应税劳务）在流转过程中产生的增值额作为计税依据而征收

的一种流转税。从计税原理上说，增值税是对商品生产、流通、劳务服务中多个环节的新增价值或商品的附加值征收的一种流转税。

（二）进口增值税

进口增值税是指进口环节征缴的增值税。其属于流转税的一种。不同于一般增值税对在生产、批发、零售等环节的增值额为征税对象，进口增值税是专门对进口环节的增值额征收的一种增值税。

（三）增值税销售额

增值税销售额是指纳税人销售货物或者提供应税劳务向购方收取的全部价款和价外费用，但不包括收取的销项税额。由于增值税是价外税，销售额是按不含税价款计算的货款，所以不包括销项税额。如果销售货物是消费税应税产品或进口产品，则全部价款中包括消费税和关税。

（四）销售税

销售税亦称"营业税""交易税""商品流通税""一般销售税"。它是以商品的销售额为课税对象，按照统一比例税率征收的一种流转税。课征环节可分为两类：一类是多环节课征，甚至道道征税，如巴西销售税的课征环节包括商品从生产至消费的所有环节；另一类是选择生产、批发、零售中某一环节征税。

（五）关税

关税是指一国海关根据该国法律规定，对通过其关境的进出口货物征收的一种税收。关税在各国一般属于国家最高行政单位指定税率的高级税种，对于对外贸易发达的国家而言，关税往往是国家税收乃至国家财政的主要收入。政府对进口商品和出口商品都可征收关税，但进口关税最为重要，是主要的贸易措施。

（六）商品及服务税

商品及服务税（Goods and Services Tax，简称 GST）是增值税的一种，也是销售税的一种，是指政府为各种商品及服务所征收的税项。不同于一般的销售税（零售税），商品及服务税并非仅由消费者承担，生产商及分销商亦需要缴纳这种税项。目前全球有很多地区征收商品及服务税，如加拿大、澳大利亚、新西兰及新加坡等。

二、现阶段各国和地区税务政策的特殊要求

（一）英国

英国在税务政策方面的主要优势是低税率。2018 年 3 月 15 日生效的新英国财政法案，禁止所有在英国存放库存但是没有注册英国增值税税号的非英国企业在线上商城销售商品。因此，一旦卖家在英国有库存，就将被要求上传有效的增值税注册号码到卖家后台。英国税务局要求卖家进行合规申报，按时缴纳税金。另外，很多卖家在拥有了英国 VAT 税号后，误以为若没有销售产品的情况，则不申报 VAT 也不会有太大的影响。但实际上，在英国无论有没有销售，只要没有注销税号就需要申报 VAT。如果卖家不及时申报，英国税务局可以通过平台后端提供的数据直接计算税金。因此，卖家千万不能抱着侥幸心理，等到税务局的工作人员帮你算出税金，那就是最糟糕的情况了。

（二）德国

德国增值税法规修正案已于 2019 年 3 月 1 日生效，该修正案要求网上商城向有德国应税销售的从德国或向德国销售的所有商家收集税务证书。这包括在德国有库存和从德国配送的商家，也可能包括从德国境外运送货物给德国客户的商家。

德国的 VAT 是正常税率，不存在低税率。德国税务局在税收监管方面十分严格，对进口税金抵扣方面的要求也比较高。按常理而言，德国的清关系统应该能够很好地区分实际进口商跟担保人的关系。但目前现有的德国海关系统及清关公司使用的清关软件没有很好地进行升级，导致实际进口商与担保方没有被很好地区别开。

例如，如果在申报方填写实际离岸企业的 EORI，数次进口之后就会被限制进口；但如果把担保方的信息填写在担保方信息栏，就会导致税务代理及税务局认为担保方为进口商，不应该由实际进口商来抵税，最后会导致客户缴纳了税金，但税务代理不给抵扣的情况出现。遇到这种情况的卖家可以通过物流代理提供提单、商业发票、物流单证等其他辅助文件，再通过税务代理向税务局告知真实情况，一般来说税务局是会接受抵扣的。

有德国增值税注册义务的商家应该在卖家平台上传德国税务证书。有四种基本情况会产生在德国注册增值税的要求：一是卖家企业在德国依法设立；二是卖家在德国存放库存并从德国配送商品；三是卖家从其存放库存的其他欧盟国家向德国客户配送货物，并且其从所有销售渠道向德国客户的销售额超过 10 万欧元/年；四是卖家从非欧盟国家发货给德国客户，同时卖家（或代表卖家的承运人）还是登记进口商。

（三）法国

法国税务局在税收监管方面与德国税务局一样严格。法国的 VAT 也是正常税率，且不存在低税率。另外，由于英国脱欧，导致法国税务局对进口 VAT 抵扣的文件合规要求提前执行，现行能抵扣的海关文件必须在文件上体现法国的 EORI 号和自身的税号，方能被认可。目前有的客户只有英国的 EORI 号，在英国没有实际脱欧前又暂时申请不了法国的 EORI 号的情况下，若是这段时间通过法国海关清关，则可能在税金抵扣方面会有些许问题，建议客户在这段时间合理安排清关国家，避免造成税金无法抵扣的问题。

（四）意大利

意大利同样不存在低税率，该国税务局针对意大利本土企业有专门的开票系统，开票系统的数据和税务局数据后端是相连接的。虽然欧盟企业 B2B 之间的交易增值税税率为 0，但企业需要对 B2B 交易的发票进行收集申报，以便税务局对发票进行管辖和比对。

（五）捷克和荷兰

捷克和荷兰的 VAT 是递延申报的，也就是说，企业只需要在申报国缴纳关税且不需要缴纳进口VAT。这种申报方式在现金流方面对卖家有很大的帮助。但是税务递延合规性需要非常专业的税务知识来支持,其核心是客户在目的国(地区)是否如实缴纳增值税。如果客户无法保证上述两点,那么原本是合法合规的申报就会变为不合规。

(六)美国

Wayfair案件是一项历史性的规则变化,它推翻了用以判定销售商是否需要缴纳美国销售税的实体存在标准,这将改变现有的销售税征收格局并对未来产生深远的影响。无论是美国国内销售商还是国外的销售商,都将可能适用新的销售税征税规则。

2018年6月21日,备受关注的南达科他州诉Wayfair案以5:4的投票结果推翻了1992年Quill诉北达科他州案确立的实体存在标准,且认定该标准是"不可靠且不正确"的。在Wayfair案中,南达科他州提请最高联邦法院重新考虑在Quill案中确立的规则(即除非远程销售商在一州具有"实体存在",否则销售商将不会因仅向一个州的客户销售商品或提供服务而使其在客户所在州产生销售税扣缴义务)。2016年,南达科他州通过了对Quill案实体存在标准构成挑战的南达科他州参议院106号法案。该法案确立了经济实质(economic presence)标准,即若销售商每年向南达科他州的客户销售超过10万美元的商品,或者与南达科他州的客户进行了不少于200单的交易,须在南达科他州缴纳销售税。

在Wayfair案判决发布四个月后,美国近30个州已就基于经济实质因素认定远程销售商在本州交易的纳税义务问题发布了相关的法律法规,如图1-1所示。

除了以上销售税问题,企业到美国投资或进行贸易、向美国客户销售以及在美国存放货品等,都需要注意是否产生美国所得税、存货税、使用税、关税等的纳税义务。

(七)印度

印度政府于2018年10月11日发布对部分电子产品和通信设备加征进口关税的规定,规定于次日生效。产品名录包括可穿戴式电子产品、网络电话设备和以太网交换机。印度近几年不断宣布提升进口关税和扩大产品范围。2017年12月,印度政府宣布对手机、

Wayfair 案之前		2018 年 7 月 1 日		2018 年 11 月 1 日	
罗得岛州	（8/17/2017）	夏威夷州	10 万美元/200 单	北卡罗来纳州	10 万美元/200 单
马萨诸塞州	（10/1/2017）	缅因州	10 万美元/200 单	南卡罗来纳州	10 万美元
俄亥俄州	（1/1/2018）	俄克拉荷马州	1 万美元	南达科他州	10 万美元/200 单
华盛顿州	（1/1/2018）	佛蒙特州	10 万美元/200 单		
宾夕法尼亚州	（3/1/2018）				
2018 年 10 月 1 日		**2018 年 12 月 1 日**		**2019 年 1 月 1 日**	
阿拉巴马州	25 万美元	科罗拉多州	10 万美元/200 单	乔治亚州	25 万美元/200 单
伊利诺斯州	10 万美元/200 单	康涅狄格州	25 万美元/200 单		
印第安纳州	10 万美元/200 单			爱荷华州	10 万美元/200 单
肯塔基州	10 万美元/200 单				
密歇根州	10 万美元/200 单			路易斯安那州	10 万美元/200 单
明尼苏达州	10 万美元/200 单				
北达科他州	10 万美元/200 单				
华盛顿州	10 万美元/200 单			内布拉斯加州	10 万美元/200 单
威斯康星州	10 万美元/200 单	**2018 年 9 月 1 日**			
		密西西比州	25 万美元/200 单	犹他州	10 万美元/200 单

注：①各州对远程销售商在本州的销售税起征点：年度销售额标准（美元）或年度交易量标准。
②德克萨斯州（TX）相关草案自 2019 年 1 月 1 日起生效，2019 年 10 月 1 日起施行。

图 1-1 各州相关法规生效日期及征收销售税的标准

电视等电子产品加征关税；2018 年 2 月，印度政府宣布对太阳镜、果汁和汽车零部件等 40 类其他产品加征关税；2018 年 9 月，印度政府宣布对 19 类非必需品加征关税，包括空调、冰箱、鞋类、扬声器和航空涡轮机燃料。

（八）新西兰

2018 年 10 月 18 日，新西兰税务部长宣布，从 2019 年 10 月开始，海外公司邮寄到新西兰消费者手中的价值在 1 000 新西兰元或以下的商品，将会被收取 15% 的商品及服务税。消费者仍然需要按照最初提议为价值低于 400 新西兰元的商品支付商品及服务税，但目前适用于价值在 225～1 000 新西兰元商品的关税和边境安全费将被取消。

（九）中国

《中华人民共和国电子商务法》明确规定电子商务经营者应办理市场主体登记并依法纳税。这表明政府监管和合规化是电商行业未来的方向。跨境电商零售出口增值税"免征不退"新政策，在全国经国务院批准的35个跨境电子商务综合试验区落地，旨在解决电子商务出口企业出口未取得有效进货凭证时增值税如何处理的难题，助力中小跨境电商逐步走向"阳光化"。尽管相关政策还有待完善（如发生成本的相关企业所得税扣除问题），但跨境电商应把握机会，从现在开始考虑企业的长远发展目标与企业合规之间的关系，分析企业合规化的可行路径，利用相关优惠政策降低企业税负。

第六节 知识产权建设

一、知识产权纠纷类型

（一）侵犯商标权纠纷

所谓商标权是指商标所有人对其商标所享有的独占的、排他的权利。在B2C跨境电商业务中，侵犯商标权纠纷主要包括两种类型：一是因商品标题或描述涉及敏感词汇所引发的知识产权纠纷；二是商品本身侵犯他人商品商标权的行为。若出现第一种情况，常见的处理方法是商品不能正常上架或被强制下架，而出现第二种情况则可能引发的后果主要包括平台强制下架商品或冻结账号、出入境海关查扣，以及引起侵权诉讼等。此类侵权行为也是我国海关近年来打击的重点。我国海关相关数据显示，2017年，我国海关共扣留货物4 094万余件，其中，涉及侵犯商标权货物4 031万余件，占疑似侵权货物总量的98.48%。

（二）侵犯著作权纠纷

侵犯著作权是指在未经著作权人同意或授权的情况下，对其拥有著作权的作品、出版物等进行复制、再分发的行为。例如，在商品上使用他人拥有著作权的卡通形象、产品外观侵犯他人著作权等。由于侵犯著作权的问题往往比较隐蔽，而且长时间得不到中国跨境电商企业的重视（或存在侥幸心理），所以因著作权问题引发的跨境电商纠纷最为普遍，而由这些纠纷所引发的诉讼或账号冻结对 B2C 跨境电商企业来说可能意味着灭顶之灾。

（三）侵犯专利权纠纷

专利权是指发明创造人或其权利受让人对特定的发明创造在一定期限内依法享有的独占实施权。专利权制度在不同国家也不尽相同。以中美两国为例，在美国，专利权分为发明专利、植物专利和新样式专利，而发明专利和新样式专利都需要通过形式和实质审查。在中国，专利权分为发明专利、实用新型专利和外观设计专利，而发明专利需要通过形式和实质审查。因为专利权纠纷一般涉案金额比较大，情况也相对复杂，缺乏专业知识的中小型企业很难提前评估和防范风险，加之此类侵权行为产生的国际影响较大，故此类侵权行为均是各国打击的重点。

二、各跨境电商平台知识产权规则

平台有义务监督卖家在平台上售卖的商品的真假，如果买家在平台购买到假货，该平台也需要承担连带责任。任何电商平台都不愿意为别人的"假货"埋单。由此，各大电商平台陆续开始出台知识产权新规，帮助权利人维权。以下提供了各平台电商知识产权的相关规则。

（一）速卖通平台

速卖通平台声明，若用户发布、销售涉嫌侵犯第三方知识产权的商品，则有可能被知识产权所有人或者买家投诉，平台也会随机对商品（包含下架商品）信息进行抽查，若涉嫌侵权，则信息会被退回或删除，并根据侵权类型执行处罚。速卖通平台侵权类型及处罚如表 1-3 所示。

表 1-3 速卖通平台侵权类型及处罚规则表

侵权类型	定义	处罚规则
商标侵权	**严重违规**：未经注册商标权人许可，在同一种商品上使用与其注册商标相同或相似的商标	违规三次者，关闭其账号
商标侵权	**一般违规**：其他未经权利人许可使用他人商标的情况	（1）首次违规不扣分 （2）其后每违规一次扣 6 分 （3）累计达到 48 分者，关闭其账号
著作权侵权	未经权利人授权，擅自使用受版权保护的作品材料，如文本、照片、视频、音乐和软件，构成著作权侵权 **实物层面侵权**： （1）实体产品或其包装被盗版 （2）实体产品或其包装非盗版，但包括未经授权的受版权保护的内容或图像 **信息层面信息**： （1）图片未经授权被用在详情页上 （2）文字未经授权被用在详情页上	（1）首次违规不扣分 （2）其后每次违规一次扣 6 分 （3）累计达到 48 分者，关闭其账号
专利权侵权	外观专利、实用新型专利、发明专利的侵权情况（一般违规或严重违规的判定视个案而定）	（1）首次违规不扣分 （2）其后每违规一次扣 6 分 （3）累计达到 48 分者，关闭其账号（严重违规情况，违规三次者关闭其账号）

注：1. 速卖通会按照侵权商品投诉被受理时的状态，根据相关规定对相关卖家实施适用处罚。
2. 同一天内所有一般违规及著作权侵权投诉，包括所有投诉成立（商标权或专利权：被投诉方被同一知识产权投诉，在规定期限内未发起反通知，或虽发起反通知，但反通知不成立；著作权：被投诉方被同一著作权人投诉，在规定期限内未发起反通知，或虽发起反通知，但反通知不成立），及速卖通平台抽样检查，累计扣分不超过 6 分。
3. 同三天内所有严重违规，包括所有投诉成立（即被投诉方被同一知识产权投诉，在规定期限内未发起反通知；或虽发起反通知，但反通知不成立）及速卖通平台抽样检查，只会作一次违规计算；严重违规三次者，关闭其账号，严重违规次数记录累计不区分侵权类型。
4. 速卖通有权对卖家商品违规及侵权行为及卖家店铺采取处罚，包括但不限于：①退回或删除商品/信息；②限制商品发布；③暂时冻结账户；④关闭账号。对于关闭账号的用户，速卖通有权采取措施防止该用户再次在速卖通上进行登记。
5. 对每项违规行为的处罚从处罚之日起算有效期为 365 天。
6. 当用户侵权情节特别显著或极端时，速卖通有权对用户单方面采取解除速卖通商户服务协议及免费会员资格协议、直接关闭用户账号及速卖通酌情判断与其相关联的所有账号及/或采取其他为保护消费者或权利人的合法权益或平台正常的经营秩序，由速卖通酌判断认为适当的措施。该情况下，速卖通除有权直接关闭账号外，还有权冻结用户关联国际支付宝账户资金及速卖通账户资金，其中依据包括为确保消费者或权利人在行使投诉、举报、诉讼等救济权利时，其合法权益得以保障。
7. 速卖通保留以上处理措施等的最终解释权及决定权，也会保留与之相关的一切权利。
8. 本规则如中文和非中文版本存在不一致，有歧义或冲突，应以中文版为准。

（二）阿里巴巴国际站

阿里巴巴国际站声明，用户不得利用网站服务从事侵犯他人知识产权的行为，包括一般侵权行为和严重侵权行为，具体规则如图1-2所示。

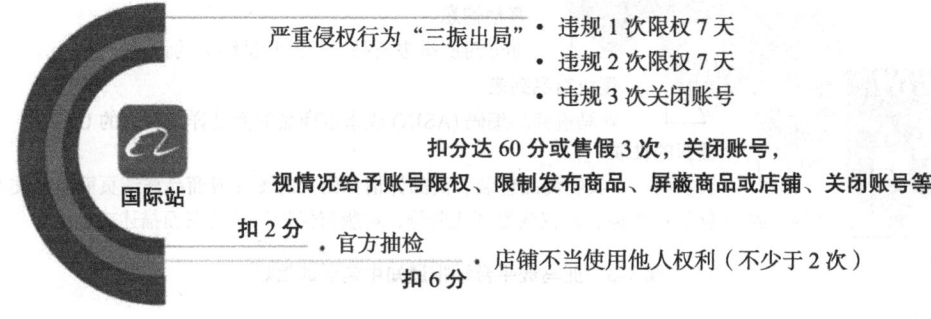

图1-2 阿里巴巴国际站知识产权规则

从图1-2中可以看到，若在阿里巴巴国际站上发生侵权行为，则会面临被扣分、关闭账号甚至参加知识产权考试的惩罚。

（三）亚马逊

亚马逊声明，如果发现侵权行为，可以通过亚马逊平台进行投诉。

- 如果你的品牌在亚马逊品牌注册中进行了注册，则可通过举报违规行为（RAV）工具或亚马逊的举报侵权表单提交举报通知。
- 如果没有在亚马逊品牌注册中注册品牌，则可通过亚马逊的举报侵权表单提交举报通知，举报通知中包含的信息如图1-3所示。

这里要注意：亚马逊要求举报通知提交者只有登录亚马逊账户，才能使用举报侵权表单或亚马逊品牌注册的RAV工具。

如果被投诉者对投诉有异议，可以提起申诉。若卖家销售或供应假货，亚马逊会立即暂停或终止其亚马逊销售账户（以及相关账户），并销毁其在亚马逊运营中心存储的所有假货库存。

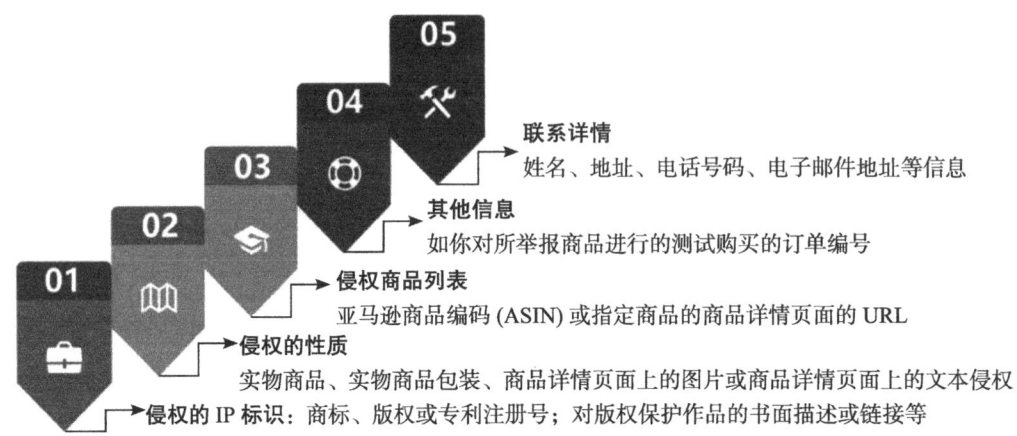

图 1-3　亚马逊平台举报通知中包含的信息

（四）eBay

eBay 高度重视保护知识产权以及为买家和卖家提供安全的在线交易平台环境。eBay 不允许卖家在平台上售卖部分类型的物品（如盗版录制品等），并针对部分类型的物品（如名人亲笔签名等）采取了一系列卖家限制措施。eBay 知识产权规则如图 1-4 所示。

图 1-4　eBay 知识产权规则

eBay 与其他平台不同的是，如果被举报人认为知识产权人举报错误，一般需要直接与知识产权人联系。

第七节　跨境电商出口零售品牌建设

一、跨境电商出口零售品牌战略

跨境电商平台的崛起，给中小外贸企业建立海外市场品牌带来了难能可贵的历史机遇和市场红利。很多跨境电商企业于短短几年内在海外建立了响当当的海外市场品牌。中小企业做跨境电商的目的之一就是建立品牌，品牌效应对于市场来说无疑是影响巨大的，我国拥有几千万家中小企业，不少厂家的现状是能够生产高质量产品，但是没有在国际市场上形成品牌。跨境电商应该怎么做好品牌呢？这需要从以下几点开始着手。

1. 产品战略

跨境电商的产品一般分两种，即跑量型和利润型，跑量型的价格比较低。即使是品牌产品跑量也要保证一定的品质，同时要保护自己的知识产权权益。

2. 市场定位战略

现在 TOSPINO 跨境电商平台都提供调研数据服务，通过数据可以看到竞争对手的品牌、售价，还有消费者的年龄层次等，通过这样的数据分析出消费者特点，从而做出品牌的市场定位战略。

3. 渠道战略

跨境电商平台市场成熟度会影响品牌运营方向，所以选择很重要。欧美市场相对成熟，卖家更需要做精品牌，产品需通过质量认证。而非洲、印度尼西亚、越南等则属于新兴市场，物流基础设施、物流通道、海关清关还在成长中，品牌很难存活，卖家通过 TOSPINO 等 B2B 跨境电商平台可以实现更好的品牌推广。

4. 核心技术战略

如果传统工厂想通过自己的努力获得一线生机、掌握自主权，核心技术是关键。有了技术，可以打造自主品牌，即使不想打造自主品牌，生产中也有竞争优势。工厂打造自主品牌不仅可以去代加，也可以自己研发产品去定价销售。工厂的优势在于一旦品牌有了知名度，一体化生产销售的方式可以为工厂带来非常大的利润空间。

二、如何进行品牌建设

（一）认清我们的优势

作为制造业大国，在过去很多年里，我国的商品大多提供的是海外产品的高性价比替代品。无论是面向发达市场，还是面向新兴市场，实用的功能、合理的价格，向来都是我国商品的核心竞争优势。

（二）深入理解我们的目标消费者

以上说到的实用性和合理的价格不仅仅是我国产品的核心优势，也是海外市场的消费新趋势。

在最近几年里，面对越来越繁忙的社会生活和越来越繁杂的消费选择，一些海外消费者，开始逐步降低对于物质需求的追逐，转而越来越关注精神需求。在消费方面，也从关注大品牌的炫耀性消费阶段进入以简单为主的实用性消费阶段。这一理念也催生了如无印良品、Brandless 这样纯粹主打产品实用性和性价比的成功品牌。

在这方面做得比较好的美国新兴电商品牌 Brandless，在其产品的包装上看不到任何的品牌标示。其品牌主张"Better doesn't have to cost more"的意思是"更好的商品并不意味着更贵的价格"。这与我们倡导的实用加高性价比的理念完全一致。

除了这些纯粹"无牌"的品牌之外，主打高性价比的品牌，在全球范围内成功的案例还有很多。例如，海外的优衣库、Zara、宜家家居；国内的名创优品、小米有品等。

（三）开发优质的产品

对于我国出口企业来说，要做品牌，首先要在产品上下工夫。这也就意味着要关注产品的质量，以及由此带给消费者的利益和价值。对于消费者来说，产品带来的利益和价值有两种。一种是功能价值（实用价值），即产品为消费者带来的便利和好处；另一种是情感价值（精神价值），包括品牌精神、社会认同、个人情怀等，如礼品、纪念品、有特殊意义的商品。海外大品牌的品牌积淀，主要体现在品牌所倡导的理念、精神以及由此给消费者带来的社会认同和个人情怀的满足。

在产品开发方面，要考虑清楚解决什么客户的什么问题，并且通过持续的产品开发来解决这方面的问题，传递产品的使用价值。对于习惯了订单加工的我国很多工厂来说，以前习惯的产品开发和设计方式往往是东拼西凑或者直接"借鉴"。

实际上，有了互联网和社交媒体后，在产品开发过程中，产品团队可以尝试直接与客户建立沟通。通过官网、自己或同行的销售评价、调研、留言、用户投票、与种子用户的沟通、用户社群的调研、客户服务等方式获取消费者的直接留言或意见。这些都会成为深入理解消费者需求的一些重要途径。总之，互联网品牌的产品开发要充分考虑最终消费者的意见。

除了产品功能开发，另外一个很重要的方面就是产品的外观设计。良好的外观设计是吸引消费者必不可少的一个因素。如果我们在产品的功能性上难以实现创新和突破，是否可以在品牌的外观设计、包装设计等方面多下功夫，体现差异化呢？

（四）完善服务体系

对跨境商品有需求的消费者除了对商品的质量有较高的要求外，对跨境电商企业的服务也有着较高的要求。跨境电商企业应加大对服务体系建设的研究和重视，着力提升顾客的消费体验，围绕顾客需求，从多方面、多角度做好顾客服务工作。

1. 提升顾客的购买便利度

无论是外卖的出现，还是共享单车的出现，都是为了提升顾客的生活便利程度。只有以满足顾客的需要为己任，才能谋求企业的发展。跨境电商企业要想提升顾客购买的便利度，应该从以下三个方面着手：一是将其品牌直营体验店设置在目标消费群较为集中的区域；二是支付方式应该符合消费者的习惯和需求；三是提升送货上门的服务力度和速度。

2. 提高销售人员的服务态度和服务技能

在产品同质化较为严重的时期，跨境电商企业应该更加重视服务。为此，企业应该加强对销售人员的培训和考核，以端正其服务态度，提升其服务技能。

3. 完善售后服务制度

由于跨境电商企业以线上销售为主，所以顾客对产品缺乏直观的体验和感受，在拿到产品后很容易产生各种疑问。对此，跨境电商企业对售出的产品进行追踪服务是提升顾客满意度和忠诚度的一个有效方法。另外，跨境电商企业还可以通过提供个性化的服务来提升企业的品牌知名度，塑造独特的品牌形象。

（五）做好品牌营销

有了好的、质优价廉的产品，接下来要做的就是品牌营销。品牌营销不等于推广，其应找准目标客户需求，传递产品价值，提供良好的产品体验和客户服务。

第八节　跨境电商出口零售团队建设与管理

一、团队建设

提升客户的消费体验、拥有专业的团队，对跨境电商出口卖家来说十分关键。如今跨境电商出口企业大都通过建立以客户为中心的售前、售中和售后服务体系，实现对消费者的全程服务。跨境电商出口零售团队是用户在网上购物过程中与卖家的沟通桥梁，每当用户在线上购物过程中出现疑惑和问题时，只有客服及时的解答才会给用户更好、更完整的购物体验。在与客户的沟通中，客服不仅仅代表自己，更代表整个企业。各跨境电商企业在接待客户、解答客户疑问、处理客户投诉方面的态度直接决定了客户的购物体验，并体现了企业形象。

为保证销售业绩稳步增长，有力的团队支持必不可少，因而建设一支优秀的跨境电商出口零售团队势在必行。跨境电商出口零售团队建设的基本流程如图1-5所示。

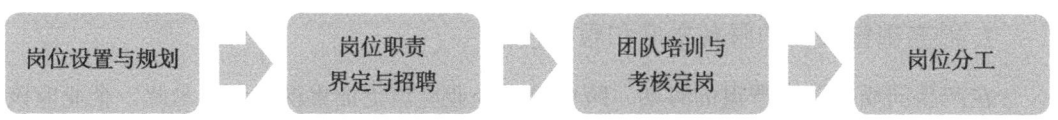

图1-5　跨境电商出口零售团队建设的基本流程

跨境电商出口零售企业大都通过图 1-5 所示的四个环节来开展团队建设工作。

二、团队管理

笔者认为团队管理包括三个要点，即明确团队工作目标及销售计划，保持沟通渠道的畅通，听取员工意见和信息安全管理。

团队管理者要在明确团队工作目标并制订销售计划（见图 1-6）的基础上，结合实际情况，有效管控和调整计划，最终确保团队达成既定目标。

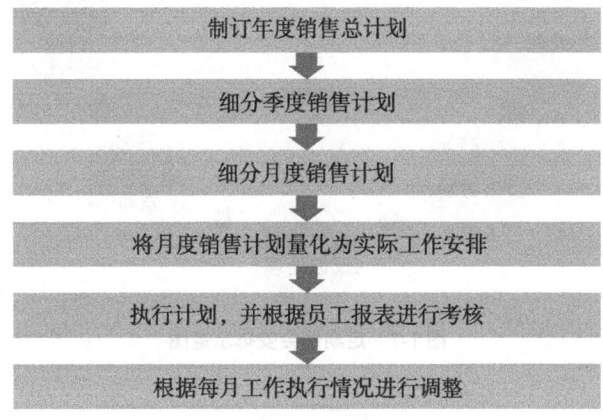

图 1-6　明确团队工作目标及销售计划

对运营工作制订明确的销售计划及工作目标，并将工作计划进行量化，具体量化到以月度为单位，再分解安排到整个运营团队的各个工作岗位中，并对每月工作执行情况进行考核，及时调整出现的问题。

团队管理者在处理日常繁杂的管理事务之余，应注意确保团队成员之间沟通渠道的畅通，及时发现问题并予以解决，使得团队的主要精力放在改善工作业绩上。而定期召开例会讨论相关工作、做好相关安排等不失为一条有效的途径，具体如图 1-7 所示。

跨境电商企业在实际运营过程中应重点关注信息安全管理，因为随着行业竞争的白热化，做好信息安全工作越来越引起众多企业的重视。网络信息安全管理工作是团队整体运营的核心。为防止出现任何信息泄漏以及意外情况下的人为删除数据，信息安全管理应始终贯穿整个运营过程。信息安全管理涉及的内容多而广，图1-8简要列出了信息安全管理的范畴及应对策略。

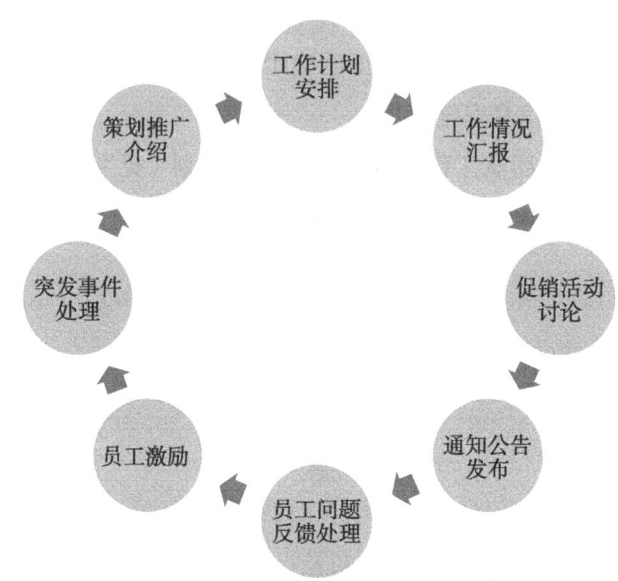

图1-7　定期例会安排示意图

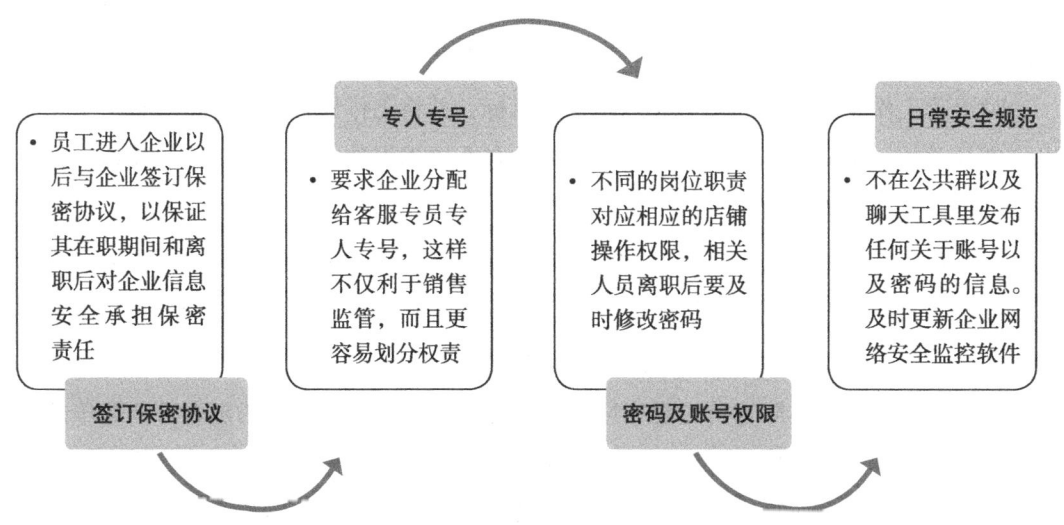

图1-8　信息安全管理的范畴及应对策略

第九节 跨境电商零售出口政策汇总

为方便读者查阅,笔者将跨境电商零售出口相关政策的文件按跨境电商零售出口、支付、通关便利化和综合服务四个类别进行汇总,并按发布时间排序,如表1-4所示。

表1-4 涉及跨境电商零售出口相关政策的文件

发布时间	法律法规	主要内容	发文单位
2004年8月28日	《中华人民共和国电子签名法》	针对经营者使用可靠的电子签名与提供电子认证服务颁布	国务院办公厅
2005年1月8日	《国务院办公厅关于加快电子商务发展的若干意见》(国办发〔2005〕2号)	建议出台规范电子商务贸易链条以及有利于市场参与者发展的法规	国务院办公厅
2007年12月13日	《商务部关于促进电子商务规范发展的意见》(商改发〔2007〕490号)	推动网上交易健康发展,逐步规范网上交易行为,帮助和鼓励网上交易各参与方开展网上交易,警惕和防范交易风险	中华人民共和国商务部(以下简称商务部)
2009年7月1日	《跨境贸易人民币结算试点管理办法》(银发〔2009〕10号)	对跨境贸易人民币结算试点的业务范围、运作方式、试点企业的选择、清算渠道的选择等问题做了具体的规定	中国人民银行
2010年5月31日	《网络商品交易及有关服务行为管理暂行办法》(国家工商行政管理总局〔2010〕49号)	针对网络商品经营者和网络服务经营者在中国境内从事网络商品交易及有关服务行为颁布	国家工商行政管理总局
2010年6月14日	《非金融机构支付服务管理办法》(中国人民银行令〔2010〕2号)	针对从事支付业务的非金融机构,促进支付服务市场健康发展,规范非金融机构支付服务行为,规范支付风险,保护当事人的合法权益	中国人民银行
2011年4月12日	《第三方电子商务交易平台服务规范》(商公告〔2011〕18号)	规范第三方电子商务交易平台的经营活动,保护企业和消费者合法权益,营造公平、诚信的交易环境,保障交易安全,促进电子商务的快速发展	商务部
2012年3月12日	《关于利用电子商务平台开展对外贸易的若干意见》(商电发〔2012〕74号)	为电子商务平台开展对外贸易提供政策支持,鼓励电子商务平台通过自建或合作方式,努力提供优质高效的支付、物流、报关、金融、保险等配套服务,实现"一站式"贸易	商务部

(续表)

发布时间	法律法规	主要内容	发文单位
2013年3月27日	《支付机构跨境电子商务外汇支付业务试点指导意见》（汇综发〔2013〕5号）	决定在上海、北京、重庆、浙江、深圳等地开展支付机构跨境电子商务外汇支付业务试点。获得支付业务许可证的第三方支付机构均可申请通过银行为小额电子商务（货物贸易或服务贸易）交易双方直接提供跨境电子商务支付所涉及的外汇资金集中收付及相关的结售汇服务。试点支付机构为客户集中办理收付汇和结售汇业务，货物贸易单笔交易金额不得超过等值1万美元，留学教育、航空机票和酒店项下单笔交易金额不得超过等值5万美元	国家外汇管理局
2013年7月24日	促外贸"国六条"	从国家对外贸易政策高度对跨境电子商务多个方面的鼓励支持	国务院办公厅
2013年7月27日	《国务院办公厅关于促进进出口稳增长、调结构的若干意见》（国办发〔2013〕83号）	积极研究以跨境电子商务方式出口货物（B2C/B2B等方式）所遇到的海关监管、退税、检验、外汇收支、统计等问题，完善相关政策，抓紧在有条件的地方先行试点，推动跨境电子商务的发展	国务院办公厅
2013年8月21日	《关于实施支持跨境电子商务零售出口有关政策的意见》（国办发〔2013〕89号）	将跨境电子商务零售出口纳入海关的出口贸易统计，提出了对跨境电子商务零售出口的支持政策以及出口检验、收结汇等具体措施	国务院办公厅
2013年12月30日	《关于跨境电子商务零售出口税收政策的通知》（财税〔2013〕96号）	规定了电子商务出口企业出口货物适用增值税、消费税退（免）税政策的条件	财政部 国家税务总局
2014年1月24日	《关于增列海关监管方式代码的公告》（海关总署公告〔2014〕12号）	海关总署增列海关监管方式代码"9610"，全称为"跨境贸易电子商务"，适用于境内个人或电子商务企业通过电子商务交易平台实现交易，并采用"清单核放、汇总申报"模式办理电子商务零售进出口商品的通关手续	海关总署
2014年5月4日	《关于支持外贸稳定增长的若干意见》国办发〔2014〕19号	出台激发市场活力、提振外贸企业信心、促进进出口平稳增长的16条举措，明确提出进一步加强进口，出台跨境电子商务贸易便利化措施	国务院

（续表）

发布时间	法律法规	主要内容	发文单位
2014年7月23日	《关于跨境贸易电子商务进出境货物、物品有关监管事宜的公告》（海关总署公告〔2014〕56号）	要求电子商务企业或个人通过经海关认可并且与海关联网的电子商务交易平台实现跨境交易进出境货物、物品的，按照公告接受海关监管。对企业注册登记及备案管理，电子商务进出境货物、物品通关管理，物品物流监控等方面都做出了规定	海关总署
2014年7月30日	《关于增列海关监管方式代码的公告》（海关总署公告〔2014〕57号）	增列海关监管方式代码"1210"，全称"保税跨境贸易电子商务"，简称"保税电商"。适用于境内个人或电子商务企业在电子商务平台实现跨境交易，并通过海关特殊监管区域或保税监管场所进出的电子商务零售进出境商品	海关总署
2014年11月6日	《国务院办公厅关于加强进口的若干意见》（国办发〔2014〕49号）	国务院办公厅总结试点经验，按照公平竞争原则，加快出台支持跨境电子商务发展的指导意见	国务院办公厅
2015年1月20日	《支付机构跨境电子商务外汇支付业务试点指导意见》（汇发〔2015〕7号）	提高单笔业务限额，规范试点流程，严格风险管理	国家外汇管理局
2015年3月7日	《国务院关于同意设立中国（杭州）跨境电子商务综合试验区的批复》（国函〔2015〕44号）	同意设立中国（杭州）跨境电子商务综合试验区	国务院
2015年5月4日	《国务院关于大力发展电子商务加快培育经济新动力的意见》（国发〔2015〕24号）	国务院加强电子商务国际合作，提升跨境电子商务通关效率，推动电子商务走出去	国务院
2015年5月13日	《"互联网+流通"行动计划》	商务部协同推进跨境电子商务"单一窗口"综合服务体系建设，加强知识产权和消费者权益保护，加快电子商务海外营销渠道建设，参与和主导电子商务国际规则的制定	商务部
2015年5月14日	《质检总局关于进一步发挥检验检疫职能作用促进跨境电子商务发展的意见》（国质检通〔2015〕202号）	质检总局构建符合跨境电子商务发展的检验检疫工作体制机制，建立跨境电子商务清单管理制度，实施跨境电子商务备案管理	质检总局

（续表）

发布时间	法律法规	主要内容	发文单位
2015年5月18日	《海关总署关于调整跨境贸易电子商务监管海关作业时间和通关时限要求有关事宜的通知》（总署公告〔2015〕121号）	海关对跨境贸易电子商务监管实行"全年（365天）无休日、货到海关监管场所24小时内办结海关手续"的作业时间和通关时限要求	海关总署
2015年6月1日	《中韩自贸协定》	在开放水平方面，双方货物贸易自由化比例均超过税目90%、贸易额85%。协定范围涵盖货物贸易、服务贸易、投资和规则共17个领域，包含了电子商务、竞争政策、政府采购、环境等"21世纪经贸议题"。同时，双方承诺在协定签署生效后将以负面清单模式继续开展服务贸易谈判，并基于准入前国民待遇和负面清单模式开展投资谈判	商务部
2015年6月17日	《中澳自由贸易协定》（Free Trade Agreement，简称FTA）	中澳自贸协定在内容上涵盖货物、服务、投资等十几个领域，实现了"全面、高质量和利益平衡"的目标，是我国与其他国家迄今已商签的贸易投资自由化整体水平最高的自贸协定之一	商务部
2016年1月15日	《国务院关于同意在天津等12个城市设立跨境电子商务综合试验区的批复》（国函〔2016〕17号）	同意在天津市、上海市、重庆市、合肥市、郑州市、广州市、成都市、大连市、宁波市、青岛市、深圳市、苏州市等12个城市设立跨境电子商务综合试验区	国务院
2016年4月8日	《关于跨境电子商务零售进口税收政策的通知》（财关税〔2016〕18号）	完税价格，按货物征税；纳税义务人；传输三单信息，邮快代传；单次交易限制及个人年度交易限值；退货；订购人身份认证；跨境电子商务零售进口商品清单	财政部 海关总署 税务总局
2016年12月1日	《海关总署关于增列海关监管方式代码的公告》（海关总署公告〔2016〕75号）	1239监管方式：增列海关监管方式代码"1239"，全称为"保税跨境贸易电子商务A"，简称为"保税电商A"。适用于境内电子商务企业通过海关特殊监管区域或保税物流中心（B型）一线进境的跨境电子商务零售进口商品	海关总署

（续表）

发布时间	法律法规	主要内容	发文单位
2018年4月13日	《海关总署关于规范跨境电子商务支付企业登记管理的公告》（海关总署公告〔2018〕27号）	支付企业资质管理事项：跨境电子商务支付企业在向海关办理注册登记或信息登记手续时，应当提交相关资质证书。其中，提供跨境电子商务支付服务的银行机构提交中国银保监会或者原中国银监会颁发的《金融许可证》复印件；非银行支付机构提交中国人民银行颁发的《支付业务许可证》复印件，支付业务范围应当包括"互联网支付"	海关总署
2018年8月7日	《国务院关于同意在北京等22个城市设立跨境电子商务综合试验区的批复》（国函〔2018〕93号）	同意在北京市、呼和浩特市、沈阳市、长春市、哈尔滨市、南京市、南昌市、武汉市、长沙市、南宁市、海口市、贵阳市、昆明市、西安市、兰州市、厦门市、唐山市、无锡市、威海市、珠海市、东莞市、义乌市等22个城市设立跨境电子商务综合试验区	国务院
2018年9月4日	《关于修订跨境电子商务统一版信息化系统企业接入报文规范的公告》（海关总署公告〔2018〕113号）	进出口系统企业接入规范修订	海关总署
2018年9月28日	《关于跨境电子商务综合试验区零售出口货物税收政策的通知》（财税〔2018〕103号）	对综试区电子商务出口企业出口未取得有效进货凭证的货物，同时符合电子商务出口企业在综试区注册，并在注册地跨境电子商务线上综合服务平台登记出口日期、货物名称、计量单位、数量、单价、金额；出口货物通过综试区所在地海关办理电子商务出口申报手续；出口货物不属于财政部和税务总局根据国务院决定明确取消出口退（免）税的货物，试行增值税、消费税免税政策	财政部 税务总局 商务部 海关总署
2018年12月3日	《海关总署关于实时获取跨境电子商务平台企业支付相关原始数据有关事宜的公告》（海关总署公告〔2018〕165号）	支付相关原始数据核对要求	海关总署

（续表）

发布时间	法律法规	主要内容	发文单位
2018年12月10日	《关于跨境电子商务零售进出口商品有关监管事宜的公告》（海关总署公告〔2018〕194号）	跨境电商零售进口定义：指中国境内消费者通过跨境电商第三方平台经营者自境外购买商品，并通过"网购保税进口"（海关监管方式代码1210）或"直购进口"（海关监管方式代码9610）运递进境的消费行为；对企业管理，通关管理，税收征管，场所管理，检疫、查验和物流管理，退货管理，以及其他事项做了详尽要求	海关总署
2018年12月29日	《海关总署关于跨境电子商务企业海关注册登记管理有关事宜的公告》（海关总署公告〔2018〕219号）	跨境电子商务支付企业、物流企业应当按照海关总署2018年第194号公告的规定取得相关资质证书，并按照主管部门相关规定，在办理海关注册登记手续时提交相关资质证书	海关总署
2019年	《国务院关于同意在石家庄等24个城市设立跨境电子商务综合试验区的批复》（国函〔2019〕137号）	同意在石家庄市、太原市、赤峰市、抚顺市、珲春市、绥芬河市、徐州市、南通市、温州市、绍兴市、芜湖市、福州市、泉州市、赣州市、济南市、烟台市、洛阳市、黄石市、岳阳市、汕头市、佛山市、泸州市、海东市、银川市等24个城市设立跨境电子商务综合试验区	国务院

亚马逊平台实务

成立于1995年的亚马逊是全球最早进入B2C跨境电商行业的公司。该公司成立初期,其业务仅限于图书销售,每日订单不足100单。随着业务的扩大与深入,目前亚马逊的业务范围除了Kindle电子书以外,还包括手机/摄影/数码,电子配件,厨具/家居,服装、鞋靴/箱包,运动户外等几十种一级类目商品,以及约240万种二级类目商品。2018年亚马逊平台交易总额达到3 440亿美元,其在B2C跨境电商行业始终保持着"领头羊"的地位。[①]

第一节 亚马逊全球市场概况

亚马逊是大型的全球性交易平台,也是非常受中国卖家关注的跨境电商平台。

Marketplace Pulse对美国各大电商平台进行了深入研究,在对2018年度亚马逊平台现状进行分析后发现,截至2019年,有超过250万活跃的第三方卖家在平台上销售产品。亚马逊平台上年销售额超过10万美元的第三方卖家数量超过14万,年销售额超过100万美元的第三方卖家数量超过2万。根据亚马逊的五个欧洲站点(西班牙站、意大利站、法国站、英国站和德国站)披露的商业信息,亚马逊欧洲站上,39%的TOP卖家来自中国。2016年,亚马逊欧洲站来自中国的成功卖家比例仅达到15%,2018年,这个数字几乎翻了一番,达到39%。此外,尽管无法获知亚马逊美国站的具体数据,但是中国卖家在亚马逊美国站的份额绝不低于欧洲站的39%,甚至更高,因为欧洲站并非中国卖家的主要目标,对于中国卖家而言,亚马逊销售额最高的美国站才是首选。

2018年,亚马逊净销售额达到2 328.87亿美元,同比增长30.9%,净利润达100.73

---

① 邓莹.亚马逊与阿里巴巴B2C跨境电商平台商业模式的比较研究[D].兰州:兰州财经大学,2019.

亿美元，同比增长232.1%。另外，亚马逊作为全球电商巨头之一，其2018年的电商业务创收达2 072.32亿美元，同比增长29.19%，营业利润达51.14亿美元。近年来亚马逊净销售额与增长率如图2-1所示。

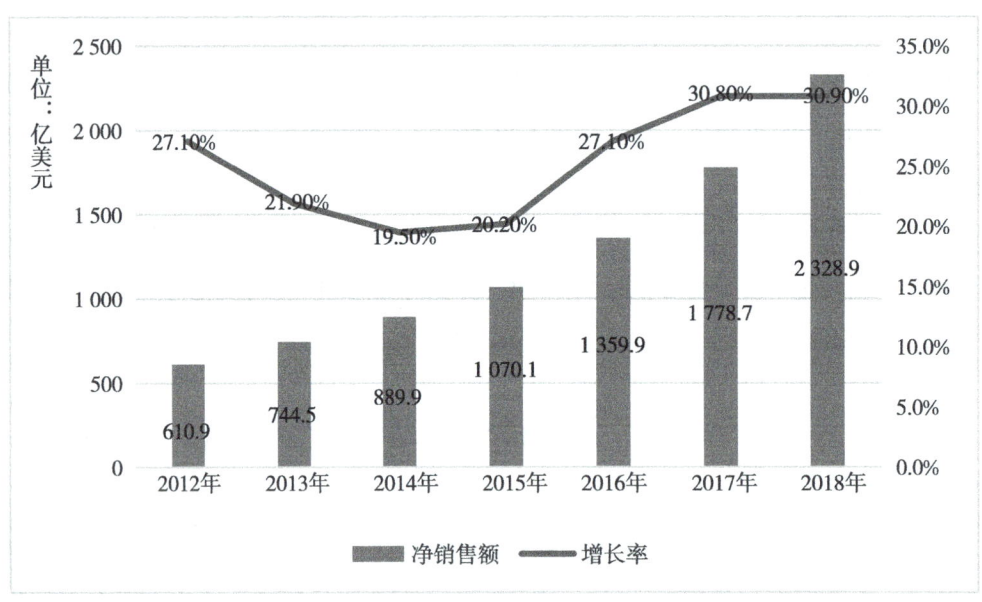

数据来源：亚马逊财报。

图2-1 2012—2018年亚马逊净销售额与增长率示意图

据数据研究机构CIRP给出的最新数据，截至2019年6月，亚马逊的Prime会员体系已经拥有超过1.05亿名会员，超过亚马逊美国站总活跃用户的一半，如果不考虑一个家庭注册多个Prime账户的情况，则美国82%的家庭拥有Prime账户。平均而言，亚马逊客户每年在平台上的花费至少为700美元，会员的花费会比非会员高很多。Prime会员平均每年在亚马逊上消费1 400美元，而非会员则只有600美元。相关数据显示，70%收入在15万美元或以上的美国人拥有Prime会员，而这些用户往往拥有更高的可支配收入。另一项由Statista在2019年2月进行的调查显示，20%的亚马逊Prime会员表示他们在亚马逊上购物的频率可以按周计算，而7%的会员表示他们几乎每天都在购买。

拥有千亿美元的年销售额并保持不断增长的亚马逊，离不开平台卖家的不断涌入，其中，大量的中国卖家通过入驻亚马逊平台打开了跨境贸易的大门。如图 2-2 所示，2018 年亚马逊平台新增卖家中，40% 以上来自中国，中国卖家是亚马逊全球新开店铺的主力。

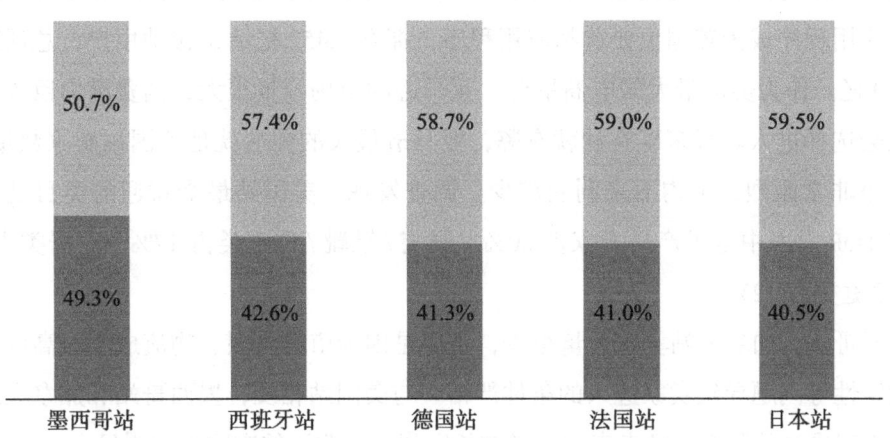

数据来源：《2019 年中国跨境电商出口趋势与机遇白皮书》。

图 2-2　2018 年亚马逊新增卖家数量占比图

因此，亚马逊的全球市场不仅拥有稳定增长的平台保障，而且拥有数量庞大且消费能力强的消费者保障，以及来自全球优质卖家的保障。

经过近 20 年的快速发展，中国跨境出口电商不仅成为全球网络零售的重要力量，也成为中国对外贸易的重要新动能。《2019 年中国跨境电商出口趋势与机遇白皮书》中的相关数据显示，2018 年中国跨境电商零售出口规模达 1.26 万亿元，占 2018 年对外出口贸易总额的 7.7%。

在未来，随着我国跨境电商零售出口规模的不断扩大，越来越多的中国企业和中国产品将进入国际市场。对于想通过亚马逊平台进入国际市场的中小微企业和个人卖家而言，更全面地了解亚马逊平台和规则、更好地掌握亚马逊平台的运营技巧、更系统地学习跨境电商的有关知识，为实战打下坚实的基础是必不可少的过程。

下面对亚马逊各站点进行详细介绍。亚马逊站点包括北美站（美国、加拿大、墨西哥），欧洲站（德国、英国、意大利、法国、西班牙），日本站，澳大利亚站，印度站，中东站和中国站。

一、北美站

以美国站为代表的北美站是亚马逊第一大站点。Statista 的数据显示，2019 年 3 月，亚马逊应用程序成为美国主要购物应用程序，拥有 1.452 亿活跃移动用户，总活跃用户数近 1.9 亿。作为美国最大的电商平台，亚马逊的市场容量很大，消费潜力巨大，有很多卖家会选择进入。很多事有利就有弊，亚马逊最大的弊端就是美国站卖家数量过多，导致竞争非常激烈，平均下来利润较少。调查发现，美国站最受欢迎的类目是电子产品，在 TOP 卖家中电子产品卖家占 20%，服装/鞋靴/珠宝类占 17%，家居类占 13%，健康/家庭类占 12%。

墨西哥站、加拿大站卖家数量很少，主要是因为市场有限、物流成本较高以及关税的不确定性等问题导致卖家进入的条件严格。与美国站相反，墨西哥站和加拿大站能够为卖家带来更高的利润，且未来的市场增长空间和可改进的空间更加明显。

二、欧洲站

欧洲市场是亚马逊最大的国际市场。欧洲站覆盖五个国家：德国、英国、法国、意大利和西班牙，其中体量最大的是英国和德国。相关数据显示，2017 年 9 月，在亚马逊欧洲站中欧洲五大国的流量占比分别为德国 32%、英国 27%、法国 14%、意大利 16%、西班牙 11%，如图 2-3 所示。

欧洲跨境电商市场正处于迅速发展期，越来越多的欧洲人选择网上购物。欧洲跨境电子商务平台——跨境商务欧洲（Cross-Border Commerce Europe）发布的数据显示，2018 年，欧洲跨境电商市场（包括旅游）收入达到了 1 370 亿欧元，与 2017 年相比，这一数字增长了 13.2%。

各个国家在规模、人口和发展速

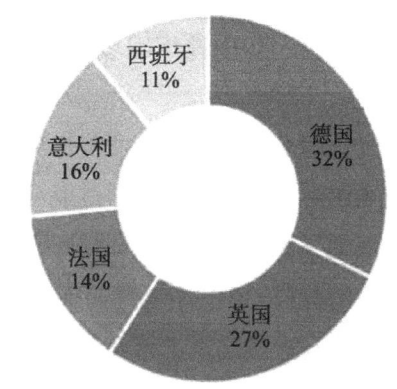

数据来源：雨果网。

图 2-3 亚马逊欧洲站五大国的流量占比

度方面存在差距。与英国相比,在德国销售产品要相对容易,而法国、意大利和西班牙虽然规模较小,但电商发展速度很快,竞争也相对较小,能为卖家的产品增加超过1.74亿潜在客户,是欧洲站内高利润市场。在促销方式上,以英国为例,其TOP卖家中有20%卖家的主营类目是电子产品和摄影产品,玩具和游戏占15%,服装类占10%,DIY和工具类占7%。

在亚马逊平台欧洲站,卖家可以使用统一的卖家账户进行销售。一个站点五个国家,也就是五个店铺,市场比较大,消费潜力也很大,因此效益很好。同时,由于五个账号关联,任何一个国家的账号出现问题,都极有可能波及其他账号的运营。

三、日本站

日本站是亚马逊平台不容忽视的存在。日本的互联网人群覆盖率高达93%,电商发展迅猛,但仅占整个零售业的5%。中国是日本的首要进口国家,2018年中国对日本的贸易总额占总贸易额的23.2%。另外,日本站的其他优势在于卖家数量不多,与中国距离近,因此物流成本低、物流时效快。但劣势在于很多卖家没有日语方面的人才,仅靠工具翻译,很容易引起争议。如果因产品描述不当,导致产品实物与描述不符而错过潜在顾客,甚至会引起纠纷,产生差评,最终将影响卖家账号的绩效表现。

日本独特的节假日有很多,如1月的第二个星期一的日本成人礼、2月11日的日本建国纪念日、3月3日的日本女儿节、5月5日的日本儿童节以及4月29日到5月5日的黄金周等,这些都有助于卖家开展更多的节日活动营销。

亚马逊日本站具有人口数量多、消费意愿强、市场广阔、物流风险低的特点,是难得的电商蓝海,卖家只有越早入驻才能抓住商机。相比于美国站的激烈竞争、欧洲站的KYC审核和VAT税务会增加新卖家初期的运营难度,日本站便成为新卖家最好的选择。

四、澳大利亚站

澳大利亚站是一个非常值得期待的大市场,对于想要寻求扩张的卖家是个很好的机会。亚马逊在2017年亚马逊卖家大会上宣布上线澳大利亚站点,并向中国卖家开放。

在历经一年的努力后，2018年亚马逊澳大利亚站的产品数量从刚推出时的750万件增加到近一亿件。澳大利亚人口数约为2 400万，网民人数占比为90%以上，智能手机覆盖率居世界前列，达到78%；超过80%的消费者从跨境电商平台购买过物品，远远超过了全球平均的51.2%。[①]

亚马逊澳大利亚站、FBA服务和Prime计划正共同发力转动"飞轮"。随着平台卖家数量的增长、产品目录的扩充以及Prime配送服务的推出，亚马逊澳大利亚站的发展势头开始增强。该平台在全面投入运营之前每月能吸引400万到500万的访客，且此后一直在稳步增长。如图2-4所示，网站分析公司SimilarWeb的数据显示，2017年11月亚马逊澳大利亚站的访问量达到了峰值，即1 630万次，与2017年平台开发初期的访问量相比已经增长了300%以上。

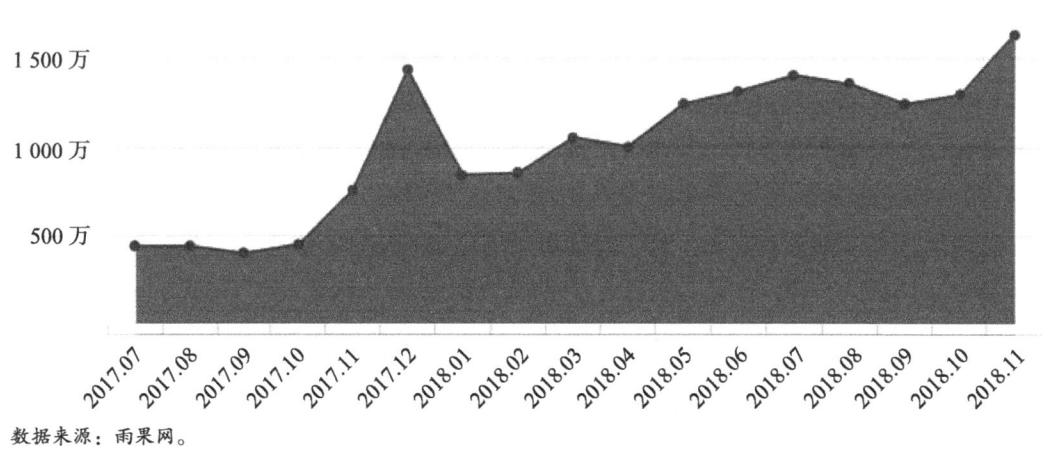

数据来源：雨果网。

图2-4 2017年7月至2018年11月亚马逊澳大利亚站总访问量

五、印度站

印度是拥有13.39亿总人口以及4.6亿网民的全球第二大潜力电商市场。亚马逊印

---

① 《2017—2018年跨境出口电商营销白皮书》。

度站于 2013 年 6 月推出，到 2018 年 9 月，亚马逊印度站卖家数突破了 40 万。亚马逊印度站最大的优势来自印度人口规模和高速增长的电商市场规模，其电商市场规模预计到 2026 年或将突破 2 000 亿美元。

亚马逊印度站 2017 年数据报告显示，排名前 100 的卖家中有 79% 的使用了 FBA，排名前 1 000 的卖家中有 70% 的使用了 FBA，而排名前 10 000 的卖家中有 34% 的使用了 FBA。另外，印度站 28% 的 Top 卖家主营类目是时尚类。其他比较受欢迎的类目还有电子电器（占 19%），家居厨具（占 19%），卫生防护（占 7%）。亚马逊印度站上的产品类目几乎覆盖了所有热门的产品类目。

在印度，70%~75% 的人会选择在网上购买服装、鞋帽和配饰。调查报告还显示，折扣和广告是吸引印度消费者到网上购物的重要手段。印度人更愿意购买中国产的手机和其他电子产品等耐用消费品，以及中国的家用电器和装饰品。同时，印度市场存在的弊端也显而易见。首先，印度市场退货率高，部分卖家难以承受由此带来的损失；其次，高昂的进口税费令一部分卖家望而却步；最后，部分 3C 产品对认证也有较为严格的要求，部分品类入驻亚马逊平台需承担较高的成本。

六、中东站

中东站作为全球新兴的蓝海站点，吸引着众多具有敏锐商业嗅觉的掘金者。

在中东市场，亚马逊以 Souq 平台的身份出现。亚马逊在 2017 年耗费了 7.65 亿美元收购了中东本土最大的电商平台 Souq，并将其作为自己进入中东市场的门户网站。2019 年，亚马逊中东站（AMAZON.AE）重磅上线，Souq 正式成为阿联酋的 AMAZON.AE。

中东地区气候炎热，服饰产品以夏装为主，游泳是当地人们主要的运动项目。另外，中东地区的人们偏爱绿色、白色以及金光闪闪的着装风格，认为数字 5 有吉祥之意、数字 7 有完美完整之意。中东站的电商旺季是斋月（6 月和 7 月），在斋月之前，人们就开始准备装饰家居、购置新衣。

亚马逊中东站覆盖范围广，经营范围遍布中东和北非地区。目前，阿联酋的在线零售占总零售的比例为 4.2%，沙特为 3.8%，远低于世界平均水平 10%，所以中东国家电商增长空间巨大。亚马逊中东站市场占有率很高，月访问量达 4 500 万；物流完善，拥有自建的物流公司，能实现最后一千米派送。同时，亚马逊中东站所处地区风俗文化比较复杂，在选品方面，卖家需要多加注意。另外，亚马逊中东站目前还属于邀请制，需要官方邀请才可以进入。

七、中国站

亚马逊在 2004 年 8 月以 7 500 万美元收购卓越网，2007 年更名为"卓越亚马逊"，2011 年，再次更名为"亚马逊中国"。亚马逊花了 7 年时间不仅把名字和 IT 系统带到中国，更重要的是把亚马逊"以客户需求为中心"的经营理念带到了中国。收购卓越网后，亚马逊成功占据了中国电商板块一角。随后亚马逊的在华业务一路增长，2008 年在中国 B2C 市场的份额一度达到 15.4%。然而，根据艾瑞咨询发布的报告，这一数字在 2015 年已经跌至不到 1%。

由于中国本土电商和海淘的急速发展，导致亚马逊平台中国站经营较差，其于 2019 年 7 月 18 日起停止为亚马逊中国网站上的第三方卖家提供卖家服务，从此便退出了中国本土激烈的电商市场竞争。

第二节 亚马逊开店注册过程介绍

一、亚马逊账号

卖家在亚马逊平台上开店首先要了解亚马逊两种账号的区别。亚马逊的账号分为专业销售计划（Professional Plan）账号和个人销售计划（Individual Plan）账号，相对应的是专业卖家和个人卖家。两种账号类型所对应的平台月租费、单件商品销售费用、是否拥有黄金购物车资格、是否有资格创建促销产品、是否享有广告展示机会、是否有批量操作功能以及是否拥有订单数据报告等相关的收费和权利有差异，具体差异如表 2-1 所示。

表 2-1　账号类型与特点

类型		平台月租费	单件商品销售费用	是否拥有黄金购物车资格	是否有资格创建促销产品	是否享有广告展示机会	是否有批量操作功能	是否拥有订单数据报告
专业卖家	北美站	39.99 美元	无	有	有	有	有	有
	欧洲站	25 英镑						
	日本站	4 900 日元						
	澳大利亚站	49.95 澳元						
	印度站	无						
	中东站	无						
个人卖家		无	0.99 美元 / 件	无	无	无	无	无

由表 2-1 可知，若申请专业卖家账号，每月平台会收取相应的月租费，具体费用因站点而异，此后所销售的产品不需要再缴纳固定费用（销售佣金在后文中将具体说明）。个人卖家账号不需缴纳月租费，但每售出一件商品需向亚马逊平台支付 0.99 美元的固定费用，并且不享有专业卖家的黄金购物车、创建促销产品、广告展示机会、批量操作功能和生成订单数据报告等资格。

因此，对于新手卖家而言，当订单量不大时，成为个人卖家是有优势的，但随着订单量越来越大，此时成为专业卖家更有优势。对于企业卖家和工厂卖家而言，成为专业卖家是更好的选择。专业卖家账号拥有个人卖家账号所没有的功能和优势，所以当卖家进入亚马逊平台时，应优先选择注册专业卖家账号。同时，亚马逊也会为了吸引卖家入驻全球各站点而提供限时的月租折扣，如在一定时间内同时入驻北美、欧洲、日本站点，只收取 39.99 美元的等额月租等。

二、注册方式

注册账号是进入亚马逊的第一步。亚马逊卖家账号注册申请渠道有以下三种。个人或者企业可根据每种渠道的要求和实际情况选择账号注册的渠道。

第一种注册渠道为自注册，即在亚马逊各个国家的官网右下方点击"Sell on

Amazon"进行注册。

第二种注册渠道是联系招商经理注册，即通过联系亚马逊全球开店的招商经理，拿到招商经理提供的注册链接进行注册。招商经理即亚马逊平台上负责宣讲并解析亚马逊招商政策、吸引潜在卖家注册亚马逊账户的官方代表。

对于适合全球开店的卖家，招商经理会向其发送邀请链接并指导完成注册。卖家通过招商经理审核注册，其账号运营会更安全；还可申请各个站点的秒杀活动，一方面可以提升短期内的销量，另一方面可提升自己品牌的曝光度。此外，卖家注册的全过程可以得到招商经理的指导和帮助，这有助于新手卖家快速成长。

第三种注册渠道是找代理注册的公司进行注册。选择此类注册渠道，企业或个人需要给代理公司劳动报酬，注册流程以及与招商经理的沟通均由代理公司完成。其中，企业或个人选择进入平台的账户类型和注册渠道，代理注册公司负责付诸行动。

自注册和通过招商经理注册的区别在于：首先，两者最大的区别是有无招商经理的帮助和指导；其次，自注册用户分为企业账号和个人账号，全球开店账号只接受企业入驻，入驻门槛相对更高；最后，自注册账号注册快，在资料没有任何问题的情况下，两小时之内就可以开通账号，而通过招商经理的链接进行全球开店账号的注册，一般需要3～15个工作日。

另外，无论是自注册还是通过招商经理注册账号，后台操作界面是一致的。

三、注册资料准备

大多数跨境电商卖家是专业卖家，其在注册进入全球开店时，会发现各站点所需的资料有很高的重复度。以下六项资料应提前准备好。

（1）公司营业执照（原件的彩色扫描件或者高清彩色照）。

（2）从未注册过亚马逊卖家账号的邮箱（不同站点需要提供不同的邮箱地址，推荐使用 Gmail、Outlook 邮箱）。

（3）从未注册过亚马逊卖家账号的手机号码（建议准备全新的手机号码，不建议使用私人手机号码，以防关联和后期管理人员变更）。

（4）带有 Visa 或者 MasterCard 标志的双币或全币信用卡（用于账户验证和支付平台的各种费用，国内银行即可办理，如招商银行的 Visa 双币信用卡）。

（5）用于收款的目的国（地区）银行账户或使用第三方机构提供的跨境提现银行账户。

（6）店铺英文名称（自拟，不可重复，后期可修改）。

在欧洲站申请注册开店时，除了准备以上六项资料，还需准备以下资料。

（1）法人代表身份证。

（2）占股 20% 及以上的受益人信息（包括姓名、身份证、邮箱、出生日期、电话、居住地址等）。

需特别注意的是，为防止后期因各种资料不一致所造成的麻烦，在注册过程中，所有资料需使用拼音填写且与信用卡和营业执照始终保持一致。

第三节　店铺定位与页面管理

众所周知，亚马逊是一个"重产品、轻店铺""产品为王"的平台。"七分选品、三分运营"更是证明了选品的重要性。在 2018 年随着大量卖家的涌入导致产品饱和、同质化严重后，越来越多的卖家开始转向产品开发。产品开发虽然有难度，但是分析大卖的产品，而后开发自己的新品，会是不错的选择。同时，好的店铺定位能让店铺摆脱原有的竞争市场，迅速突围；也能够让产品卖出高价，避免低端市场的冲击。很多人在经营店铺的过程中，很少遵守少即是多的理念，而是什么都卖，最后却什么都卖不好。如今的消费者对产品的选择越来越挑剔、要求越来越高，卖家要想在专业的产品领域做到一枝独秀、专业且独特，首先需要一个好的店铺定位。

一、两种运营模式

对于店铺定位，亚马逊平台有以下两种不同的运营模式。

（一）铺货模式

铺货是亚马逊卖家较常用的一种运营店铺的方式。所谓铺货就是多 SKU、多账号上架销售，尤其对于定位不清晰、不懂选品、急于出单的卖家来说，铺货模式是推广店铺的首选。铺货模式不仅操作简单，不需要囤货，对资金的要求也比较低，而且既不需要自己找物流，也不需要自己生产产品，对于中小卖家来说简化了很多运营步骤。因此，铺货模式更适合新手卖家、初创的个人或者小型团队卖家。

（二）精品模式

精品模式是把重点放在选品和营销上的一种运营模式。铺货模式在后期也会往精品模式上发展。精品模式需要卖家对产品选择和产品页面（Listing）进行优化。这种模式更适用于铺货模式稳定后测试出某款产品销量比较好，计划着重打造这款产品的卖家。

精品模式相较于铺货模式利润更高、对运营技巧的要求也更高。精品模式可以理解为铺货模式后期的一个转变，而这个转变需要在铺货模式的沉淀下转化而来。但凡能成为精品的产品，都需要卖家在产品选择和产品页面优化等运营技巧上花费更多的精力和时间，从而使产品成为热销且利润较高的产品。

总体来说，亚马逊店铺定位的两种运营模式——精品模式与铺货模式，实际上没有绝对的高低优劣之分，关键在于哪种模式更适合卖家自身当下的资源配比。通常比较理想的运营模式是前期采用铺货模式，后期将80%的精力放在20%的产品上，用心打造属于自己店铺的精品，即采用精品模式与铺货模式相结合的运营方式。

二、产品开发思路

一般来说，产品开发有如下三种基本的思路。

（一）从消费者角度出发，满足市场需求

亚马逊平台强调产品，不论卖家是否有资源且有熟悉的产品，都需要考虑手头的产品是否是市场所需要的、市场空间是否够大。因此，产品开发首要的思路即从市场需求出发，挖掘和发现国外市场是否有某类或者某种产品的需求，进而选择该类或者该种产品进入市场。虽然有些产品在我国国内不畅销，但不代表在其他国家也卖不好。例如，卖家想要进入日本站，那么就应该进一步了解日本消费者需要什么样的产品、追求什么

样的产品。只有充分做好国外市场的需求调研，从国外消费者的角度思考需求，并用实际行动填补市场需求，才可从中分得一块蛋糕。同时，对于敏锐的卖家来说，当市场出现新需求时（如曾流行的移动电源），及时跟进，开发满足消费者新需求的产品，便是一种成功的产品开发思路。

（二）从卖家角度出发，专注品类价值

亚马逊平台上的卖家来自世界各地，有些是当地卖家，他们更了解当地消费者的需求和习惯；还有更多的卖家来自其他国家，他们带来了更多富有创意且实用的产品。对于中国卖家来说，更多的是属于后者。在开店初期，由于各方面资源非常有限，新卖家可以选择专注于某一类目产品，在亚马逊平台上扎根。如果无法判断市场走势，卖家可以通过浏览亚马逊平台细分类目销售情况并对运营状况较好的店铺或者销量较高的产品进行市场调研，从中汲取某一类目的行情，为即将开业的店铺开发产品提供思路。例如，在亚马逊前端点击"Departments"（百货商品），进入目标产品所在的细分品类，再点击"Best Sellers"（畅销品），即可查看具体品类中卖得最好的产品有哪些，如图2-5所示。

（三）从产品角度出发，通过差异化获取市场

亚马逊平台上并不缺乏好的产品，更有不少卖家建立起了品牌护城河，使得市场看起来像是一片红海，有些卖家便直接放弃，将目标转向蓝海市场。但其实，红海市场中也有商机可寻。之所以能成为红海市场，正是因为此品类或者产品市场规模足够大或者盈利空间较大。如果在如此大规模的市场上，能在产品上做出差异化，那么最终还是会有盈利的机会。

无论什么产品，只要做出适合当地消费习惯的差异化改变就一定会有市场，我们来看一个常年热销的类目——电源接线板（Power Strip），如图2-6所示。

电源接线板市场容量非常大，小类目前十名一天可以卖200～300单。当这种最常见的白色、多孔电源接线板经过几轮的暴力推广后，卖家已将供应链和产品质量做到极致。此后，市场上便出现新的卖家开始做升级款，以达到差异化竞争的目的，同时可以看出这类卖家也瓜分了一部分该品类的市场，如图2-7所示。

图 2-5 亚马逊平台上畅销品示例页面截图

相同的产品放在不同的场景中,会有很多值得我们去开发的地方。如今市场上的产品,有的是在数量和功能上进行差异化竞争,有的是在不同的使用场景下进行差异化竞争,这也是亚马逊美国站区别于其他市场的最大特征。因此,当不知该如何选品时,卖家可以尝试垂直创新现有产品,从而有可能会打造出下一个爆款产品。并且,垂直创新现有产品,也为我们在产品开发方面提供了通过差异化获取市场的产品开发新思路。

第二章
亚马逊平台实务

资料来源：亚马逊网站。

图 2-6　电源接线板热销榜首位页面截图

资料来源：亚马逊网站。

图 2-7　电源接线板热销榜页面截图

— 61 —

三、选品建议

新卖家在进行选品时常犯两大错误——盲目跟风和犹豫不决。针对如何选品,我们提供三条建议。

第一,利用好自身资源。如果卖家没有专门的开发团队,选择市场流量比较大的品类来开店是最好的选择。如果卖家自身有工厂或者产品资源,可以选择自己熟悉或者感兴趣的品类。

第二,对竞争对手进行分析。对竞争对手进行分析最好的方法是通过表格来记录竞争对手的类目、排名、评论内容、搜索量等,以此来了解竞争对手的具体情况。此外,收藏优质店铺和效果好的产品页面也是一个很好的习惯。

第三,调研市场容量。没有调查就没有发言权。以客户的需求为向导发现市场需求,关注日常小细节也许能找到更多选品的灵感。例如,在看新闻时将发现的热点产品或者由此衍生出来的想法记下来,然后去各大网站了解相关情况,进一步确定是否要开发此产品。

四、选品的辅助工具

亚马逊后台并没有行业分析功能,如果卖家想了解更多的市场信息,可以参考以下三种方法。

第一,通过参考其他跨境电商平台的数据来了解市场情况,如速卖通平台的数据纵横功能、eBay 平台的 eBay 趋势以及其他平台的分析功能。

第二,参考谷歌趋势的数据分析结果。谷歌趋势通过分析谷歌全球数以十亿计的搜索结果,告诉用户某一搜索关键词各个时期下在谷歌被搜索的频率和相关统计数据,通过此数据来反映当下时段的热门内容。从选品的角度来看,使用谷歌趋势一般不会错过每个阶段的爆款产品。从图 2-8 中我们可以看到 L.O.L Surprise 这款产品关键词的整体走势。

第三,通过亚马逊平台商品搜索功能来了解商品竞争的程度,这也为卖家提供了很好的参考依据，如通过搜索"watch"得到 20 000 条结果，如图 2-9 所示。同时，我们也可通过平台查看现有卖家的产品评论（Reviews）情况、产品价格（Price）情况、产品排名（Best Sellers Rank）情况，以此来判断该类目产品的市场容量和产品情况。

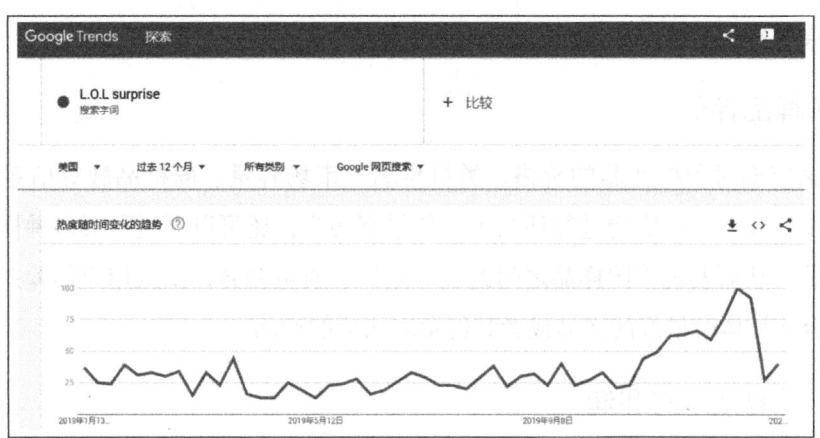

资料来源：Google Trends。

图 2-8　L.O.L Surprise 在谷歌趋势上的走势页面截图

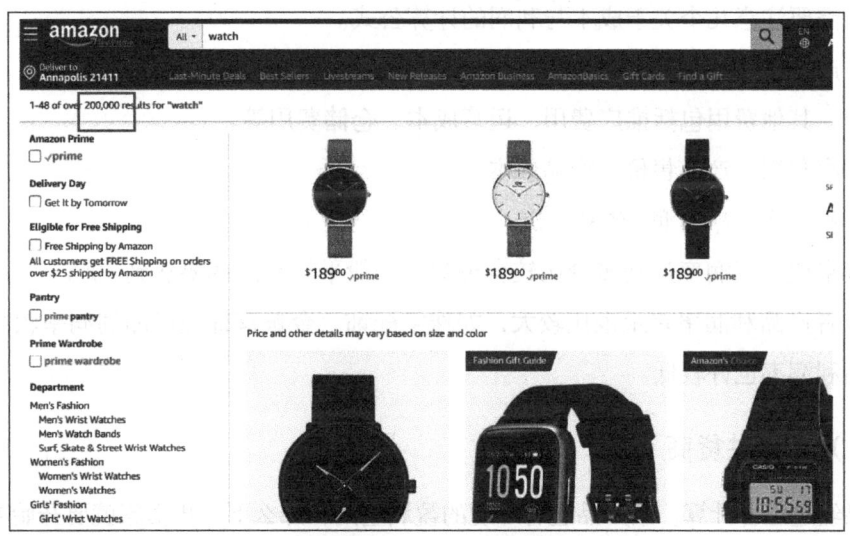

资料来源：亚马逊网站。

图 2-9　在亚马逊网站上搜索"watch"得到的结果截图

五、从样品到产品的过程

大家都知道,在亚马逊平台销售商品,选品是关键。以上我们确定了如何选择产品类目和具体的产品,下面我们将从样品评估、计算成本与利润,以及寻找供货商的角度,帮助卖家从最初挑选样品走向确定产品的过程。

(一)样品评估

新卖家前期对目标产品的价格、类目排名、市场容量、商标品牌等信息进行了解后,下一步就要对产品实物进行评估了。如果有必要,还可以通过购买多种样品亲自使用进行测试,从而发现不同样品之间的设计差异、质量差异,以及用户体验差异,从中挑选出综合使用体验最好的产品或者其他卖家认可的产品。

(二)计算成本与利润

在经过选择产品类目到确认好几款样品后,卖家开始核算产品的成本与利润情况,并通过价格和利润空间判断该产品是否值得开发。

这里需要注意几个关于成本与利润的计算公式。

(1)产品成本 = 采购成本 + 平台佣金 + 物流运费 + 其他费用

其中,其他费用包括推广费用、运营成本、仓储费用等。

(2)净利润 = 产品售价 – 产品成本

(3)利润率 = 净利润 / 产品售价

一般来说,利润率达到多少比较合理呢?一般平均利润率要达到40%。当然,不同的品类或者产品利润率差距也比较大,如珠宝配饰、金银首饰类产品利润率较高,单件爆款产品利润率也许较低。

(三)寻找供货商

如果经过综合计算,某产品还有可观的盈利空间,那么下一步卖家就要开始寻找供货商解决货源问题。如果卖家能在可控成本的范围内生产,当然就不需要考虑这一点。对于大部分卖家而言，还可以寻找厂家或者品牌代理商合作，如到阿里巴巴采购批发网上寻找供应商就是一种不错的选择。同时，由于亚马逊平台对知识产权和专利的高度重视，卖家在选择供应商时需要考虑供应商的产品是否为原创、有无侵权的可能，并要求供应商提供产品采购发票、品牌授权书等资料，以便顺利通过亚马逊平台对产品和店铺的审核。

亚马逊将自己定位为"工厂到消费者"的桥梁，并针对制造型企业推出了一系列账户类型，包括制造＋账户、商业企业采购账户、独家（Exclusive）发售账户、时尚品类（FA）供货账户、供应商（Vendor Central，VC）账户、直接进口（Direct Import，DI）账户、加速器（Accelerator）账户。亚马逊平台时刻都在通过不断试错，颠覆传统贸易模式，也同样在不断引导卖家和贸易商跟紧步伐、适应每年全新的市场需求。工厂对产品开发还是有优势的，同样亚马逊产品开发也是今后促成大卖的关键之一。

六、选品的其他问题

（一）做好规划

当某款产品在亚马逊平台上的销售情况较好时，就会有更多的竞争者涌入并销售类似的产品，从而分走利润。此时，卖家可能需要提前做好准备，以应对大量竞争对手进入，以及应对更复杂的竞争环境和价格环境。卖家可以提前做好规划，着手打造差异化产品或者注册商标、建立品牌护城河以巩固市场地位。在前期打造店铺产品页面时，卖家应做好防跟卖的准备，同样也能为后期减少风险。

（二）与时俱进

唯一不变的是变化，一时成功的选品不是万能的。市场的需求和流行风向时刻发生着变化，可能今年流行的充电电风扇，明年就被静音电风扇所取代。因此，对于卖家而言，选品的考验一直存在。如果想拥有比现在更好的销量，卖家要拥有时刻颠覆自己已有产品的思维，并且要勇于试错、勇于迭代。

第四节 页面打造与视觉设计

亚马逊平台有着严格的页面设计标准，如果卖家不了解这些规则，很可能会被亚马逊限制流量。由于亚马逊平台具有"重产品、轻店铺"的特点，网站上展示的都是产品，并没有完整意义店铺的概念，也因此突显了页面打造与视觉设计的重要性。根据亚马逊搜索引擎独特的产品排名 A9 算法，亚马逊平台搜索大致的权重关系为：产品标题＞五行描述＞搜索关键词＞长描述。这一部分，卖家需要学习的内容有很多，如产品标题（Title）、搜索关键词（Search Terms）、五行描述（Bullet Points）、长描述（Product Description）、产品图片、上传商品页面等。

设计好页面后，卖家还需要不断对店铺产品页面进行优化，这对店铺排名提升有帮助，从而能够带来更多的流量，流量则将带来订单的转化。那么如何优化亚马逊平台店铺产品页面呢？亚马逊平台店铺产品页面包含产品标题、产品图片、产品主要功能和特征、产品描述、产品评论、产品评级共六大要素。

一、产品标题

产品标题是影响店铺点击和提高产品转化率非常重要的因素之一，也是影响搜索排名的一个重要因素。作为吸引消费者上门的第一要素，产品标题占有很大的搜索权重。那么，产品标题该怎么写？必须要包含哪些内容？

首先，产品标题要体现产品的基本信息，如品牌、产品名称、型号或商品系列名称、产品卖点、材料、颜色、尺寸和数量等。众所周知，亚马逊一直在加大品牌建设的力度，所以品牌对亚马逊平台而言是至关重要的。在标题构成中，亚马逊直接把第一排位留给了品牌名称。这同时也反映了品牌产品越来越高的市场地位。

其次，产品标题要尽可能符合买家的搜索习惯。这要求卖家不仅需要提前掌握产品的基本信息，还需要对市场和竞争对手有足够的了解。

最后，产品描述要准确、清晰。对于材料、颜色、尺寸和数量只要按照实际情况描述即可，但针对产品卖点的描述，应确保不让消费者产生误解，不要过分夸大产品。

对于产品标题的具体写法，我们还需注意以下几点。

（1）首位必须是品牌，且不能出现商标符号。如果无品牌，则标明"N/A"。

（2）标题不能有公司、物流、运费、促销或者其他与产品无关的信息，如 Best Seller、Free Delivery（免费运输）。

（3）如果是批量销售，则商品名称后要注明一批的数量，如"a pack of 50"（一包50个）。

（4）如果产品有多种用途，只能写一种，其他用途可在五行描述或者长描述中填写。

（5）标题总长度不能超过 200 个字符（空格占 1 个字符），不能出现特殊字符或标点符号，不能使用中文输入法，每个单词的首字母大写（a, an, and, the, on, of, for, or 之类的词除外）。

在遵循亚马逊平台规则的前提下，产品标题应尽可能符合以下三点要求：一是能够激发买家点击欲望；二是能够打消消费者的顾虑，促使消费者快速做出购买决定；三是能够迎合亚马逊算法，从而提高曝光率。

二、搜索关键词

与国内的电商类似，搜索也是买家在亚马逊平台上查找商品的主要方式。当买家在亚马逊平台输入关键词搜索商品时，平台上与之相关的标题和搜索关键词（Search Terms）都会计入搜索权重。因此，除了标题之外，搜索关键词也是优化产品搜索排名的重要因素。关键词的设置也将直接影响搜索流量的高低。

关键词在某些品类中也被称为"General Keywords"。如图 2-10 所示，在"关键字"栏目下找到"搜索关键词"，在此可填写与产品相关的关键词，最多 250 个字符（不区分字母大小写且字符计算不包含空格与标点符号）。

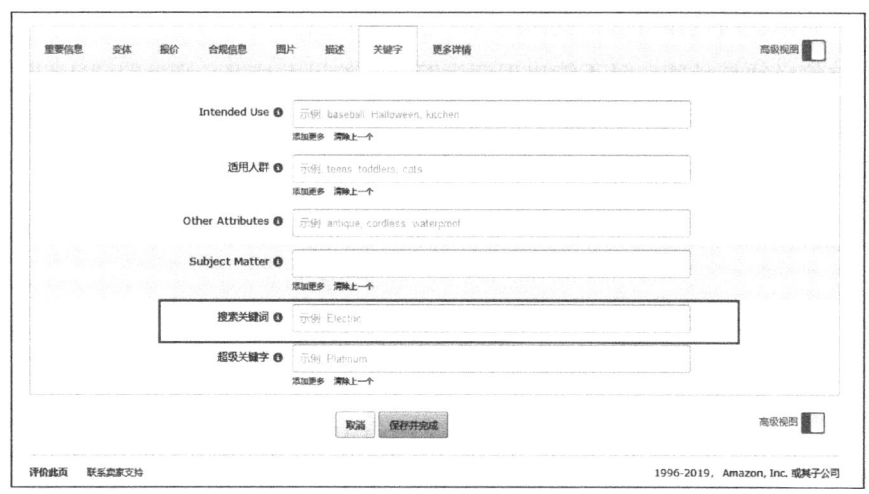

图 2-10 填写搜索关键词页面截图

1. 搜索关键词的填写方法

关键词既可以用单个单词、词组、长尾词、热词填充,也可以组合使用。如果采用在每一行搜索关键词只填写一个单词或长尾词的方法,那么所填写的关键词要非常精确,并且要求与搜索词完全匹配。也可以采用在每一行搜索关键词中填写大量的关键词,以此来增加被搜索到的概率。卖家可根据产品的特殊性来选取填写方法,但前提是要与产品特性一致。

另外,多个搜索关键词之间要用半角逗号或者空格隔开。

2. 不适合作为搜索关键词的词语

(1)主观用词,如"Awesome""No.1"等。填写搜索关键词时,要尽量站在买家的角度。

(2)与产品不相关的常用词。或许此类被搜索的高频词能为产品带来更多的曝光机会,但由于与产品的匹配度低,并非买家想要搜索的产品,所以不利于流量和转化率,甚至产品排名。

(3)带有其他品牌的词。尤其是带有大品牌的名称,容易被警告或者投诉。例如,销售手机配件的卖家,除非品牌授权,否则不可以在搜索关键词中出现某手机品牌的名称。卖家可在标题、五行描述或者长描述中备注产品适合哪些手机型号。

3. 搜索关键词的其他实用建议

在长度上，关键词最好用短语或词语，尽量不要用长句；在关键词排列上，建议从产品相关性最高、最精准的词语开始；时刻站在买家的立场思考，关键词的内容顺序要按照正常的顺序来排列，并确保内容拼写准确无误；使用简洁的关键词，不要重复关键词，可以用同义词或者意思相近的其他关键词来表述；要结合数据不断优化关键词；抓住季节性关键词，如圣诞节、万圣节等。

三、五行描述

五行描述"Bullet Points"也可译作"要点"，在亚马逊中其意思相当于产品的卖点，是促进产品销售的关键点；同时它也相当于产品的摘要，可方便消费者快速浏览。买家通过搜索或者被产品标题吸引进入产品页面，此时五行描述部分应该是买家最关心的内容，所以卖家在五行描述部分应尽可能地将产品的亮点完美地呈现给买家。

如图 2-11 所示，从五行描述在买家前台的位置中可以看出，亚马逊平台的用意在于希望消费者能够快速了解产品的信息，并决定是否需要下单，从而提高用户整体购物体验。

图 2-11　五行描述在买家前台的位置页面截图

五行描述在产品页中占据吸引消费者眼球的有利位置,因此在五行描述中罗列的卖点,应该尽量包含以下信息:

(1)重申标题和说明中的重要信息;

(2)突出展示客户想要了解的信息,如尺寸、产品功能、成分含量、原产地等;

(3)可以说明产品的用途,如作为圣诞节的礼物、作为房间装饰等;

(4)展示顾客可能会产生疑惑的重要信息,如材质等;

(5)充分展示产品的性能和优点,突出卖点;

(6)可标注①、②、③等序号,增强条理性;

(7)产品的售后说明等。

如图2-12所示,五行描述在卖家后台产品描述下的"商品特征"中填写。同时,亚马逊对于每个模块的要求都十分严苛,根据亚马逊平台的相关规定,五行描述的填写要注意以下要点:

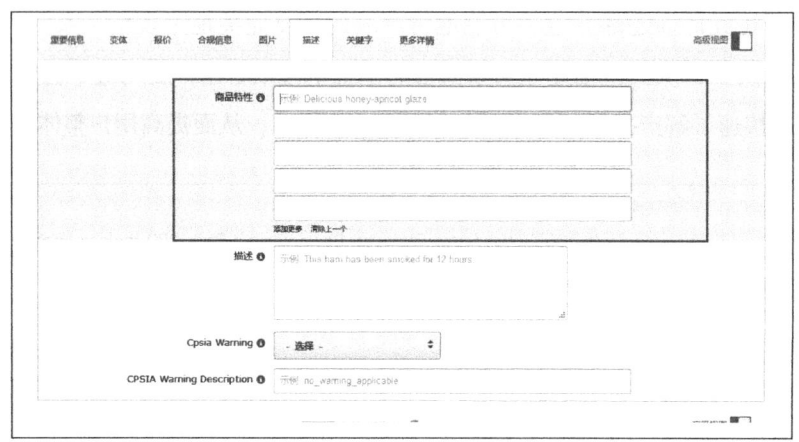

图2-12 五行描述卖家后台填写页面截图

(1)商品特性栏目总共可填写500个字符,且每行描述不能超过100个字符;

(2)每条商品特性描述的首字母要大写(英文),句段书写且结尾不加标点符号;

(3)尽可能展现所有卖点;

(4)不能包含促销和定价、物流和公司的相关信息;

（5）内容排列一般由主到次，长度由长到短。

商品特性是买家了解产品的关键部分，其内容很大程度上决定着买家是否愿意继续阅读页面上的其他信息，也决定了买家是否需要继续阅读长描述，以进一步了解产品的全部信息。卖家在此栏目也可以充分展示希望顾客考虑的产品关键特征，用简洁的语言对产品进行描述，从而抓住买家的兴趣点和注意力。因此，要想吸引顾客购买产品，卖家要重视对五行描述的填写。

四、长描述

长描述是产品页面中非常重要的组成部分。产品页面在亚马逊 PC 端和移动端的展示是有区别的。PC 端产品卖点在前，长描述在后，而移动端刚好相反，长描述在前，产品卖点在后。虽然超半数的美国买家通过 PC 端购物，但随着移动互联网的普及，越来越多的消费者开始往移动端转移。对于卖家而言，长描述的地位也将越来越重要。

如图 2-13 所示，描述部分设置在图片上传之后。此处产品描述为必填项，字符上限为 2 000 个字符。关于产品更具体的功能和细节描述以及产品使用的注意事项都可以在这里填写，目的主要是对产品卖点进行补充说明，以使买家对产品有更全面的了解。

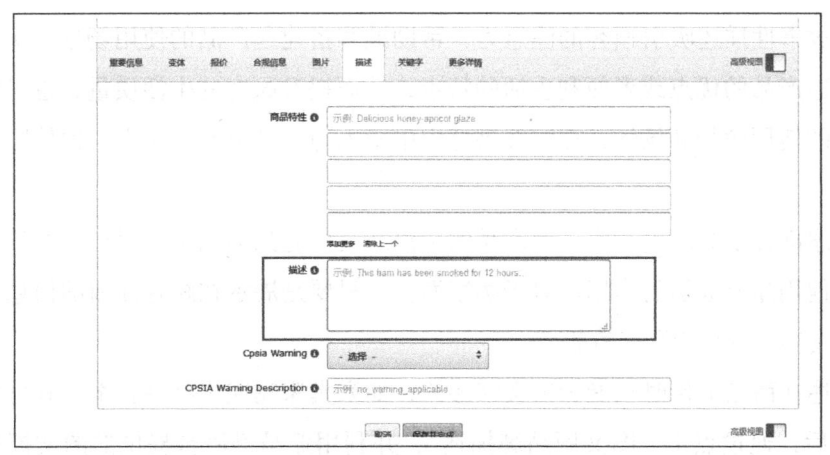

图 2-13 长描述页面截图

当客户使用亚马逊移动端浏览商品时，长描述被优先展示，所以长描述的开头部分尤为重要。对于长描述的开头部分，卖家一定要像对待产品卖点一样重视。卖家既可通过对长描述进行巧妙的排版设计来吸引顾客，也可通过故事性的描述抓住顾客的眼球。因此，卖家在优化产品长描述部分时，可以从以下两个角度出发。

1. 优化排版

关于长描述部分的文字填写，由于文字段落、字体效果等不能进行自动调整，所以此处需要用到亚马逊后台支持的 HTML（超文本标记语言）代码来帮助我们进行排版。该代码主要包括以下内容。

（1）换行：\<br\> 文本内容 \</br\>。

（2）分段：\<p\> 文本内容 \</p\>。

（3）文本加粗：\<b\> 文本内容 \</b\>。

（4）字号大小：\<p style="font-size:10px"\> 文本内容 \</p\>（其中，"10px"中数字越大，字号越大）。

（5）斜体效果：\<p style="font-style:italic"\> 文本内容 \</p\>。

（6）闪烁效果：\<p style="text-decoration:blink"\> 文本内容 \</p\>。

2. 优化内容

通过故事性描述吸引顾客的注意力，帮助顾客搭建起产品的使用场景。例如，可以向顾客阐述产品的优点或者便利生活的特点，从而提升顾客的生活质量；也可以向顾客推荐产品的使用途径和场景，在顾客潜意识中植入与产品交互的画面，促使顾客下单购买产品。

长描述部分是买家进一步了解产品的渠道，其可起到消除买家对产品的疑惑或者被产品的其他用途所吸引的作用。对于卖家而言，只要是展示在顾客面前的信息，都要做到准确、真实、一切为顾客着想。

长描述在商品上传时只能为纯文字形式，如果卖家完成了品牌备案，其可以在商品上传完成后，通过点击"图文版品牌描述"，并利用亚马逊后台提供的图文模板完成图文 A+ 描述制作，在 A+ 通过审核后，买家端原先的纯文字描述则会被覆盖。

五、产品图片

亚马逊平台为了创造客户体验,对于产品的展示图片有着一套严格的标准。亚马逊平台上的产品图片包括主图和辅图,卖家可上传一张主图和最多八张辅图。亚马逊平台对于产品图片的要求如下。

(1)主图必须为纯白色背景(RGB值为255,255,255),无任何文字、无水印、无边框、无包装盒以及无所售产品以外的配件和产品。

(2)主图必须清晰展示实际商品,不能展示图片或手绘图,且不能显示无关的配件(如支撑架、衣架、鞋托等)。

(3)产品图片仅显示用于销售的商品,且展示单一图片,少使用或者不使用展示模特。

(4)产品本身占据整张图片85%或以上的面积。

(5)产品图片的长或宽至少有一边为1 000像素,另一边的像素要求不低于500像素。

(6)商品可穿戴在真人模特上,但不能置于人体模特上,且不得包含裸体。

(7)图片的格式包括TIFF(.tif)、GIF(.gif)、JPEG(.jpg),其中推荐使用JPEG格式。

另外,针对一些特殊的类目,还有一些具体的要求。

(1)鞋类,必须单只、无模特图片作为主图,且必须是左脚向左摆放。如果有真人模特上脚图,则只能作为辅图展示。

(2)耳环类,必须成对展示。

(3)袜子类,如果出售一双,则产品图只能出现一双;如果多双组合出售,则产品图应出现对应数量。

(4)家居类,一些装饰用品的主图不强制要求使用纯白背景,如床上四件套、蚊帐、墙挂画、窗帘以及灯等。

一般情况下,产品图片展示情况如图2-14和图2-15所示。

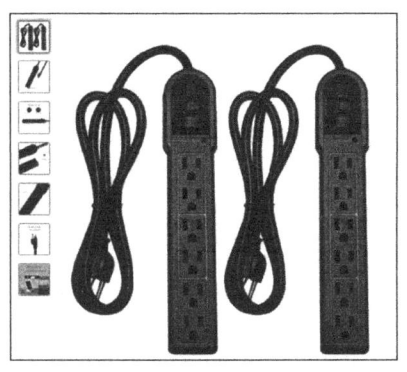
图2-14 产品主图展示截图

图2-15 产品辅图展示截图

电商靠图说话，因此上传合规且美观的图片对于产品销售至关重要。正是因为亚马逊平台对展示的图片有一套严格的标准，才使得整个平台的运营更规范。对于卖家而言也相对减少了在图片上下工夫的时间成本，能够将更多的时间花在开发新产品以满足消费者的需求。

六、上传商品页面

在了解了产品开发和亚马逊后台规则后，卖家就可以在店铺后台上传商品页面了。目前，亚马逊上传商品页面的方式有两种，即单个商品上传和使用库存模板批量上传。

（一）单个商品上传

单个商品上传又包括跟卖和自建新商品页面。

1. 跟卖

跟卖是亚马逊平台推出的一种产品售卖方式。其目的是使同款产品共用同一个详情页面，从而给消费者带来更好的购物体验，同时也促成卖家之间的良性竞争。卖家可以匹配现有的商品信息，如果平台上已经有其他卖家销售了后来者打算销售的商品，则后来的卖家可以使用现有的展示页面，只需要填写产品价格和库存即可。跟卖的产品列表如图2-16所示。

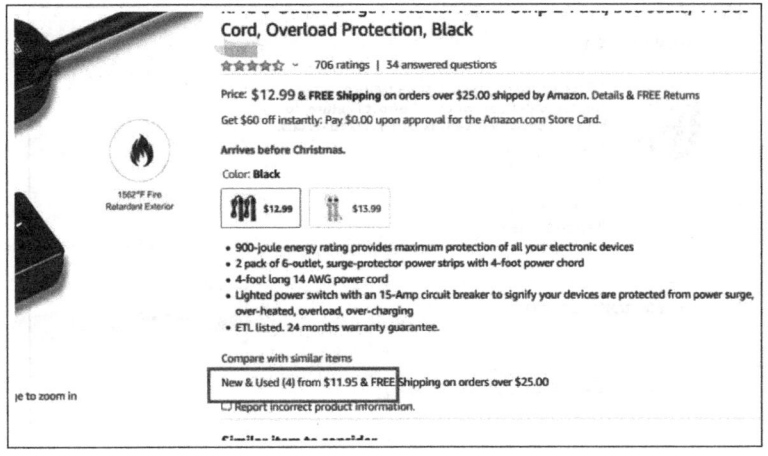

图 2-16 跟卖产品列表页面截图

那么，如何进行跟卖？

第一步，匹配现有的商品信息。登录亚马逊卖家后台，依次单击"库存""添加新商品"，然后搜索您想在亚马逊上销售的商品。如果使用商品编码（如 UPC、EAN、ISBN 或 ASIN）搜索，搜索结果会更准确，如图 2-17 所示。

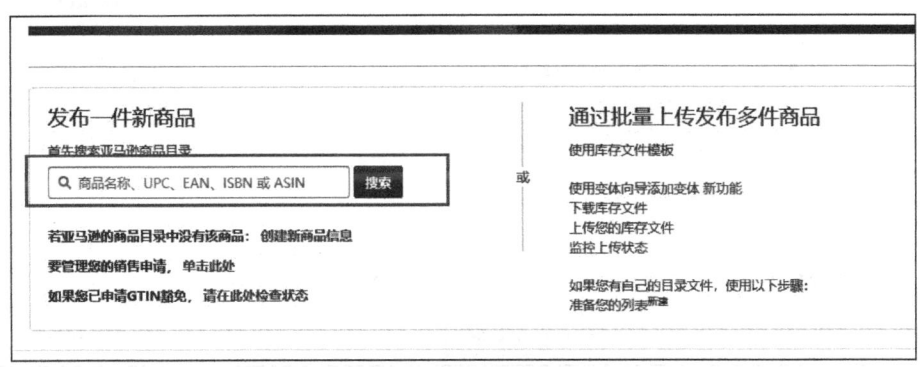

图 2-17 使用商品编码搜索商品信息页面截图

第二步，找到您要销售的商品之后，单击"出售您的"按钮，即可进入商品信息页面，具体如图 2-18 所示。

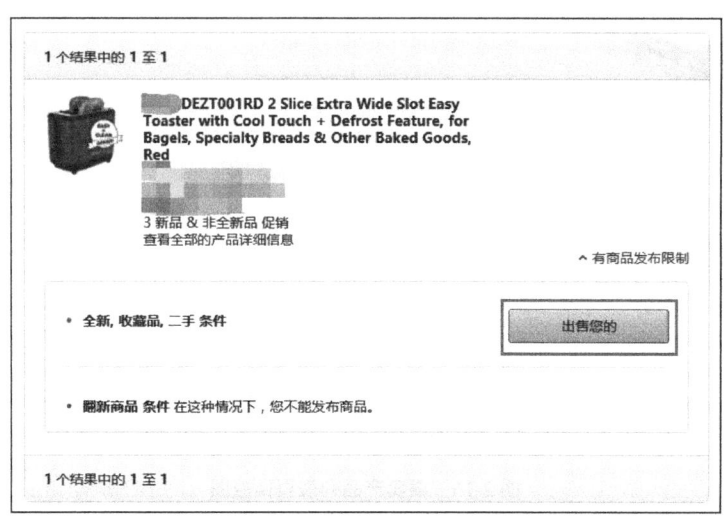

图 2-18　商品信息页面截图

第三步，在提供的数据字段中输入您的商品详情，并设置合适的商品价格，最后单击"Save and finish"具体如图 2-19 所示。

图 2-19　输入商品详情页面截图

2. 自建新商品页面

如果亚马逊平台没有您要销售的商品，或者您的商品与在售的商品有差异（包括包装和附赠品的差异），那么您可以创建一个新的商品页面，具体操作步骤如下。

第一步，登录亚马逊卖家后台，单击"我要添加未在亚马逊上销售的新商品"，具体如图2-20所示。

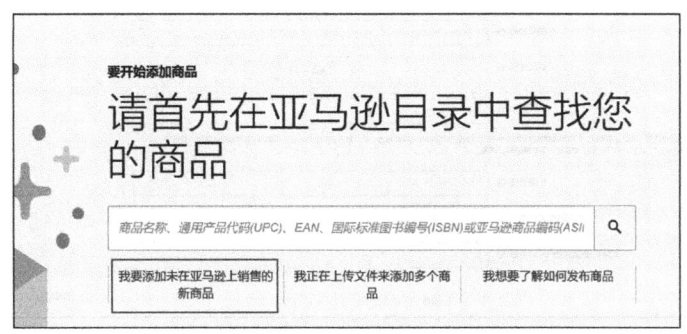

图2-20　自建新商品信息页面截图

第二步，通过搜索分类找到您要销售的商品所对应的类目，然后选择该类目，具体如图2-21所示。

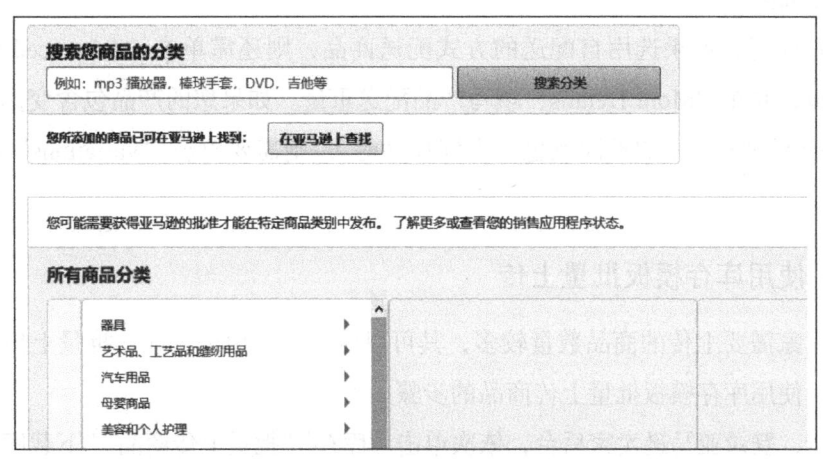

图2-21　搜索商品分类页面截图

第三步，依次用目的销售国（地区）语言填写商品名称、商品编码、品牌、制造商、制造商零件编号、制造商建议的用户年龄下限等信息，具体如图2-22所示。其中，标有*号的为必填信息。

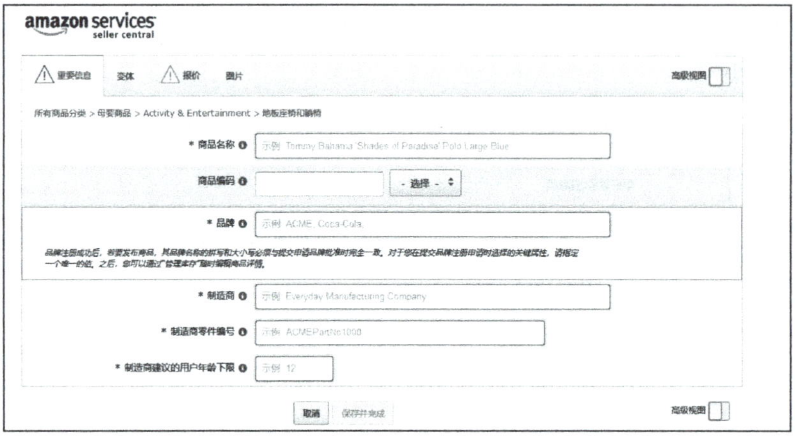

图2-22 填写重要信息页面截图

第四步，填写完成后，单击"保存并完成"，即完成商品发布流程。根据卖家提供的信息，平台通常会在15分钟内将其发布到亚马逊上，随后消费者可以通过搜索和浏览查看到该商品。

要特别注意，如果选用自配送的方式配送商品，则还需单击"Advanced View"选择配送模板，并在"More Details"填写产品配送重量。如果您的产品包含变体（变体指同款产品的不同型号，如不同颜色、不同尺寸等），则需要单击"Variations"填写变体信息。

（二）使用库存模板批量上传

如果卖家需要上传的商品数量较多，其可以使用库存模板功能，批量上传商品，以节省时间。使用库存模板批量上传商品的步骤如下。

第一步，登录亚马逊卖家后台，依次单击"库存""批量上传商品""下载库存文件"。

第二步，通过搜索栏或者商品分类栏找到与卖家商品对应的类目。

第三步，选择卖家要生成的模板类型，其中精简版仅包含与所选商品相关且在亚马逊目录中创建商品所需的必填属性；高级版包含与所选商品相关的所有属性（必填项、首选项和可选项）；自定义版卖家可选择与所要添加到模板中的上述选定商品相关的属性组,包括必填属性。

第四步,单击"生成模板",相应的库存模板将会自动下载至卖家的计算机中。

第五步,打开库存模板,依次填写产品标题、品牌名、UPC/EAN、五行描述等信息,如需填写相关问题,可咨询亚马逊卖家支持模板团队。

第六步,再次回到卖家后台,依次单击"库存—批量上传商品—上传库存文件",检查并上传库存文件即可。

七、页面打造注意事项

亚马逊平台对于卖家后台的审核较为严格。但是对于新手卖家而言,只要不断学习、关注相关的规则和政策、按要求上传材料,后台的运营管理也并非难事。对页面打造与视觉设计,卖家还要注意以下两点。

(1)语言加工。在保证页面产品信息准确的前提下,卖家还需学习更多行业知识,以及目标销售国(地区)与消费习惯相关的知识。一方面,在语言描述和语法使用上要避免出现错误,以免造成不必要的误会和质疑。例如,在美国,长度单位习惯使用英寸(inch)而非厘米(cm);重量单位习惯使用磅(pound)而非千克(kg);红色长裙的翻译不是"red long dress",而是"long red dress"。另一方面,由于单词存在细微差异,卖家要注意本土的语言习惯,从而有助于提高商品搜索的匹配度。例如,在英国,描述打底裤时更习惯使用 leggings 而不是 pants;在美国,描述裤子更常用 pants,而不是 trousers。

(2)知识产权意识。卖家在海外销售产品时,一定要注意产品不能侵权。首先,在没有获得销售许可和品牌授权的情况下,不能进行销售和跟卖品牌商品,也不能侵犯工业设计产权而出售高仿品牌商品。其次,在标题等处不能出现品牌 Logo 或品牌名。最后,在未取得版权和授权的情况下,图片不能使用名人肖像、卡通人物等。在亚马逊平台上,若卖家出现侵犯他人知识产权的行为,轻则平台会要求其下架商品,重则审查、关店。另外,卖家也要注意自己所销售的产品有没有被人跟卖或者侵权,适当时候也可寻求平台的帮助。卖家在进入跨境电商领域时,只有建立起对知识产权的重视,避免风险，保护自己，才能使自己在跨境电商领域走得更远。

第五节　店铺网络营销

为了更好地让卖家了解亚马逊平台运营与推广工作，我们将进一步介绍运营中卖家应如何进行数据分析与爆款打造，从而为卖家销售产品提供帮助；以及关于客户服务与评论管理的内容，从而帮助卖家了解如何管理用户。另外，我们还将重点介绍站内引流与促销推广，以帮助卖家理解如何在亚马逊平台进行推广。

一、数据分析与爆款打造

当店铺开始有订单时，卖家首先要学会分析后台产生的数据，尽量做到能解释每一条数据增长或者下降的原因，并从中总结、反思店铺和产品可以优化改进的地方，进而提升整体的盈利水平。卖家要想进一步提高产品的盈利能力，打造爆款应成为其首选。

（一）后台业务报告

卖家可在店铺后台"数据报告"（Report）选项中找到"业务报告"（Business Reports），单击进入后就可查看业务报告。亚马逊后台业务报告包括广告报告、库存报告、物流报告等。这些数据可以作为卖家行销的决策依据，它们影响着卖家的广告投放策略。

数据分析常见名词如下。

（1）Date（日期）：卖家可以按天/周/月/年查看数据，最长时间为2年。

（2）Sessions（买家访问次数）：24小时内曾经在销售页面浏览过的用户数。

（3）Session Percentage（买家访问次数百分比）：浏览用户中特定浏览了某项SKU/ASIN的用户所占的比例。

（4）Page Views（页面浏览次数）：所选取的时间范围内销售页面被点击的总浏览流量。

（5）Page Views Percentage（页面浏览次数百分比）：页面流量中浏览过某项SKU

（库存量单位）/ASIN（亚马逊编码）的流量所占的比例。

（6）Units Ordered（已订购商品数量）：具体时间段内，卖家所有订单加起来的商品个数的总和。

（7）Ordered Product Sales（已订购商品销售额）：具体时间段内，卖家所有订单加起来的净销售额度。其计算公式为：已订购商品销售额＝商品价格×已订购的商品数量。

（8）Total Order Items（订单商品种类数）：具体时间段内，所有订单中加起来的商品的品种个数。

（9）Order Item Session Percentage（商品转化率）：在买家访问次数中下单用户所占的百分比。

（10）Ordered Product Sales（订单销售总和）：依照订单所定商品的销售总和。其计算公式为：∑每件商品销售数×销售价格。

（11）Unit Session Percentage（单次访问用户转换率）：每位用户浏览后购买产品的概率。

卖家在数据报告页面可下载所有的业务报表。另外，卖家如果想了解实际收入与支出情况，可在"数据报告"中单击"收付款"，进一步单击"数据区间报告"下载即可查看平台扣除的月租和产品销售佣金的数据情况。

亚马逊平台如今已经进入了全新的数据化精细运营时代，谁能够更深一层挖掘数据、更加精准地分析数据，谁就能够信心十足地霸占市场领导者的地位。因此，卖家学习分析数据的脚步一刻也不能停止。

（二）爆款打造思路

若能成功打造爆款，无论是在流量上还是在销量上，对店铺的贡献都将很大。对于新手卖家来说，打造爆款绝不是生搬硬套别人的做法，也不是跟有经验的卖家请教几个问题就能做到的。想要打造爆款，还需要卖家理论结合实际，从实践中不断学习摸索，总结出属于自己的一套爆款打造方法。以下是爆款打造前的几点思路及其注意事项。

（1）爆款产品一般来说是低价引流款，靠低利润走量。这里不推荐卖家一开始就以不计算推广成本且已经亏本的超低价方式赚销量,原因在于卖家不仅要考虑此类产品的市场定价区间,同时还要考虑竞争对手数量以及自身盈利情况。如果所定的低价出单量有限或者确实有订单但亏本金额比预估的大,此时将不好进行下一步的操作。同时,长时间超低价可能会被系统判定该价格为产品的正常售价,从而导致后续抬价权重大幅下降。更何况,跨境物流一定会有损耗,再加上其他相关的损耗,实际亏本会更多。

(2)爆款产品在价格上有竞争优势,所以卖家所打造的此类产品一定要有成本优势,即性价比。如何找到物美价廉的供应商呢?我们可参考以下两个方面:一是如若身处行业产业带区域,产业集群地的厂商是首选目标;二是可以利用阿里巴巴提供的找货神器在其网站上进行查找。

(3)产品库存充足。有些卖家出于库存管理或资金成本方面的考虑,一开始进货量不多,但产品一旦开始热卖,卖家就要做好进货准备,否则产品脱销将使产品排名和爆款打造功亏一篑。什么代表热卖?一般来说,每天卖家都要查看数据,记录并长期追踪,看日流量或销量的走向,如果产品相较上周不仅能稳定出单,而且持续一周每天的订单量整体呈上升趋势,那么卖家此时应盘点该产品库存,结合当下每天的销量及加购、收藏数据,预估库存还能用多久;若支撑时间小于进货周期,则应马上下单进货。

对于爆款打造,有的卖家注重选品,有的卖家则看重流量,还有的卖家追求销量,每个卖家的侧重点不同,故制订的策略也有所不同。其实,要打造一个爆款产品,选品、流量、销量都是要考虑的因素。

(三)爆款打造流程

"快、准、狠"这三个字贯穿了打造爆款产品的始终。下面分别从这三个角度来阐释新品打造的全过程。

(1)"快"是指卖家要抓住亚马逊推广的新品期,错过了新品期,机会将不再来。新品期的重要性在亚马逊的飞轮理论中得到了最好的印证,如图2-23所示。亚马逊需要源源不断的新产品来刺激平台整体的系统运转,所以必然会对新上架的产品给予一定优先曝光的机会。而对于一些老品,如一些一直表现一般的或者一些之前卖得很好但后面效果不好的产品，亚马逊平台就很难再推该产品了。

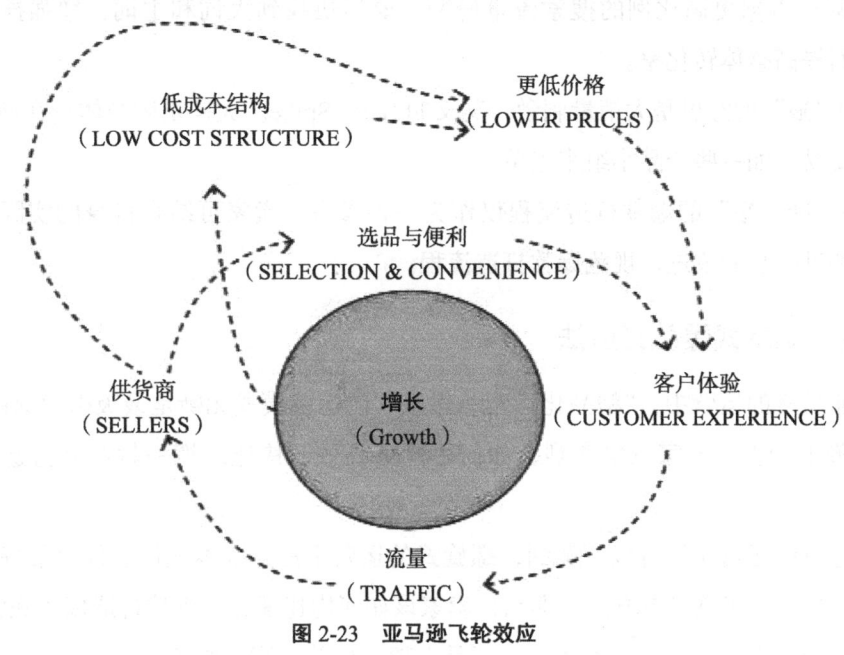

图 2-23　亚马逊飞轮效应

什么是亚马逊的新品期？其实官方也没有给出明确的定义。凭借过往的经验，通常是指产品 FBA 到货以后，也就是 Prime 蓝色标志出现以后的两周之内，都算是处在新品期范围内，此时产品处在最佳的推广周期。如果超过这个时间段，产品就离新品期红利越来越远。处在新品期的时候，任何推广动作的效果都是加成的，效果显现也非常快速。但是产品一旦过了新品期，推广动作就会打折扣。

（2）"准"主要体现在流量要准确、有效。这里的流量包括亚马逊关联流量和搜索流量。

前期建立稳定有效的关联网络非常重要。新品推广期间，广告一定不能少，特别是自动广告。卖家前期不要太过于关注自动广告的预算花销及广告成本和由广告带来的直接销售额的百分比（Advertising Cost of Sales，ACos），要快速与周边产品形成一个关联网络，通过广告关联去促进自然关联，从而抢占关联流量的红利。

在搜索流量方面，卖家要学会找到大词和主词。因为对一个产品而言，所有搜索流量的构成都是由 1~2 个主词加若干个长尾词构成的，主词和大词一般占 5~6 成，有些产品甚至占据更高比例的搜索流量份额。要尽快找到大词和主词，增强推广的准确性，从而提高整体转化率。

（3）"狠"的意思是大销量刺激，英文叫 Sales Spike。大销量刺激体现在通过站内和站外的交易，如一些产品小组来走单。

"快、准、狠"的爆款打造流程仅作为一种参考，卖家可结合自身的实际情况，通过优化和进一步的改进，规范爆款打造流程。

（四）螺旋式爆款打造法

在亚马逊的运营中，"精品化运营＋爆款"的运营模式无疑是最吸引卖家的。如今，在亚马逊平台上，卖家竞争激烈，如何才能够高效、快速地把一款产品打造成热卖爆款呢？

通过总结运营实践可以了解到，螺旋式的运营手法是成本最低、效果最好，同时也是最快速的一种爆款打造方法。那么，卖家该如何构建螺旋式爆款打造模型呢？

第一步，激活销量。FBA 入仓，新品上架，出单是第一要务。

很多卖家辛苦选出来的产品，因为没有运营思路和方法，造成"上架即滞销"的状态，产品上架很久不见订单，如此下来，他们既对产品没信心，也对运营没信心。为了防止这种情况的出现，在 FBA 入仓且产品上架后，卖家可以直接将产品售价设置在略低于市场平均的价位，以低价来激活销量，实现该产品页面零的突破。切记，对于一条新上架的产品页面来说，接单的意义远大于利润。

卖家眼中看到的是订单，系统看到的却是转化率。新品流量不多，凭借低价成功转化订单，其订单转化率会远远高于同行卖家。此时，系统会分配给你更多的流量，流量越多，订单自然也会越多。第一个螺旋上升形成，即流量上升形成；同时，也形成了第二个螺旋上升，即订单上升，订单从无到有，从少到多；另外，还形成了第三个螺旋式上升，即 BSR 排名［BSR 是亚马逊的一种产品排名方式，全称"Best Seller Rank"（畅销排行榜），是指卖家的产品在某一类目下的销售排名，每一款产品在不同类目与不同站点中的 BSR 排名是不同的〕上升。新品上架是没有 BSR 排名的，但随着订单量的增多，其排名也开始突飞猛进地上升。

从这个意义上来说，低价接单对于打造一款产品来说意味着流量、订单和排名。

第二步，主动增评。配合订单，主动增评，为产品页面补充口碑要素。

新品页面上架时，没有产品评论，消费者心中可能会产生疑虑。虽然我们在第一阶段用超低的价格对消费者做了心理破冰，但适当的低价毕竟只是暂时的手段，产品评论才是一个爆款产品的必需因素，而针对亚马逊平台上客户留评率不足 1% 的现状，想要让一款新品自然产生产品评论就显得有点困难了。在这种情况下，卖家有必要采取主动的方式为新品页面增加一定量的评论，如亚马逊的 VINE 计划等。

拥有几个产品评论的新品页面看起来就会完美很多，以此也弥补了没有口碑的缺陷，消除了消费者下单时心中的疑虑，订单转化率也会有所提升。但这还不够，随着订单数量的增长，产品评论也应成比例增长，产品留评率不需要太高，能够保证达到总订单量的 3% 左右即可。无论什么时候，当收到一个差评时，卖家需要增加 3~5 个好评才可降低差评所带来的不利影响。同时，卖家还要对评价内容进行分析，若评论内容不符或属恶意差评，应及时联系顾客和平台客服尽快处理。

在这个阶段，形成了新的螺旋上升，即评价数量随着销量的增加而增多。

第三步，投放站内 CPC（Cost-per-Click）[①] 广告。通过站内广告导入更多精准流量、付费流量和自然流量，产生更多订单，从而获得更多市场份额。

当前的亚马逊平台竞争非常激烈，在激烈的竞争下，自然流量就显得有限，卖家要想获得更多的市场份额，投放站内 CPC 广告的方式获取付费流量就成了必不可少的运营手法。需要强调的是，即便站内广告前期的转化不高，ACoS 数值偏高，但只要卖家多接一个订单，就意味着某个竞争同行少了一个订单，因此卖家的总体排名将获得提升，竞争者的排名将下降。

从这个层面上来说，螺旋式上升体现在销量增多，排名上升。

---

① 指按点击付费的广告。

第四步，销量、排名和价格三位一体的打造。三项结合且机动调整，形成螺旋上升通道。

基于前三个阶段的铺垫，正在打造的新品页面开始形成如下循环：因为产品价格低，所以产生销量，销量为新品页面带来排名，随着销量和排名的上升，配合站内广告的主动引流，新品页面获得更多的流量，于是销量增长，排名也上升，卖家开始逐步调高价格；如果提升价格之后销量大幅下滑，卖家要降低价格，观察销量的变化，待销量稳定后，再进一步调高价格，价格的调整要"小步慢跑"，即每次小幅度调整，待销量稳定后再一次调整。

在这样一轮一轮的调整之后，出现的结果就是产品售价逐步提高，直至接近于预期售价，产品销量稳定增长；新品页面排名逐步提升，这三位一体相互作用，形式螺旋式上升通道，使一个新品页面从没有订单、没有流量、没有排名的状态，发展到销量稳定、排名稳定的状态。

第五步，排名卡位，这是打造爆款过程中最重要的一个步骤。

要想打造爆款，卖家需要在上述方法的基础上，把排名卡位放在更加重要的地位，即所有的阶段性成果都回归到对排名高低的衡量上。同样的价格、销量和排名三位一体打法，核心是排名，在某些阶段，可以为了确保排名上升而牺牲利润，当排名到了一定程度时，再逐步调整价格。

所有的手法都应围绕排名的上升进行，当排名跨过一个门槛时，上调价格，观察销量，销量稳定的话，降价，冲击下一个门槛，以此类推，直到排名进入了小类目前五名。

第六步，保证库存，爆款打造的必要保障。

在螺旋式爆款打造模型中，因为销量是处于持续增长状态的，所以在这个过程中，最忌讳的就是库存没有跟上销量，导致中途断货。一旦断货将导致新品页面销量下降、排名下降、广告成本成倍增加。断货对新品页面权重的影响是非常大的，因此卖家在爆款打造的过程中一定要做好销量评估，储备足够多的库存，宁可备货多一点，也不要出现断货的情况。

第七步，全力以赴，爆款打造说到底考验的是哪个卖家在单品上投注的心力最多。

每个卖家的店铺都会上架多款产品，每个卖家在运营中都会考虑各个产品的运营，这就意味着在运营中，卖家会将心思、精力和时间分配给店铺里的多款产品，但这样的分配会造成其在一款产品上的投入不够。在爆款打造模型中，每一个爆款打造的过程都意味着要全力以赴，将自己的全部身心投注在一款产品上，促成这款产品的销量上升、排名上升，直至成为畅销品并稳定在最畅销的位置。

无论是打造爆款还是日常运营，卖家都可借鉴上述方法让自己的产品卖得更好。

二、客户服务与评论管理

从客户服务到提升店铺形象，从评论管理到提升产品品质，如何提高客户服务水平是每一位卖家都需要思考的问题。当两种产品的作用、价格差距不大时，客户服务的价值就更加突显。客户服务做得好的、让顾客一目了然的商品往往更能吸引顾客的眼球。

产品评论、店铺反馈是对一件商品、一家店铺最基本的判断标准。其与产品排名及亚马逊对店铺的定位息息相关，同时对商品销量尤为重要，所以卖家应该更加重视。

（一）FAQ服务与售后服务

关于客户服务，亚马逊的使命是成为世界上最以客户为中心的公司。客户服务团队应该有一个非常明确的目标：预防和解决客户的问题，从而让客户感到开心和满意。因此，关于客户的售前和售后服务就显得尤为重要。

消费者在选购商品时，经常会遇到一些问题，如产品详情、支付方式、运输方式、包装情况、多久到货之类的问题。为了方便顾客进行"自主解答"，可以在店铺新增"FAQ服务"栏目，就付款流程、产品详情、功能详情、使用详情、物流详情、退换货须知等常见问题进行解答，以此打造更为优质的售前服务，及时消除消费者的疑惑，为消费者创造更有效率的购物体验，进一步提高顾客满意度。

此外，店铺还应重视诚信，打造优质的售后服务。当卖家遇到客户投诉或差评时，应及时沟通处理，必要时承担相应的责任，若是因产品质量问题或发错货导致的，其应无条件接受客户的退换货需求或退款需求，并承担其中的物流费用。同时，卖家有条件的话也可在平时以发放赠品或者开展优惠活动等方式来维护客户关系，进而提高客户黏性，增加客户回购率。

FAQ 服务在人力、资金以及时间上的成本都较低，却能够取得较好的服务效果和体验，更适合资金不充裕的卖家。而售后服务对于成本的要求相对较高，但对于店铺信誉和推广起到重要作用。因此，卖家可根据自身需求选择一种或多种方式进行。

（二）评论与反馈

评论直接影响着单个产品的曝光和流量，进而影响产品销量，而反馈则更多地影响卖家账号店铺的绩效指标，亚马逊会取消反馈评分过低的卖家销售权限。

评论一般展示在产品页面的下方，如图 2-24 所示。

一方面，评论不仅有助于提高转化率、提升销量，为产品带来更多的流量，而且还有助于将产品打造成爆款。在亚马逊的排名算法中，评论的权重较大，所以好的评论可以起到提升排名的作用。另一方面，在选品阶段，评论不仅能为选品提供参考，还能为卖家分析竞争对手的产品销量提供依据。卖家可根据竞争对手的评论数量，评估选品的可行性，还可根据对手的评论发掘出更符合消费者需求的产品，以避免自己重走弯路。

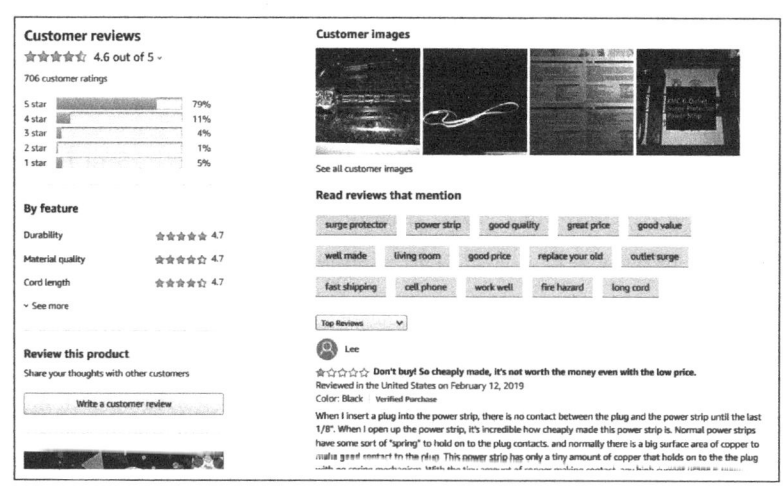

图 2-24　评论页面示例截图

在反馈页面中，评价等级最高为 5 颗星，买家可以从三个方面对卖家的服务表现进行评价。店铺反馈页面如图 2-25 所示，反馈内容包括产品实物是否与描述一致，对卖家的包装及发货时效是否满意，对卖家的客服人员及其专业程度是否满意。

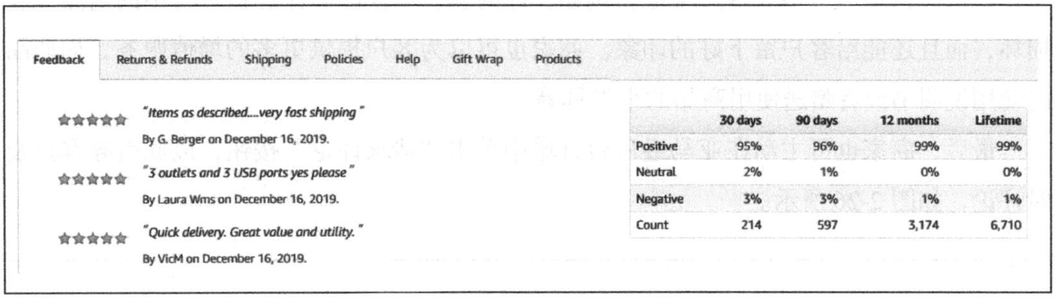

图 2-25 反馈页面示例截图

因此，反馈只会发生在真实购买记录的情况下。反馈在卖家店铺首页和店铺评价详情中会清楚地罗列出来，所以反馈的影响直接体现在了卖家账户层面。这点和评论截然不同。评论是对产品本身的评价，仅涉及对产品的看法，不涉及对物流、服务等方面的问题，而且只要是亚马逊会员，且在亚马逊上有过购买记录，那么就可以对任何产品写评论。

评论与反馈对卖家而言都很重要。卖家不仅要对产品质量、服务质量和细节进行完善，而且还要管理好评价与反馈带来的影响，主动吸引客户留好评（不可用返现激励），同时积极管理差评，解决差评客户的诉求方案，对不可修改的差评要进行高水平回复，以将损失降到最小。

（三）好评与差评

前面我们已经提到评论对排名和产品页面的权重占比影响非常大。显示在产品页面的评论常常会对浏览商品的客户产生一定程度的影响，正面的评论能够促使潜在客户下单，而负面的评论可能使客户放弃购买。那么，卖家如何做才能获得好评呢？

首先，要确保产品质量。买家在亚马逊平台上购物，希望产品具有使用价值，只有产品的质量足够好，买家才会觉得物有所值。相反，买家不太可能对低质量、有瑕疵的商品给予好评。

其次，要提供物有所值的商品和高品质的服务。高品质的产品加上贴心的服务，更有可能得到客户的好评。

再次，在细节上多为客户考虑。例如，好的包装不仅能确保运输过程中的商品免受损坏，而且还能给客户留下好的印象。商家也可以为客户提供更多的增值服务，如商品的使用说明书或者赠送使用商品的小工具等。

最后，商家也可主动在亚马逊后台订单中单击"请求评论"按钮，以此引导客户及时评论，如图 2-26 所示。

图 2-26　请求评论页面示例截图

当收到差评时，卖家可以做哪些工作来挽回损失呢？

客服人员首先需要了解清楚客户给差评的原因，可以第一时间用邮件联系客户，向其道歉并与之友好协商解决方案。

针对客户给出的差评，卖家也可在评论下面委婉回复，以解释清楚问题为主，并写清楚有什么解决办法。切勿顶撞甚至威胁客户，否则将受到严重处罚。

另外，针对评论，亚马逊平台规定：与产品无关的、无意义的评论将会被自动删除；评论包含不恰当或者具有攻击性的言论，如个人信息的泄露、带水印的图片或抄袭等情形，将会被自动删除；出现民族、种族、宗教等歧视内容和暴力违法行为等，也会被自动删除；不允许卖家自己撰写评论，或者故意给予竞争对手差评；卖家通过某种报酬，如商品折扣、礼物等换取买家评论的，买家必须在评论中明确声明此事。

（四）退换货原则

由于欧美客户非常怕麻烦，所以当客户提出退换货申请时，很大程度上是因为卖家的商品真的不能满足客户的预期。客户可能会因为以下几点由卖家引起的问题而导致退换货。

一是商品本身质量有问题。如果客户收到的商品有质量问题，那么要求退换货是毋庸置疑的。为了避免此类问题的出现，卖家应积极主动地做好产品质检，严格控制产品质量，以免因小失大。

二是产品与描述不符。亚马逊客户对于此类事件，会毫不留情地投诉该商品实物与描述不相符，然后要求退换货或者给予差评。因此，这里要提醒卖家不应为了提高产品的转化率，在产品描述中盲目夸大自己的产品，客户会因此产生心理落差，从而要求退换货。

三是迟发货。迟发货的情况多见于自发货的卖家。由于亚马逊 FBA 的便捷性和易用性已经得到消费者的充分认可，如果卖家是通过 FBA 发货，而买家给了物流服务差评，这时卖家可以找亚马逊客服移除该评论，此举对商品排名不会造成影响。但是对于一部分坚持自发货的卖家来说，买家有可能因为漫长的配送周期，而中途取消订单，这时卖家如果选择退回，来回的运费昂贵且由卖家承担；如果拒绝退货，客户留下差评也将给卖家造成严重损失。

这里有一些止损的方案供卖家参考。有些价格低的商品，如果退换的话，来回的运费需要商家承担，所以解决问题的宗旨就是尽量不退货，可以让买家保留产品，无须再寄回，产品由买家自由处置，同时卖家再寄一个全新的、无质量问题的商品给买家，或者提供全额退款。如果不这么做，因此获得一条差评，卖家将得不偿失。对于高价值的商品，卖家应该充分考虑是否可以进行二次销售以及店铺运营成本等问题。如果能够进行二次销售且来回的运费相对于再次销售而言能够负担得起，则可以选择这种办法，如果不行，则按照及时止损的原则，尽量和顾客协商解决方案。

商家在遇到客户退换货问题时，应本着及时止损的原则，与客户一同商量双方都能接收的解决方案。在此过程中，切勿激化矛盾，也不要因为一件商品的小利而带来差评。事后，商家也要多加反省，找到原因，并尽快解决问题，以免该类事件的重复发生。

三、站内引流与促销推广

推广分为站内推广和站外推广。站内推广的重点是投放 CPC 广告，CPC 广告是亚马逊最常见的运营推广模式。站外推广在于影响用户，进而促使其产生购买欲望。亚马逊促销推广的方式有很多种，如满减折扣、秒杀促销、免运费促销、抽奖促销等。下面从站内引流、站内促销、站外引流和节日营销四个方面来阐述亚马逊平台的推广促销方式和操作方法。

（一）站内引流

卖家要清楚亚马逊的站内流量从何而来。卖家商品的流量一般来自以下六种途径，即搜索关键词、商品类目节点、页面左侧筛选条件、优惠券/促销、站内活动、站内广告。跨境报告发布的一项数据显示，50% 以上的亚马逊卖家会积极推广产品页面，且有 70% 以上的卖家使用亚马逊 CPC 广告的方式进行推广。广告运用得当，不但可以提高产品的销量，还可以提高投资回报率。

CPC 广告根据广告被点击的次数收费。CPC 广告通过向目标人群投放广告让产品得到更多的曝光量和浏览量，这是亚马逊卖家需要掌握的一种站内推广形式。卖家投放亚马逊 CPC 广告主要有三大目的：增加产品页面曝光机会，吸引更多消费者关注；提高品牌知名度；为新产品上市造势，有助于爆款产品的打造和形成。

CPC 广告的投放操作方法和步骤如下。

（1）如图 2-27 所示，在 amazon seller central（亚马逊卖家中心），选择"广告"栏目下的"广告活动管理"，然后单击"创建广告活动"。

（2）按照提示选择所需推广的广告活动类型，包括商品推广和品牌推广，如图 2-28 所示。

商品推广包括自动投放和手动投放两部分内容。

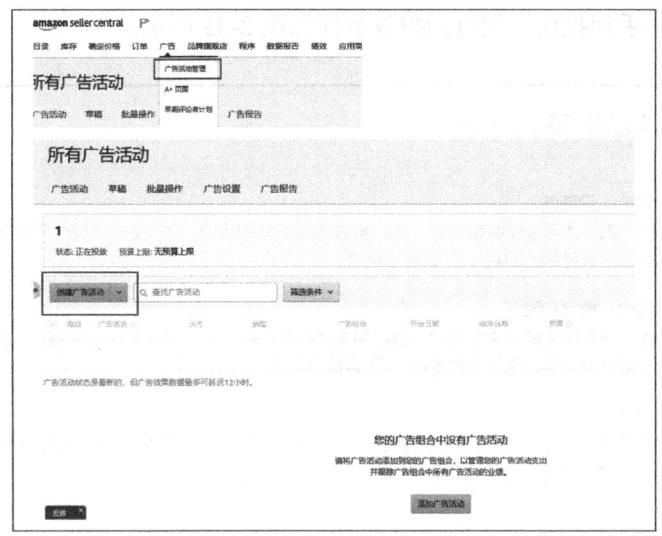

图2-27　广告活动管理页面截图

①商品推广—自动投放。自动投放的操作如下：填写广告活动名称，设置活动的起始日期和结束日期并选择自动投放，紧接着设置默认出价、否定关键词定位，选择广告活动的竞价策略，设置广告组名称并添加商品，具体过程如图2-29、图2-30、图2-31和图2-32所示。

②商品推广—手动投放。手动投放步骤如下：填写广告活动名称、每日预算以及活动的起始日期和结束日期并选择手动操作。手动投放又分为关键词投放和商品投放。其中，若选择关键词投放，则需在关键词定位下添加关键词。

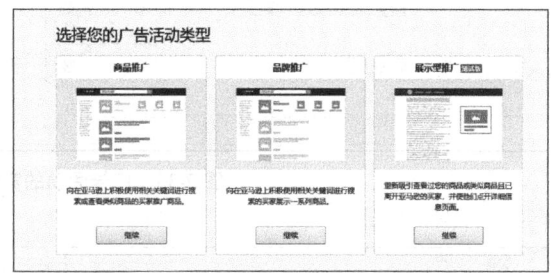

图2-28　选择广告活动类型页面截图

图2-29　创建广告活动页面截图

a. 商品推广—手动投放—关键词投放页面如图 2-33 所示。

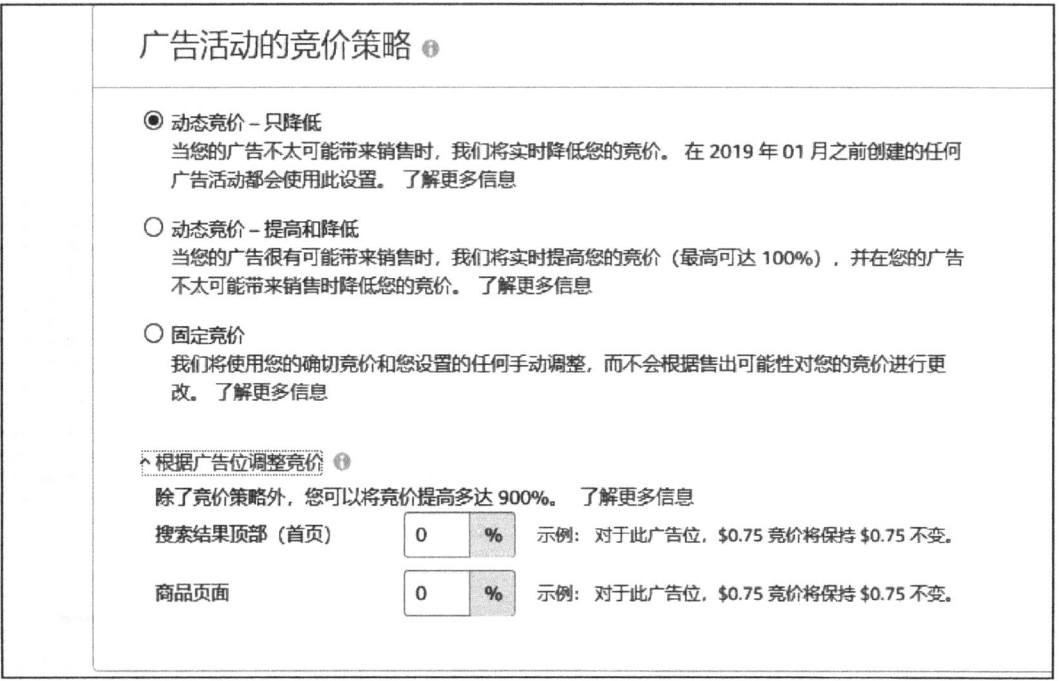

图 2-30　广告活动的竞价策略页面截图

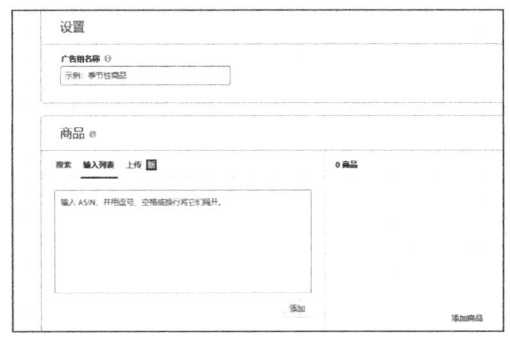

图 2-31　广告组名称设置页面截图

图 2-32　广告自动投放页面截图

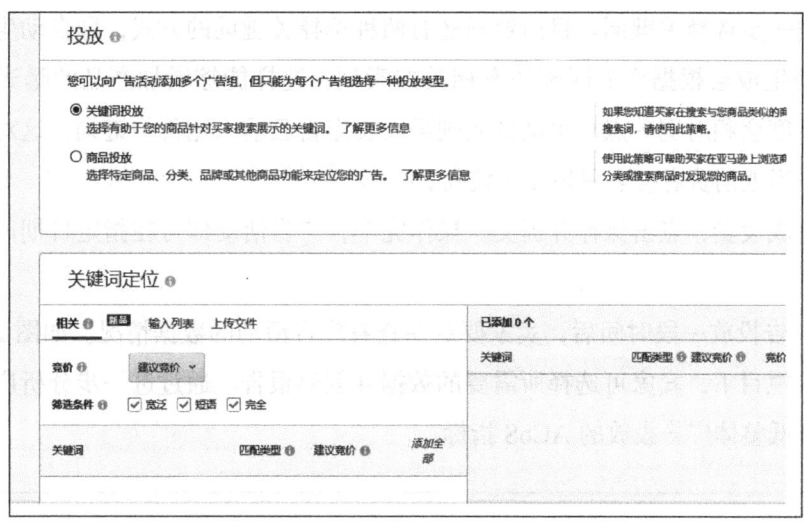

图 2-33 商品推广—手动投放—关键词投放页面截图

b. 商品推广—手动投放—商品投放。若卖家选择手动投放商品，则需在商品投放下输入默认竞价金额并选择商品和分类进行投放，如图 2-34 所示。

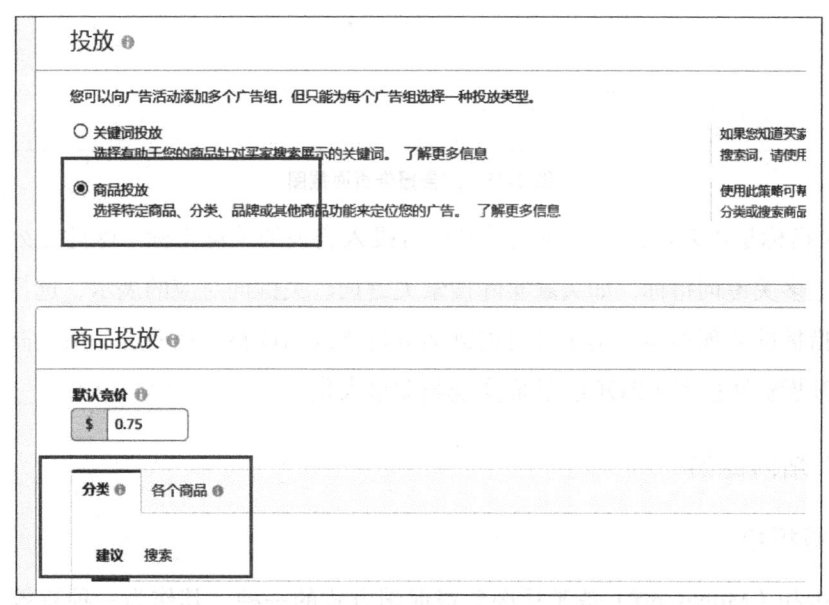

图 2-34 商品推广—手动投放—商品投放页面截图

(3)进一步选择关键词。目前亚马逊有两种选择关键词的方式,即自动生成和手动键入。自动生成会根据产品匹配所有相关搜索词,这样能够增加产品的曝光度和点击率,但精准度会相对弱一点。手动键入则需要卖家自己输入竞价关键词,这对卖家了解自己产品和当地消费者搜索习惯要求较高。

(4)完成设置,点击保存并提交。操作完毕,广告活动即可在指定日期内供消费者进行点击。

CPC广告投放一段时间后,卖家要定期查看广告活动的数据情况。如图2-35所示,在广告报告栏目下,卖家可选择所需要的数据并创建报告。通过进一步分析广告活动数据,可以降低整体广告投放的ACoS指标。

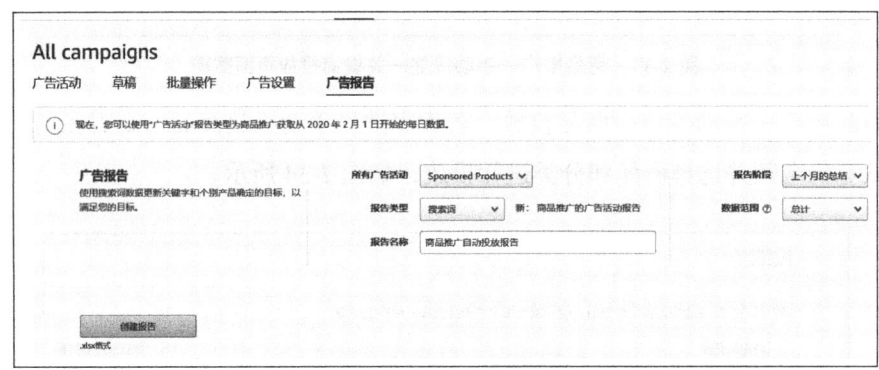

图2-35　广告报告页面截图

ACoS指标是用来衡量卖家在亚马逊广告投入表现的关键指标。除此之外,该报告中包含了很多关键词指标,如买家实际搜索关键词、关键词对应的展示、选择及转化率等。根据指标的表现不同,卖家可对关键词进行删减和调整,从而进一步提高广告的转化率,提升投资回报率(ROI),从而实现收益最大化。

(二)站内促销

1. 满减折扣

满减折扣(Money off)是亚马逊免费促销方式的一种。其作为一种有效的促销手段，对卖家提升商品销量、打造爆款以及提高曝光度都有很大好处。

只有拥有黄金购物车的卖家才能参与满减折扣促销。这种方式一般在新品上市和打造爆款时使用较多。

那么，满减折扣该如何使用呢？

首先，在"创建促销"页面选择"购买折扣"，单击"创建"进入下方页面，商家依次设置促销条件，如图 2-36 所示。

图 2-36 创建促销页面截图

卖家在设置促销的时候一定要谨慎，在了解了每个步骤的详细规则后再填写，否则一不留神可能使自己遭受惨重的损失。

优惠券与 Prime 专属折扣的功能和促销有相似之处，只是对应的买家前台显示特征、适用人群、费用等不同，此处不再赘述，卖家需注意促销、优惠券、Prime 专属折扣之间可以相互叠加，切勿设置多种过高的折扣方式，从而导致亏损。

2. 秒杀活动

秒杀活动作为营销界的法宝，能够帮助商家促成交易、吸引流量，且深受消费者好评。

秒杀是在产品当下价格的基础上设置一定的折扣，让买家在同一时间段进行抢购的一种促销方式。秒杀的特点是限时限量，目的在于以优惠价格吸引顾客，提高秒杀商品的曝光度、销售量和转化率。

亚马逊平台在首页就展示了秒杀页面的入口，可见其对秒杀促销活动的重视。在亚马逊首页单击"Today's Deals"（今日秒杀），即可看到许多产品都参加了秒杀活动，而在特殊节日或购物季，秒杀页面也会发生变化以迎合节日氛围。

对于卖家而言，参加秒杀活动有如下好处。

首先，秒杀促销的关注度很高，能够大幅增加产品的曝光度，提升品牌的影响力。

其次，由于秒杀活动本身自带诱惑，如限制时间、限制数量以及较大的打折力度，促使消费者在规定时间内完成购物，极大地促进了商品的转化率。

最后，秒杀活动还可以为商家快速清库存，将销量不太好的积压库存产品或者换季的产品迅速低价出售，回笼资金的同时降低了商家的运营风险。

（三）站外引流

除了亚马逊平台的站内流量，其站外的流量也不可忽视。随着各大社交软件与媒体软件的兴起，大家将更多的时间花在手机各类软件上，其中的流量更大，用户使用频率更高。因此，商家可通过在亚马逊以外的站点进行产品推广，实现用户的导入，进而带动销量。

站外引流指的是平台卖家为了促进自己店铺的销量，通过自己可以利用的资源，吸引潜在的客户直接访问自己店铺的一种方式。当前大家所谓的站外引流通常指，通过Facebook、Twitter、YouTube、Pinterest、Slideshare等社交类平台，用展示产品或者讲故事等方式，吸引用户关注，进而把关注人群导流到平台店铺上来。

　　如果是刚入驻亚马逊的新手卖家，其应该先做好亚马逊站内的运营。亚马逊平台本身的流量是足够的，不需要卖家另外去寻找流量，能把平台本身的流量抓住就算不错了。站外引流需要卖家花大量的时间去布局，并且不一定能快速见到成效。

　　下面是亚马逊站外推广的几大"神器"。

　　（1）Deal（折扣）网站。卖家可以在亚马逊平台上做一些促销活动，然后分享到Deal网站，因为这个网站本身就汇聚了大量的买家，且大多数都有很强的购物欲望，属于精准买家。当他们看到自己感兴趣的促销活动时，就会用卖家提供的折扣码下单购买产品，这样能够带来更多的流量和销量。

　　（2）评论站。当卖家完成产品页面编辑之后，就可以进行站外引流了，很多资深卖家会选择从专业的评论站开始引流，原因是这些站点的流量非常大，同时转化也很好。评论写好之后，加上卖家的商品链接就可以放到评论平台上。

　　（3）Facebook群组推广。Facebook具有免费、传播速度快和影响广等优点，利用Facebook做营销有很多种方法，其中一种就是利用Facebook群组做营销。Facebook群组的人数没有上限，因此推广覆盖面非常广。

　　（4）谷歌搜索广告（Search Ads）推广。这类点击付费广告会显示在谷歌的搜索结果页面，是电商卖家需重点关注的一个广告项目。这类广告的每次点击成本是由卖家在广告竞价时决定的。

　　（5）Instagram推广。Instagram凭借庞大的图片流量和用户数量，成为全球最活跃的图片社交应用之一。标签引流可以帮助用户更快地搜索到这些分类信息和关键词。

　　（6）"网红"营销。通过"网红"所在平台进行营销，这些"网红"主要活跃在Instagram、Facebook等社群。其中，平均互动率最为重要，因为这个数据可以用来评估"网红"的粉丝黏性以及能否帮助卖家提高销量。

　　接下来我们以Facebook和Twitter为例，介绍在站外进行推广的基本原则。

首先，卖家要想吸引粉丝应该把精力放在制作与目标客户兴趣、需求、生活习惯相符的内容上。广告内容过多会让粉丝反感，造成适得其反的效果。粉丝作为潜在客户，卖家只有维护好与粉丝的关系，才能将品牌和粉丝联系起来。

其次，粉丝的数量固然重要，但是质量更重要。因此，内容的制作需要花更多的精力。熟悉Facebook是运营的基础，不仅要熟悉它的功能还要熟悉它的规则。

最后，卖家要重视与粉丝的互动，只有这样才能吸引更多的粉丝加入，并最终为商品埋单。

（四）节日营销

作为亚马逊卖家，节日营销是提升销量的一个重点。一方面，在特定的节日，人们对特定商品的需求会大幅度增加。另一方面，由于平台的大力宣传，在一定时间内能够为产品和店铺带来更多流量。

各个国家的节日促销也存在细微差异，如英国的母亲节和美国等其他国家的母亲节时间不同，英国的母亲节不在五月的第二个星期日，而是每年的四旬斋（复活节之前除去星期日的四十天）的第四个星期日，所以卖家在确定好入驻的具体国家站点前，还需做更多的节日信息收集工作。

不同的节日，可以带来特定商品的需求。例如，在感恩节，一家人会聚在一起吃火鸡，那么对厨房用品、烘焙产品甚至电视机顶盒的销量都有明显的刺激作用；圣诞节，人们送礼物的需求明显增加，同时拉动贺卡、装饰品的销量；情人节、母亲节、父亲节，送给伴侣和父母的礼物需求也会爆发。

除了以上传统节日，亚马逊平台还推出了特定的购物节——Prime Day（会员日），通过平台的营销手段刺激消费者购物，对于卖家而言，更应该抓住每个节日的机会，推出特定的产品以满足当地消费者的需求。

第六节　仓储与物流

随着亚马逊全球物流的兴起，对于中国卖家而言，在跨境仓储与物流规划上又多了不少选择。这一节我们将从跨境电商物流模式、发货方式、FBA 介绍与分析、FBA 发货实操及注意事项等方面来介绍大家都很关心的仓储与物流相关问题。

一、跨境电商物流模式

目前，跨境电商卖家一般采用五种物流模式，即邮政物流、国际商业物流、专线物流、UPS-SCS 以及海外仓模式。不同模式各有优劣势，卖家可结合自身产品特点和费用情况加以选择。

（1）邮政物流是遍布最广的跨境电商物流方式，也是中国卖家选择最多的跨境物流方式。其中，e 邮宝小件货物的物流价格便宜、退回不需费用，但时效较慢，对于大件货物收费较高。

（2）国际商业快递主要包含 DHL、UPS、FedEx 等几家快递公司。时效快但成本高，适用于像手机之类体积小、高价值的商品的运输。

（3）专线物流通过集中大批量货物发往某一国家或地区，利用规模效应降低运输成本。时效性和运输费用介于国际快递与邮政快递之间，比较符合跨境电子商务的发货需求。目前，物流专线包括美国专线、欧洲专线、澳洲专线等。

（4）UPS-SCS 是 UPS 集团下从事运输、仓储服务以及提供全方面供应链解决方案的企业，目前主要为美国、加拿大 FBA 服务，配送全程可在 UPS 官网进行跟踪，更为安全可靠。

（5）海外仓模式是指为卖家在销售目的地进行货物仓储、分拣、包装和派送的一站式控制与管理服务。其能够有效节约整体派送时效，方便客户退换货，但同时对库存管控和供应链管理的要求较高。

二、发货方式

目前，在亚马逊平台上，卖家可选择的两种发货方式为 FBA 发货和卖家自发货。卖家自发货又包括从国内发往第三方海外仓再从海外仓发货至买家和从国内直接发货至买家。

首先是从FBA发货。卖家可将商品提前入FBA仓，当有买家下单时，商品会从FBA仓发出，中间的仓储、拣货、配送、客服、退换货处理等一系列物流服务都将由亚马逊提供。FBA属于亚马逊平台的增值服务之一，享受着来自平台的流量优势，也深受客户的信任。FBA的优势包括物流速度快、FBA客服专业、由于物流原因导致的买家差评可删除。FBA的劣势在于总体费用较高，买家退换货由FBA决定导致退货率较高，增加压货的成本与风险，且退货只能退回FBA仓，损失由卖家承担。

其次是从第三方海外仓发货的自发货方式。卖家也需要提前备货，入第三方海外仓。虽然从第三方海外仓发货总体的物流成本不一定比FBA低，但是仓储成本通常低于FBA，因此有利于卖家开拓当地市场。其劣势在于对库存管理和供应链管理的要求较高，容易造成库存压力或者积压的风险，同时也没有来自亚马逊平台的流量支持，更难获得Prime会员的青睐。

最后是卖家从国内直接发货到买家的自发货方式。卖家对每一件来自国外的订单进行发货，能充分减少压货成本，使仓储费降到最低，同时操作上可控且灵活。该方式的劣势在于不能获得来自亚马逊平台的流量支持，也更容易由于物流问题导致客户给出差评。

三、FBA介绍与分析

亚马逊拥有全球最先进的电商运营系统及物流仓储运营体系，如今世界一流的亚马逊物流运营系统也可以为卖家所用，这项服务被称为"亚马逊物流"，即我们所说的FBA。FBA是亚马逊提供的物流配送业务，具体指卖家把自己在亚马逊上销售的商品直接送到亚马逊当地市场的仓库中，客户下单后由亚马逊系统自动完成后续的发货。亚马逊FBA是亚马逊电商运营的特色服务，也是亚马逊平台在全球最具竞争力的重要原因。

（一）FBA运营流程

FBA的运营流程包括以下四个步骤。

（1）将商品发送到亚马逊。亚马逊FBA操作流程第一步需要卖家自己操作，即将商品从自己的仓库发往亚马逊仓库中，而商品贴标等操作也需要卖家自行完成，这是整个亚马逊 FBA 操作流程中唯一一个需要卖家自己操作的步骤。

（2）亚马逊仓储商品。FBA 的商品到达亚马逊仓库目的地后，卖家需要将商品在亚马逊上登记并在亚马逊仓库进行短期仓储。

（3）亚马逊拣货包装。当卖家的商品产生新的订单时，亚马逊会根据卖家的订单信息从库存中分拣出卖家所售的商品并进行包装，等待商品发货。

（4）亚马逊配送商品。订单产生后，亚马逊负责从 FBA 仓库进行商品配送。如果买家有退换货的需求，也由亚马逊 FBA 负责。

（二）FBA 利弊

选择 FBA，卖家只需将产品发往亚马逊 FBA 仓，之后的仓储、拣货、配送、客服、退换货处理等一系列物流服务都将由亚马逊提供。而作为买方，由于 FBA 有专业的客服服务、不定期的包邮促销、便捷的退换货服务，极大地缩短了收货时间，从而带来了更好的购物体验。因此，大部分买家也会考虑选择 FBA 发货的商品。

从卖家的角度出发，FBA 带给卖家的好处具有很大的吸引力。一方面，FBA 包含的服务很好地把物流问题从卖家自身转移出去，FBA 的卖家不用承担货物仓储、分拣、包装和派送等物流服务，甚至不用承担客户给出的关于物流服务的负面反馈。另一方面，FBA 带来的直接好处包括能够带来更多的流量和曝光度、更高的来自 Prime 用户的转化率、减少卖家时间成本和配送压力。

同时，FBA 也有其局限性和门槛。例如，每月卖家都需缴纳仓储费、需卖家自费的 FBA 头程费用，FBA 还具有高退换货率。FBA 卖家将物流和售后的权力让渡出去，失去了控制权。当发生退换货时只能退回当地的 FBA 仓，无法对退换货商品进行鉴定。其中造成的损失大部分也将由卖家承担。

（三）FBA 费用

亚马逊物流费用由月仓储费、配送费和基础服务费三部分组成。其计算公式为：

FBA 费用 = 月仓费 + 配送费 + 基础服务费。

FBA 费用还取决于商品包装后的重量和尺寸。标准尺寸商品是指完全包装后的重量不超过 20 磅[①]并且长度最长边不超过 18 英寸[②]、次长边不超过 14 英寸、最短边不超过 8 英寸的商品。超过上述尺寸的商品属于大件商品。如果商品成套销售，那么根据整套商品包装在一起之后的总体重量和尺寸计算。

（1）月仓储费是根据存放在 FBA 仓的所有商品的尺寸计算出体积，并按照每天实际占用的空间计费。仓储费因商品尺寸分段和月份而异。亚马逊的商品根据尺寸可以划分为标准尺寸和超大尺寸。虽然标准尺寸商品通常小于超大尺寸商品，但其在储存时需要经过更复杂且成本更高的装架、装柜和装箱工作。如表 2-2 所示，月仓储费用因商品尺寸分段和一年中的不同时间而异。由于每个站点的仓储费用标准不一且仓储费可能随时根据亚马逊平台的政策而变动，卖家可在各站点店铺后台搜索查看，也可登录全球开店网站了解仓储费用详情。

表 2-2 月仓储费用标准

月份	标准尺寸	大件
1—9 月	每立方英尺 0.69 美元	每立方英尺 0.48 美元
10—12 月	每立方英尺 2.40 美元	每立方英尺 1.20 美元

（2）配送费是使用 FBA 发货时亚马逊收取的费用之一，一般按件收取，具体收费情况视商品的重量、尺寸而定。

（3）基础服务费包括合仓费用、订单处理费、分拣包装费等。由于亚马逊是默认分仓，所以卖家需要合仓，在后台设置了合仓时才需要收取该费用，具体费用取决于所选择合仓的目的地。

另外，卖家可在店铺后台单击"帮助"按钮并搜索"FBA 费用计算器"，计算

---

① 1 磅 ≈ 0.453 592 37 千克，余同。

② 1 英寸 ≈ 0.025 4 千米，余同。

FBA 的费用。同时也可进入图 2-37 所示的页面，在搜索框中输入 Product name、UPC、EAN、ISBN or ASIN，单击"Search"找到要查找的商品即可。

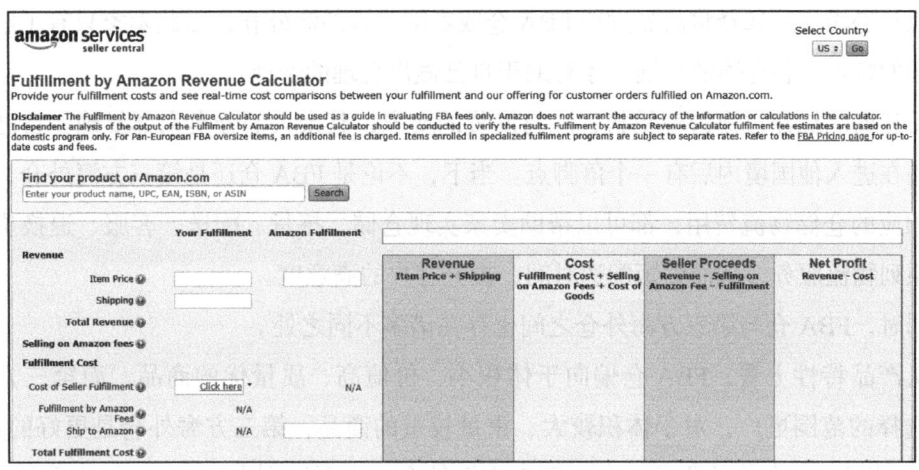

图 2-37　FBA 费用计算器页面截图

卖家只需在相应的输入框中编辑预设的数值，FBA 费用计算器会自动生成自发货及 FBA 发货的指标数据，并包含有利润、利润率等指标。页面右侧还有可视化图表，可用于推算月度产品总量和总销售额等，如图 2-38 所示。

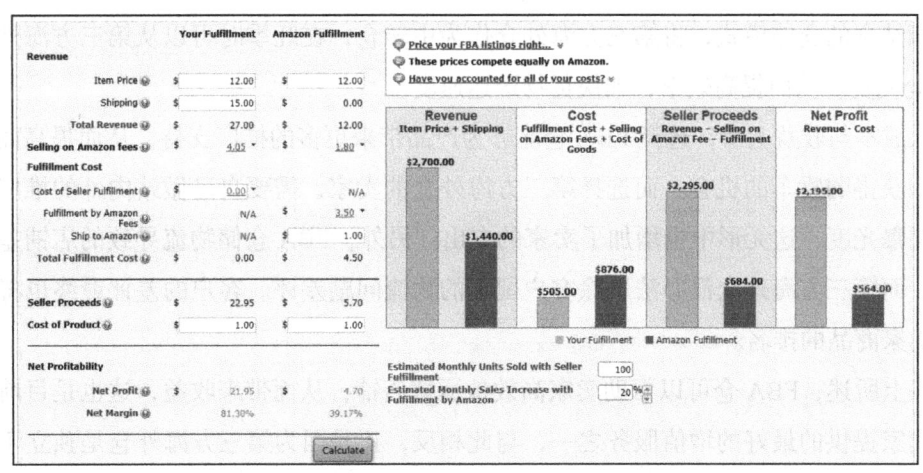

图 2-38　FBA 费用计算器计算结果示例截图

（四）FBA 仓与第三方海外仓的比较

选择合适的跨境仓储服务，不仅能提升客户的购物体验，而且能为卖家节省物流成本。亚马逊卖家可选择将商品发往 FBA 仓或者第三方的海外仓，因此卖家只有了解了跨境仓储的特点、各仓库的区别，才有助于自己做出合理的选择。

要让商品漂洋过海跨境销售，除自发货的卖家，其余大部分卖家都要确保自己所售的商品在进入他国境内后有一个落脚点。当下，不论是 FBA 仓还是第三方海外仓，只要缴纳相应的仓储物流费用，都可以帮助卖家实现仓储、拣货、配送、客服、退换货处理等一系列物流服务，从而缩短配送时间、提升客户的满意度。

同时，FBA 仓与第三方海外仓之间也存在诸多不同之处。

从产品特性上看，FBA 仓偏向于体积小、价值高、质量优的商品，而第三方海外仓可选择的范围更广，对于体积较大、重量较重的商品，第三方海外仓是更好的选择。FBA 仓对商品入仓前的要求也高于第三方海外仓，主要区别在于 FBA 仓有更为严格的外箱标签和商品标签要求，而有些第三方海外仓甚至提供整理和组装服务。

从仓库是否分仓上看，第三方海外仓的优势更加明显。亚马逊 FBA 仓是默认分仓的，所以卖家相对不好管理货品的仓库走向。而第三方海外仓一般情况下会将同一卖家的货物集中在一个仓库进行管理。基于这个差异，有些卖家可采用 FBA 仓与第三方海外仓相结合的仓储模式，将第三方海外仓作为中转仓，在旺季时可以从第三方海外仓向 FBA 仓调货，从而提高效率，加快货物送达速度。

从成本与收益上看，选择 FBA 仓能够为产品带来更多的推广支持，从而提高商品的排名和获得购物车的机会。而选择第三方海外仓的卖家，需要自己做站内外的推广来增加店铺曝光度，这无形中也增加了卖家的支出。另外，FBA 仓储物流导致的店铺差评可删除，而第三方海外仓没办法删除客户留下的物流问题差评。客户的差评最终也将直接影响卖家商品的排名。

综上所述，FBA 仓可以帮助卖家高效地运营店铺，从而带来收益，这也是目前亚马逊为卖家提供的最好的增值服务之一，与此相反，正是因为第三方海外仓是独立于亚马逊平台之外的存在，所以不能享受平台给予的诸多福利，同时也意味着第三方海外仓拥有更加宽松的出入仓要求,有时在价格上比FBA仓储模式更具竞争力。因此,新手卖家在选择跨境仓储模式时,要充分结合自身商品的属性和定位,再结合上述利弊分析做出选择。

四、FBA发货实操及注意事项

(一)FBA发货实操

卖家采用FBA发货的实操步骤如下。

第一步,卖家需注册FBA。在亚马逊服务页面,单击"Fulfillment by Amazon",在跳转出来的页面中填写公司名称并且勾选同意亚马逊相关条款及协议,选择FBA服务即可成功注册。

第二步,卖家需将商品转变为FBA SKU。在主页单击"Inventory",选择需要转变的SKU,在Action中选择"Change to Fulfill by Amazon",也可以多选,即可把商品转变成FBA SKU。

第三步,卖家需确认FBA商品。选好要发货的FBA商品后,跳转到下一个页面,单击"Convert Only"确认转换FBA发货即可。

第四步,卖家需要创建发货单,具体内容如下。

(1)设置数量(Set Quantity)。在"unit"下面输入发货产品的数量,如果卖家之前上传商品的时候没有输入商品包装类型,这里还要填写商品的包装类型。包装类型有两种,即混装(不同的产品混合装箱)和原厂包装(相同的产品或SKU装一箱)。

(2)准备商品(Prepare Products)。对SKU品种和数量进行核对,确保实物商品的SKU和数量与创建时填写的完全一致。

(3)标签商品(Label Products)。发FBA仓的每一件商品都要贴标签,亚马逊后台会让卖家选择是由亚马逊贴标签还是由卖家自贴标签,如果卖家选择自己贴标签,可在"Who labels"(由谁贴标)下面选择"Merchant"(商家),并选择相应规格的标签纸打印标签。

（4）审核发货（Review Shipments）。检查货件的起运地、包装类型等信息，在这里卖家可以看到亚马逊将商品分配到哪个仓库存储，每个装运名称代表一个仓库，并且可以看到卖家存放到该仓库的商品。如果卖家不想分仓，可以提前在后台设置合仓（合仓需要另外收取费用），确认没问题后，单击"确认货件"。

（5）准备装运（Prepare Shipment）。首先，检查货件中的商品；其次，选择运输服务；再次，设置箱子信息；最后，打印货件标签。

（6）航运服务（Shipping Service）。卖家需要选择承运方式和承运人，一般承运方式默认填写小包裹快递，承运人默认填写"DHL EXPRESS（SUA）INC"，发货重量在60千克左右的话可以选择小包裹递送（Small Parcel Delivery）。

第五步，填写物流跟踪号，拿到跟踪号后，将订单状态改为已发货。

对于新手卖家来说，由亚马逊FBA发货可谓非常方便，如果发货时间不紧急，可以选择使用海运来进行FBA头程发货，如果是紧急补货，可以使用直发快递。

（二）选择亚马逊FBA时的注意事项

（1）选择FBA对于亚马逊卖家而言固然带来了许多优势，但是也要注意哪些商品是实践证明并不适合FBA的。

①太便宜的商品。由于FBA对每笔交易会收取基本费用，导致卖家的成本增加很多，太便宜的商品也就无利可图。因此，零售价格低于7美元的商品，不适合选FBA。

②太大太重的商品。亚马逊经常会调整FBA的收费标准，不断增加对大件和较重的商品的收费，如果商品很大很重或者是抛货的，都不适合选FBA。

③功能性很强的商品。由于售后服务环节交由亚马逊FBA完成，往往功能性很强的商品的退货率会很高。

④冷门商品。FBA是有仓储费的，虽然不高但是日积月累也是笔不小的支出。如果一些商品存储时间超过6个月，那么亚马逊则会加收仓储费。因此，不能把亚马逊当仓库，冷门商品尽量避开选择FBA。

⑤季节性太强的商品。季节性、节日性商品不建议选择FBA，因为FBA基本根据

销售量预测发货量,如果一件商品季节性太强,会很难预测销量。库存少了,万一断货对商品的排名和销售影响很大;库存多了,万一滞销则导致压货,徒增仓储费。

⑥明令禁止的危险物品。顾名思义,亚马逊所禁止的物品是亚马逊选品的禁忌区。

综合起来,并不是所有的商品都适合选用FBA。对于不适合的商品,可以选择自发货或者海外仓发货。

(2)发货给FBA仓之前,需要按照FBA仓的要求做以下准备。

首先,卖家需要在店铺后台准确填写商品的实际发货数量、重量和包装尺寸。当亚马逊FBA仓核算时发现数字不对,则有可能以更高者的价格计算费用,这对于卖家来说是一笔多余且本可避免的支出。

其次,需按照亚马逊的物流要求做好商品标签和外箱标签。这里建议采用激光打印机打印标签,且保证与实际商品相符。

最后,建议商品加上外包装不要超过50磅,即22.7千克。

(3)亚马逊店铺后台关于发往FBA仓商品包装与货件准备的要求如下。

①商品包装必须符合亚马逊FBA的要求,如易碎品不得裸露在包装外、液体必须密封、纺织品应包装完好等,不可采用简易包装代替。

②由于亚马逊FBA没有组装这一服务,所以针对散装的商品,卖家发货前必须包装结实或者全套包装好。套装商品需要在其包装上标注套装标记。例如,标注"成套销售"或"套装商品,请勿拆分"字样。

③盒装的商品要将盒封好,使其无法被轻易打开或松开;塑料袋包装需打上警告信息或以标签形式贴在塑料袋上;原包装商品的装运箱不能出现可扫描的条形码。

④确认商品是否需要贴上亚马逊标签。贴标签的商品将不会和同类商品混合存放,卖家可对其库存情况进行全程跟踪;未贴标签的商品将与同类商品混合存放,但可更迅速地完成入库。

(4)亚马逊FBA的库存管理关系着卖家的成本支出,卖家要重点关注。最好的方法是先了解从备货到入库上架的时间长短,这样一旦库存不多就能及时补上。在对亚马逊FBA补货后,卖家要计算商品近期内的平均销量以及每天的销量走势,根据对商品销量的估计，开始着手备货，以确保处于安全库存状态。如果销量每天都在缓慢增长，下个补货周期就可以根据估算多备些货。如果近期有节假日，则需另外追加库存，如果马上就要进入销售淡季，那么可以适当减少补货数量，每次补货量的多少要根据对销量的估计以及现实的判断，不要盲目补货。

第七节　平台规则与账号安全

亚马逊平台经过 20 多年的发展，平台规则趋于成熟，作为卖家则应充分了解其规则，提前避免被投诉、下架商品甚至封号、关闭店铺等风险。本节将从平台规则与账号安全出发，重点介绍卖家应该关注的全球开店卖家禁止的行为、法规和海关规则、欧洲站 KYC 审核与 VAT 税号、知识产权、账号关联、品牌备案等。

一、全球开店卖家禁止的行为

亚马逊全球开店网站明确规定："禁止的卖家行为"旨在维护销售服务对于买家的安全性，以及对于销售商品及服务的卖家的公平性。如果卖家不遵守此政策所列条款，亚马逊平台则可能会禁止其发布商品、暂停其对亚马逊工具和报告的使用和/或取消其销售权限。

亚马逊全球开店明确列出 16 条卖家禁止的行为，具体如下。

（1）使用多个卖家账户：禁止操作和持有多个卖家平台账户。如果卖家有合法的业务需要申请第二个账户，可申请政策豁免。

（2）滥用销售排名：禁止任何试图操纵销售排名的行为。不得征求或故意接受虚假或欺诈性订单，其中包括不得下单购买自己的商品。此外，不得在商品详情页面信息（包括商品名称和描述）中宣传关于该商品的畅销排名信息。

（3）滥用搜索和浏览：禁止任何试图操纵搜索和浏览体验的行为。

（4）试图转移交易或买家：禁止任何试图规避已制定的亚马逊销售流程或将亚马逊用户转移到其他网站或销售流程的行为。例如，"购买号召"引导、提示或鼓励亚马逊用户离开亚马逊网站等。

（5）直接提供电子邮件地址：买家和卖家可以通过买家与卖家消息服务互相交流。

（6）进行不当的电子邮件通信：禁止主动向亚马逊买家发送电子邮件（必要时可进行有关订单配送及相关客户服务的电子邮件通信）。

（7）非正确使用买家电话号码：不可通过买家所留的电话号码联系买家，不可向他人透漏买家电话号码。

（8）企业名称未经授权和不正确：不得使用包含电子邮件后缀（如 .com，.net，.biz 等）的企业名称。企业名称必须符合以下要求：可准确识别卖家的身份，不会引起误解，卖家有权使用该名称。

（9）滥用亚马逊销售服务：不得反复上传大量数据，或以其他方式过度或不合理地使用该服务，否则亚马逊平台可自行限制或阻止卖家访问商品上传数据或被滥用的任何其他功能。

（10）滥用亚马逊商城交易保障：禁止任何滥用亚马逊商城交易保障索赔流程的行为。

（11）媒介类商品（图书、音乐、影视）的配送：必须在向卖家提供订单确认后的两个工作日内配送。

（12）与实际的商品信息不匹配：使用现有商品详情页面发布商品信息时，所选的商品详情页面必须在各个方面准确描述该商品。

（13）创建重复的商品详情页面：卖家不得为已存在于亚马逊目录中的商品创建商品详情页面。

（14）创建单独的商品信息：卖家不得为完全相同的同一商品创建另一条商品信息。

（15）预售媒介类商品（图书、音乐、影视）：卖家不得发布亚马逊指定为可预订的媒介类商品（图书、音乐、影视）或与该类商品相竞争。

（16）交易后篡改价格和设置过高的运费：禁止任何试图在完成交易后提高商品销售价格的行为。此外，卖家不得设置过高的订单配送费用。

二、法规和海关规则

由于跨境电子商务活动涉及不同关境,所以卖家了解他国法规和海关规则是十分有必要的。

以美国税务法规为例,根据美国国税局的规定,非美国纳税人提交 W-8BEN 表格可免于遵守美国的税务申报要求。基于此规定,亚马逊要求专业卖家以及完成 50 笔以上交易的个体卖家提供纳税人的身份信息。从美国知识产权保护的角度来说,任何销到美国亚马逊的商品,都要确保拥有在美国销售商品所需的所有知识产权,如专利权、商标权或著作权,尤其商品不能为伪造品。卖家有责任确保销售的商品没有侵犯他人的知识产权。

以美国海关规则为例,卖家有责任遵守所有美国海关法律法规,确保所有的商品符合适用法规的要求,包括适用的关税和税收规定。无论是个体经营者还是商业实体,凡进口商品到美国均需缴纳进口关税和税费。美国农业部(USDA)、美国食品药品监督管理局(FDA)以及美国消费品安全委员会(CPSC)等机构可能会对进口的商品要求提交许可证或其他证明。由商业货运公司送达美国的货物必须经海关登记进口商报关,报关代理是美国海关法律唯一授权可作为进口商代理处理海关事务含进口商品清关的人。

由于每个国家和地区的法律法规以及海关规则并不相同,且各方面差异比较大,因此本书的这部分内容只是起一个抛砖引玉的作用,目的在于提醒卖家在进入目标国(地区)市场前应仔细研究该国的法规与海关相关规则,以免寸步难行。

三、欧洲站 KYC 审核

当谈到亚马逊欧洲站平台运营规则时,有两个绕不开的话题:一个是 KYC 审核,一个是 VAT 税号。

KYC 是 Know Your Customer(了解你的客户)的缩写。按照欧盟《反洗钱法》中的相关要求,亚马逊对在英国、德国、法国、意大利和西班牙等欧盟站点(注:英国已于 2020 年正式脱欧)开店的卖家进行身份核实验证,这一过程被称为"KYC 审核"。简单来说，KYC 审核就是对亚马逊账号持有人的身份进行确认和备案的过程，该政策用于预防腐败和反洗钱。因此，在欧盟各站点开店的卖家，只有经过亚马逊审核团队的确认，才能够进行合规的销售。

当卖家在欧洲站的销售额达到 5 000 欧元及以上或者改动后台信息时，有可能会提前触发 KYC 审核。如果不参与 KYC 审核，当销售额达到 15 000 欧元时将无法再出售商品。因此，新卖家可在账号注册初期开始准备 KYC 审核，以防销售额达到平台要求的金额后由于 KYC 审核而导致短暂性停业。

关于 KYC 审核所需提交的材料，由于每个账号的注册信息存在差异，因此每个卖家所要提供的资料是有区别的，具体要求可在后台收到的"所需文件"中查看。

KYC 审核所需提供的资料如下。

（1）公司营业执照正本（副本）扫描件（个人卖家不需要提供）。

（2）公司主要联系人及每个受益人的护照扫描件或者身份证（正反面）扫描件及户口本本人页扫描件。这里的受益人是指在公司中占有的股份大于或等于 25% 的自然人或法人代表。

（3）公司主要联系人及每个受益人的个人费用账单，包括费用产生日期和开票日期在 90 天以内的水、电、燃气、电视、手机等费用账单、网络费用账单、个人信用卡账单等。该账单须由正规机构（公用事业单位、银行等）出具，且印有姓名和家庭详细居住地址。若账单在配偶名下，需同时提交结婚证；若账单在房东名下，需有正规的房屋租赁合同（合同乙方必须为公司，而非个人）来证明其中关系。

（4）公司日常费用账单，包括费用产生日期和开票日期在 90 天以内的水、电、燃气等费用账单，网络费用账单，银行对账单等。该账单须由正规机构（公用事业单位、银行等）出具，且印有公司名称和详细地址（公司名称和地址须与营业执照上的一致）。若卖家运营地址在他处，则账单上的地址应是实际运营地址。

（5）公司对公银行账单。需开立一张公司对公银行账户有效期在一年以内的开户许可证或对公银行对账单，可选择任意银行。账单要求有公司名称且与营业执照上的公司名称一致；有银行名称或 Logo 清晰可见；有在该行开户的银行账号；开具的账单有无日期皆可，若有，则银行对账单开具日期须在 6 个月以内（如果有开户许可证，发证日期须在 12 个月以内）。

（6）用于收款的境外银行账户。推荐卖家使用公司对公账户或公司受益人的个人账户作为收款账户，亚马逊后台接受开户地在美国、英国、欧盟各国以及澳大利亚等地的银行账户作为收款账户，同时也接受代办的境外账户，如 Payoneer 账户、WorldFirst 账户。

（7）授权函。仅当主要联系人为非公司法人或受益人时，卖家需提供一份由公司法人授权主要联系人实际运营该账户的授权函。

这里要特别注意：在填写 KYC 信息时，建议全部使用汉语拼音填写，不可使用自己翻译的类似于中文发音的英文名称；若在注册过程中填错，可通过提交证明材料或文件修改；提交的材料不论文字或图片都不能使用 Photoshop 软件修饰，但可使用 Photoshop 软件将身份证正反面放在一张图中；务必如实填写公司和个人信息，一旦被识别出资料作假，KYC 审核将失败，且没有申诉机会；如果是全球开店卖家，可在提交之前找招商经理把关审核，确保无误之后再提交。

四、欧洲站 VAT 税号

VAT 是指在欧盟国家销售货物或提供服务，或将货物从境外进口到欧盟境内，欧盟国家普遍征收的售后增值税，即货物售价的利润税。VAT 由进口增值税（Import VAT）和销售增值税（Sales VAT）组成。将货物进口到欧盟境内时，需要为货物缴纳进口增值税，当货物销售后，可退回进口增值税，再按照销售额缴纳相应的销售增值税。

根据欧盟相关法律规定，凡是货物已经在欧盟当地销售（包含使用当地第三方物流仓储服务的商家）须依法缴纳增值税。简单来说，如果用到了欧洲当地的仓库，并且货物销售出去，那么这笔订单就需要缴纳 VAT。而缴纳 VAT 则需要一个属于自己的纳税主体的纳税编码，该编码即为 VAT 税号。因此，有了 VAT 税号就相当于有了营业执照，属于正规营业。

那么如何申请 VAT 税号呢？卖家只需在欧洲找到第三方税务代理机构，并将以下材料交于代理机构即可。

（1）公司营业执照正本（副本）清晰扫描件。

（2）公司法人身份证（正反面）清晰扫描件（正反面可分开扫描）。

（3）公司法人的房屋租赁合同（只需附上，不会调查）。

（4）海外公司 VAT 申请信息服务表（包括法人姓名、出生日期、护照号码、邮箱地址、手机号码以及与亚马逊后台填写一致的公司名称、公司地址、公司注册日期、营业执照号码、亚马逊注册邮箱、经营模式、商品类型等）。

（5）VAT 注册英文委托书。

（6）UK HMRC FORM（英国税务海关总署文件），需有公司法人的拼音签名。

关于 VAT 的计算问题，我们以一问一答的形式进行解读。

问：英国销售 VAT 怎么计算？

答：销售 VAT＝最终销售额 /6。

问：进口 VAT 如何计算（以英国为例）？

答：进口 VAT＝（货值＋关税＋FBA 头程运费）×20%。

问：需要缴纳多少 VAT 税金？

答：实际需要缴纳 VAT 税金＝销售 VAT－进口 VAT。

当销售 VAT＞进口 VAT 时，卖家应补缴抵扣不足的销售 VAT。

当进口 VAT＞销售 VAT 时，卖家将获得退税。

问：如何退税？

答：退税形式有两种：

第一种，以支票形式；

第二种，退回到 VAT 账号，用于下期需交销售税的时候抵扣。

同时退税又分为两种：一种是中国的出口退税，可以找国内的专门的出口退税公司办理；另一种是 VAT 退税，当销售 VAT 小于进口 VAT 时可以申请退税。一般都是用来抵扣的，不会选择退税，因为还需要有对应的对公账户，所以申请很麻烦。

问：进口 VAT 税怎么缴纳？

答：进口 VAT 税都是由货代帮助缴纳的，一般采取实报实销的方式。

一般我们可通过两种途径申请退税（进口税）和缴税（销售税）：一种是使用英国税务部门的官方在线操作系统自行申报；另一种是可指定专业会计师代为操作。

总之，为最大限度地降低运营风险，新老卖家应遵循相关平台的规则，尽量按照平台规则正规化运营，从筹备开店前期着手解决平台所要求办理的事务，为后续良好经营奠定稳固的基础。

五、知识产权

知识产权是指人们就其智力劳动成果所依法享有的专有权利，通常是国家赋予创造者对其智力成果在一定时期内享有的专有权或独占权。由于国内大多数买家知识产权保护意识比较薄弱，而国外尤其是欧美国家十分重视对知识产品的保护，再加上许多卖家不了解他国的知识产权，往往一个侵权的投诉就让亚马逊平台盯上，轻则导致产品下架，重则直接给予封号处罚。因此，卖家很有必要提前了解相关的知识产权知识，避免在国际市场上踩雷。

一般在亚马逊平台上侵犯知识产权的行为可大致分为三类，即商标侵权、专利侵权和版权侵权。

商标包括图像、中文、外文、数字和颜色要素的组合，传统意义上我们称之为品牌。商标具有地域性和排他性的特点。因此，卖家在中国虽然已经注册了国内的品牌商标，但要在国外使用或者被认可，需要在国外再注册。例如，在亚马逊后台上卖家不可在搜索词中写上其他品牌，这样做会构成商标侵权。

专利权是发明创造人或其权利受让人对特定的发明创造在一定期限内依法享有的独占实施权，是知识产权的一种。专利的种类在不同的国家有不同的规定，在我国专利法中规定有发明专利、实用新型专利和外观设计专利；在部分发达国家（包括美国）中专利包括发明专利和外观设计专利。发明专利的侵权比较少见，而外观设计的侵权较为常见。

版权亦称著作权,是指作者或其他人(包括法人)依法对某一著作物(包括文学、艺术、科学作品)享受的权利,包括财产权和人身权。版权侵权行为主要发生在图书、影视作品等领域,卖家切忌发生盗版印刷、非法售卖影视作品等行为。同时,禁止对影视作品延伸产品的侵权,包括使用未经授权的人物形象、卡通形象以及风景图案。禁止非法出售未经持权者许可而再复制、配音、汇编或转换的媒介类商品(包括图书、电影、CD、电视节目、软件、视频游戏等)。

针对全球开店卖家侵犯知识产权的后果,亚马逊平台给出这样的解释:卖家所售商品如果侵犯他人知识产权,则可能导致取消卖家的商品信息,或者中止或取消卖家的销售权限。卖家有责任确保其提供的商品合法且自身已获得相关的销售或转售授权。如果亚马逊认为商品详情页面或商品信息的内容属于违禁、涉嫌违法或者不当内容,则可能会予以删除或修改,且亚马逊不会事先通知。亚马逊平台保留判定内容是否恰当的权利。

六、账号关联

为了防止卖家重复在平台上销售相同的产品,影响市场竞争,也为了带给消费者更好的商品和更优质的服务,亚马逊平台规定一个公司只能申请一个店铺账号。针对一些抱着侥幸心理以为亚马逊平台不会检测到自己的关联操作,以及一些不满足于开一个账号,想通过多开账户的方式来赚快钱的卖家,亚马逊平台通过强大的后台算法可以从账号的电话、邮箱、收款账号、地址、商品信息、网络IP地址等信息来检测账号是否关联。经过亚马逊系统的自动检测和人工复核后,若被检测到多方信息相同,则被亚马逊判定为账号关联的可能性很大,面临封店的风险也就越高。

账号关联除了面临封号和封店的风险,还有个很大的隐患,那就是当有一个账号出现侵权或者其他问题时,会影响其他与之相关联的账号,其中涉及的店铺信息也会被列入亚马逊全球系统黑名单中。因此,卖家从一开始就要尽量避开会被检测的关联信息,从而降低账号运营的风险。

那么，卖家该如何预防账号关联呢？

首先，卖家要避免设备上的关联因素。卖家要避免使用同一台计算机设备登录不同的账号。具体的关联因素为计算机的网卡和 IP 路由。无论是通过有线还是无线联网，一旦该网卡或 IP 路由连接过网络并在亚马逊后台登录过，那么该网卡或 IP 路由就不能用于新账号的操作。

其次，卖家要避免软件上的关联因素。虽然卖家已经使用了多台计算机设备操作账号，但是软件也可能忽略。卖家要保证软件环境是独立的，尽量避免使用相同的浏览器、相同的浏览器插件以及相同的系统来操作不同的亚马逊账号。

最后，由卖家操作导致的关联是最基本的防关联预警。卖家要保证多账号间的信息是不同的，包括账号注册时登记的收款卡、付款卡、电话号码、邮箱、账号密码等；卖家在不同的账号销售的产品信息也不能过于相似，包括产品的图片、产品描述等；卖家的操作习惯也是被关联的考察因素，禁止在同一时间对两个或多个账号进行相同的操作，包括发货处理、回复邮件等。另外，卖家也要注意细节上的处理，如相同的邮件内容不应该出现在两个不相关的账号上，如选择同一个私人的第三方海外仓等。

如果由于关联账户被封账号，卖家该怎么挽回呢？

处理账号关联的核心在于卖家需要极力地向亚马逊平台证明关联账号不属于同一个主体，其可按照以下步骤向亚马逊客服发送邮件，以提高挽回账号的概率。

第一，卖家需要通过邮件向亚马逊客服说明店铺是严格按照亚马逊的要求在经营，并且会继续按照亚马逊的要求严格要求自己、满足消费者的需求、提高顾客体验。

第二，卖家要在邮件中提供充足的资料证明自己是一个独立的公司，同时提交独立的品牌 Logo，说明资料是唯一的，与别人的并不一样。

第三，卖家还要在邮件中说明自己已经做了哪些工作来进一步提高消费者的购物体验。亚马逊平台希望看到卖家的行动，而不是空喊口号，因此卖家应该在邮件中说明自己已经完成的工作，如成立了专门的质检团队以把控产品质量，又或者更换了更专业的物流服务商以提供更好的物流体验等。

卖家发出的第一封邮件，通常会在 48 小时内被回复，而第二封则可能需要 1～2

周的时间。因此，卖家发出第一封邮件时一定要打磨好文字再发出，否则之后的邮件就算挽救回了店铺，对于产品排名而言基本上与新账号没有区别了。

七、品牌备案

亚马逊品牌备案适用于制造或销售自有品牌商品的卖家，目的在于帮助拥有制造或销售自有品牌的卖家在亚马逊平台上管理自己的品牌。制造商可在亚马逊平台上备案自有的品牌，同时自己注册成为品牌所有者。

亚马逊平台上没有专利备案，只有品牌备案。对于产品而言，有了品牌就能对产品起到一个很好的保护作用。由于中美在商标的保护上有所不同，中国商标遵循"注册优先"原则，即谁先注册谁将受法律保护。而美国遵循"使用在先"原则，即商标权的获得以商标的实际商业使用为基础，商标注册证明仅作为权利证明的一种初步证据。

商标注册与备案的优势是，首先可以阻止侵权商品进入同一国家市场，还能阻止他人在买家专用的商品或服务类别的基础上再注册一个相同或者相近的商标；其次有了商标和品牌保护，可以有效防止其他卖家跟卖，增加卖家获得购物车的机会，同时也能提高产品详情页面的可信度；最后卖家可以打造自己的品牌效应，卖家拥有自有品牌也能为今后打造爆款产品奠定基础。

在国际商标注册成功以后，卖家要在亚马逊平台进行备案，需准备的材料包括商标证书或品牌商的授权书；带有白底、品牌Logo的产品图片；带品牌的产品包装图片；商标图片；有品牌网站或与品牌相关的社交媒体主页以及品牌故事。

如果卖家是品牌所有者的经销商或者代理商，需要在亚马逊平台上申请品牌备案，同时还需要单独上传制造商或品牌所有者的授权书。

第三章 速卖通平台实务

速卖通（AliExpress）是阿里巴巴集团旗下面向全球市场的跨境新零售平台，成立于 2010 年，历经多年的发展，现已成为世界上最大的跨境 B2C 出口平台之一，用户覆盖俄、美、西班牙等 230 个国家。平台上的 22 个行业囊括日常消费类目，商品备受海外消费者欢迎。速卖通 App 海外装机量超过 6 亿，入围全球应用榜单前 10 位。速卖通平台介绍如图 3-1 所示。

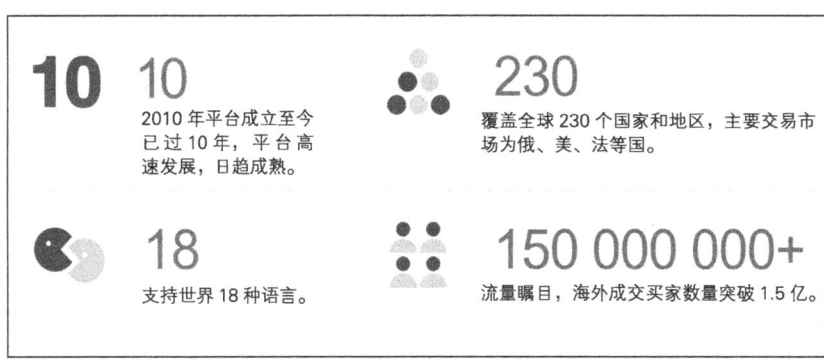

图 3-1 速卖通平台介绍

第一节 平台规则与平台服务

一、平台规则

为了维护和营造速卖通平台良好的经营秩序，更好地保护卖家和买家的合法利益，全球速卖通制定了速卖通平台规则，致力于促进开放、透明、分享、责任的新商业文明。速卖通平台规则的主要内容包括基础规则、知识产权规则、禁限售规则、放款规则、营销规则等。

（一）基础规则

1. 注册规则

速卖通的会员 ID（账号）注册后由系统自动分配，是不可修改的。申请认证并确定该速卖通账号的权责承担主体，仅当有法律明文规定、司法裁定或经速卖通同意，否则不得以任何方式转让、出租或出借速卖通账号，由此产生的一切责任均由卖家承担，并且全球速卖通有权关闭违反规定的速卖通账户。全球速卖通有权终止、收回未通过身份认证或连续 180 天内（在一年以内）未登录速卖通或"Trade Manager"的账户。卖家在速卖通的账户因严重违规被关闭的，不得再重新注册账户[1]。

2. 搜索排序规则

搜索的目标是帮助买家快速找到想要的商品并且能够有比较好的采购交易体验。全球速卖通搜索排名的目标是将平台上服务最好的卖家和最符合搜索要求的商品推荐给买家，由此可知，排序是对产品相关性、产品信息质量、产品交易转化能力、卖家服务能力、搜索作弊情况的综合考量，能够提供最好的采购体验给买家的商品排序就会更靠前[2]。

影响卖家搜索排名的因素有很多，具体可概括为以下五大类。

（1）商品的信息描述质量。

（2）商品与买家搜索需求的相关性。

（3）商品的交易转化能力。

（4）卖家的服务能力。

（5）搜索作弊的情况。

影响买家快速做出购买决策的因素体现在以下几个方面。

第一，标题是吸引买家进入商品详情页的重要因素。卖家务必在标题中描述清楚商品的名称、型号以及关键的一些特征和特性，找准核心关键词，字数不应太多，应尽量

---

[1] 全球速卖通门户网站：全球速卖通平台规则（卖家规则）。

[2] 全球速卖通门户网站：排序规则解析。

用准确、完整、简洁的一句话描述商品。

第二，发布商品的类目选择一定要准确，切忌将自己的商品放到不相关的类目，否则买家搜到的概率非常小，而且情况严重会受到平台的处罚。卖家要避免出现错放类目的现象，要清楚平台的各个行业、各层类目的所属。对于类目不确定的商品可以在平台上通过商品关键词查看此类商品的推荐类目，作为参考。在类目推荐列表中选择最准确的类目，同时要注意正确填写商品属性。

第三，商品的主图是商品不可或缺的部分，高质量、多角度的图片能够帮助买家清楚了解商品，从而促使其做出购买决策。商品图片美观、整洁、大方也会吸引买家的眼球，提升商品成交的机会。同时卖家应注意商品图片要与标题、属性、详情描述等信息匹配，若描述不符，则会影响搜索排名。

除商品本身的质量外，卖家的服务能力也是直接影响买家采购体验的因素，速卖通平台期望卖家能够提供最优质的服务。在搜索排名方面，平台非常看重卖家的服务能力，能提供优质服务的卖家排名将靠前，而服务能力差、受到买家投诉多的卖家的排名将靠后甚至不让其参与排名，同时也可能会受到平台网规的相关处罚。

卖家的服务能力包括服务响应能力、订单执行情况、订单纠纷情况、退款情况以及卖家的 DSR 评分情况。在订单的执行、纠纷、退款等几个维度上，速卖通平台同时观察单个商品和卖家整体的表现情况，若个别商品表现差，则影响个别商品的排名；若卖家整体表现差，将影响该卖家销售的所有商品的排名。

对于利用搜索作弊骗取曝光机会，使排名靠前的情况，平台会进行日常的监控和处理，如及时清理作弊的商品、使该商品的排名靠后、不让商品参与排名或者隐藏该商品。对于作弊行为严重或者屡犯的卖家，平台会对其店铺进行一段时间内整体排名靠后或者不参与排名的处罚，特别严重者，平台会关闭其账号，进行清退，如表 3-1 所示。

3. 发布商品规则

选择标准销售计划的店铺，店铺内在线商品数量上限为 3 000 个；选择基础销售计划的店铺，店铺内在线商品数量上限为 300 个；特殊类目（Special Category）下每个类目在线商品数量上限为 5 个。

表 3-1 违规处罚

违规行为类型	处罚措施
黑五类产品乱放	• 给予违规商品搜索排名靠后的处罚 • 根据卖家搜索作弊行为累计次数的严重程度对整体店铺给予搜索排名靠后或屏蔽的处罚 • 情节特别严重的,平台将给予冻结账户或关闭账户的处罚 • 对于更换商品的违规行为,平台将给予清除该违规商品所有销售记录的处罚
重复铺货	
标题、关键词滥用	
发布类目混乱	
商品超低价	
运费不符	
发布广告商品	
商品销量炒作	
卖家信用炒作	
计量单位作弊	
更换商品	

店铺商品的发布首先需要有一个足够吸引买家的标题,标题一般由核心词+属性词+流量词组成,也称作标题"三段法"。卖家需要理解标题中的三类词,并将其灵活应用于不同类型的商品制作中,如表 3-2 所示。

表 3-2 标题"三段法"

标题"三段法"应用示例				
三类词 \ 属性	核心词	属性词	流量词	备注
释义	行业热门词	如大小、材质等	带来流量的词	—
是否影响排名、点击率	是	是	—	—
不同标题的异同	不变	可变	可替换	—
是否可用于打造爆款	是	是	—	修饰词
是否可用于引流款	是	是	—	修饰词+次级热搜词
是否可用于利润款	是	是	是	—

商品定价也会影响点击率,并影响买家最终是否决定购买。卖家在为商品定价时,

需要考虑商品的进价、运费、折扣率、利润率、促销价活动的盈利空间等。

如实描述商品并对所售商品质量承担保证责任是卖家的基本义务。如实描述商品是指卖家应在商品描述页面、店铺页面等所有速卖通提供的渠道中，对商品的基本属性、成色、瑕疵等必须说明的信息进行真实、完整的描述。

（二）知识产权规则

知识产权又被称为"智力成果权""无形财产权"，是人们对自己所创造的智力活动成果依法享有的权利。全球速卖通平台严禁用户未经授权发布、销售涉嫌侵犯第三方知识产权的商品。若卖家发布、销售涉嫌侵犯第三方知识产权的商品，则有可能被知识产权所有人或者买家投诉，速卖通平台有权就卖家商品违规及侵权行为对卖家店铺进行处罚，包括但不限于退回或删除商品/信息、限制商品发布、暂时冻结账户及关闭账号。对于关闭账号的用户，速卖通平台有权采取措施防止该用户再次在速卖通上进行登记。速卖通平台也会随机对商品（包含下架商品）信息、产品组名进行抽查，若涉嫌侵权，则信息会被退回或删除①。

在发布商品时，为避免知识产权侵权，建议卖家参考速卖通规则专区下的品牌参考列表，同时做好如下三个方面的工作。

（1）尊重知识产权：严格把控进货来源，杜绝来源不明的商品，建议用实拍图片来展示商品，让买家更直观地了解商品，从而获得更多订单。

（2）发展有品质的自营品牌：注册自有品牌，扩大自营品牌影响力，让自己的品牌商品出海，不断增加附加值。

（3）完善品牌准入流程：不发布未获得发布权限的品牌商品。

（三）禁限售规则

平台禁止发布任何含有指向性描述的禁限售信息，不得在阿里巴巴速卖通平台发布任何违反国家、地区及司法管辖区的法律规定或监管要求的商品。平台禁止发布或限制

---

① 全球速卖通知识产权规则。

发布的部分信息列表可参考"全球速卖通禁限售违禁信息列表"。卖家需要根据法律规定、监管要求及平台规定对禁限售列表信息做增删和修改。

平台根据发布信息本身的违规情况及会员行为做加重处罚或减轻处罚的处理,如表3-3所示。

表3-3 禁限售违规处罚

处罚依据	行为类型	违规行为情节/频次	其他处罚
阿里巴巴速卖通的禁限售规则	发布禁限售商品	严重违规:48分/次(关闭账户) 一般违规:0.5~6分/次(1天内累计不超过12分)	(1)退回/删除违规信息 (2)若核查到订单中涉及禁限售商品,速卖通平台将关闭该订单,如买家已付款,无论物流状况均全额退款给买家,卖家承担全部责任

速卖通平台根据违规积分的等级制定了公平的处罚标准,禁限售违规和知识产权一般侵权将累计积分,积分累积到一定分值,将执行账号处罚。该分数按行为年累计计算,具体扣分规则如表3-4所示。

表3-4 违规扣分规则

积分类型	扣分节点	处罚
知识产权禁限售违规	2分	严重警告
	6分	限制商品操作3天
	12分	冻结账号7天
	24分	冻结账号14天
	36分	冻结账号30天
	48分	关闭账号

(四)放款规则

为确保速卖通平台交易安全、保障买卖双方的合法权益,速卖通及其关联公司在满足规定的条件时,根据平台规则规定相应放款时间及放款规则。

1. 放款时间

第一种情况，在交易完成、买家无理由退货保护期届满后向卖家放款，即买家确认收货或系统自动确认收货后 15 个自然日。

第二种情况，速卖通平台根据系统对卖家经营情况和信用进行的综合评估（如经营时长、好评率、拒付率、退款率等），可决定为部分订单进行交易结束前的提前垫资放款或提前放款。提前放款的具体金额可以为订单的全部或部分，这是由速卖通平台根据综合评估单方面决定的。卖家可随时向平台申请退出提前放款。

第三种情况，卖家账号清退或主动关闭的，针对账号被清退、关闭前的交易，为保证消费者利益，平台在订单发货后 180 天放款。

第四种情况，如速卖通平台依据法律法规、双方约定或合理判断，认为卖家存在欺诈、侵权等行为的，其有权视具体情况延迟放款周期，并对订单款项进行处理，或冻结相关款项至依据消除后[①]。

2. 放款方式

速卖通平台具体的放款方式可参考表 3-5。

表 3-5 速卖通平台放款方式

账号状态	放款时间	放款比例	备注
账号正常	发货 3 个自然日后（一般为 3~5 天）	70%~97%	保证金释放时间参考速卖通平台上的"提前放款保证金释放时间表"
		100%	
	买家保护期结束后	100%	买家保护期结束：买家确认收货/买家确认收货超时后 15 天
账号关闭	发货后 180 天	100%	—

（五）营销规则

速卖通平台会定期或不定期地组织卖家开展促销活动以及卖家自主开展的促销活

---

① AliExpress 全球速卖通 2019 年卖家（中国）招商规则。

动,来促进卖家成长,从而使交易机会增多。卖家可以在满足条件的情况下申请加入平台组织的促销活动,如表3-6所示。

表3-6 营销规则

条件	店铺好评率	商品的DSR评分	特定的促销活动
有交易记录的卖家或商品	不低于90%	不低于4.5分	满足特定的条件
无交易记录的卖家或商品	根据实际活动需求和商品特征制定具体卖家准入标准		
备注	店铺"好评率"及商品的DSR描述分非固定值,不同类目、特定活动或遇到不可抗力事件影响,会适当进行调整		

卖家在平台促销活动和自主促销活动中出现违规行为,全球速卖通有权根据活动细则或具体情况进行违规处理,如表3-7所示。

表3-7 营销违规处罚

违规行为	违规行为定义	违规处罚
出售侵权商品	在促销活动中,卖家出售假冒商品、盗版商品等违反平台相关规定的产品或其他侵权产品	取消当前活动参与权;根据速卖通相应规则进行处罚
违反促销承诺	卖家商品从参加报名活动开始到活动结束之前,要求退出促销活动,或者要求降低促销库存量、提高折扣、提高商品和物流价格、修改商品描述等行为	取消当前活动参与权,根据情节严重程度,3~9个月内禁止参加促销活动;根据速卖通相应规则进行处罚
提价销售	在买家下单后,卖家未经买家许可,单方面提高商品和物流价格的行为	取消当前活动参与权,根据情节严重程度,3~9个月内禁止参加促销活动;根据速卖通相应规则进行处罚
成交不卖	在买家下单后,卖家拒绝发货的行为	根据情节严重程度的情况,6个月内禁止参加促销活动
强制搭售	卖家在促销活动中,单方面强制要求买家必须买下其他商品或服务,方可购买本促销商品的行为	12个月内禁止参加促销活动;根据速卖通相应规则进行处罚
不正当谋利	卖家采用不正当手段谋取利益的行为,包括: (1)向速卖通工作人员及/或其关联人士提供财物、消费、款待或商业机会等 (2)会员通过其他手段向速卖通工作人员谋取不正当利益	根据不正当谋利的规则执行处罚,关闭商家店铺

二、客户服务

速卖通平台主要向卖家与买家提供两种沟通工具。一是国际版旺旺，卖家通过国际版旺旺可与买家进行实时沟通，并且可以管理联系人和聊天记录等。二是站内信，也就是在后台消息中心中的消息，单击管理后台中的"站内信—消息"，卖家可查看买家发送的询盘信息，如图3-2所示。

另外，在订单详情页中还可以查看订单留言，买卖双方也可以通过此方式沟通。除此之外，电子邮件也是卖家与买家沟通联系的常用工具，其具有投递迅速、易于保存、全球畅通的优点。卖家需要注意的是最好拥有自己的企业邮箱，因为企业邮箱易于卖家对业务往来信件的管理，并且能给买家留下更规范的印象，从而维护企业形象。

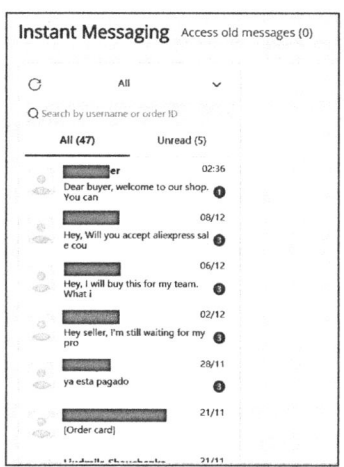

图3-2　站内信页面截图

1. 客户服务原则

沟通环节在交易达成前发挥着重要的作用，因为许多买家在下单前，会向卖家咨询一些关于商品的问题，然后决定是否购买。在整个沟通过程中要保证时效性和完整性，只有在与买家的沟通中及时做出反应，并提供详细完整的回复，才利于促成销售。客户服务的原则如下。

（1）积极主动沟通。面对买家的疑问，能提供多种解决方案，供买家选择。

（2）沟通时语气要柔和，让人感到亲切。

（3）对商品的描述要实事求是，不能过度承诺。

（4）在售后服务中首先要承担责任，安抚买家情绪，再分辨责任，让买家感受到被理解并且感受到我们是积极主动地帮助他解决问题的。

2. 速卖通询盘回复技巧

使用模板可以让我们快速获得相关的知识，提高工作效率，同时也使与买家沟通的节奏更加紧凑，从而利于促成交易。在使用模板时，我们要根据具体情况对其加以灵活应用，切忌生搬硬套。

常见问题的处理技巧如下。

（1）订单未付款

Dear ××，

We appreciated your purchase from us. However, we noticed you that haven't made the payment yet. If you have any problems making the payment, or if you don't want to go through with the order, please let us know. We can help you to resolve the payment problems or cancel the order.

After the payment is confirmed, we will process the order and ship it out as soon as possible.

Thanks again! Looking forward to hearing from you soon.

Best Regards,

（your name）

译文：我们很感谢您从我们这里购买商品，但我们注意到订单还未付款。如果在支付方面有任何问题或者不想继续这笔订单，请联系我们。我们可以帮助您解决支付的问题或者取消订单。

付款完成后，我们将立即备货并发货，谢谢！

致敬

（姓名）

（2）断货情况

Dear ××，

We are sorry to inform you that this item is out of stock at the moment. We will contact the factory to see when they will be available again. Also, we would like to recommend to you some other items which are of the same style. We hope you like them as well. You can click the following link to check them out.

If there's anything I can help with, please feel free to contact us.

Thanks!

Best Regards,

（your name）

译文：我们表示十分抱歉，您订购的产品目前缺货，我们会与工厂联系看什么时间能够补上，并随时告诉您。以下是相同风格的其他产品，它们都很不错，您可以点击浏览。有任何可以帮助您的，请随时与我们联系。

谢谢！

致敬

（姓名）

（3）告知买方运单信息

Dear ××,

The item ×× you ordered has already been shipped out and the tracking number is ××. The shipping status is as follows: ××. You will get it soon.

Thank for your support!

Best regards,

（your name）

译文：您的订单编号为××的货物已经发货，发货单号为××，运输方式是××，订单状态是××。您将很快收到货物，感谢您的支持和理解。

致敬

（姓名）

（4）物流出现问题的情况

Dear ××,

We would like to confirm that we sent the package on ××. However, we were informed package did not arrive due to shipping problems with the delivery company. We have resent your order by EMS; the new tracking number is ××.It usually takes 7days to arrive to your destination. We are very sorry for the inconvenience.Thank you for your patience.

Best regards,

(your name)

译文：我们在××寄出了您的快递，但是我们被告知因为物流原因不能送达您的地址。我们已经为您重新发货，新的EMS物流单号是××。通常需要7天时间送达。给您带来的不便我们表示非常抱歉，感谢您的理解。

致敬

（姓名）

（5）询问是否收到货物，提醒确认收货

Dear ××,

According to the status shown on EMS website, your order has been received by you. If you have got the items, please confirm it on Aliexpress.com. If not, please let us know.

Thanks!

Best regards,

(your name)

译文：根据EMS网站提供的物流信息，您的订单已经被签收。如果您已经收到货物，请在速卖通平台上确认收货。如果没有收到货物，请告知我们。谢谢！

致敬

（姓名）

（6）提醒买家对商品做出评价

Dear ××,

Thanks for your continuous support to our store, and we are striving to improve ourselves in terms of services, quality, sourcing, etc.. It would be highly appreciated if you could leave us a positive feedback, which will be a great encouragement for us.

If there's anything we can help with, don't hesitate to tell us.

Best regards,

（your name）

译文：感谢您继续支持我们，我们正在改善我们的服务、产品质量等。如果您能给我们一个积极的反馈，我们会非常感激，因为这对我们来说是一个很大的鼓励。如果需要我们的帮助，不要犹豫，请联系我们。

致敬

（姓名）

3. 信用评价

在电子商务平台上，信用评价发挥着重要的作用，只有与客户建立信任关系，才会有更多的客户给予好的评价，从而使卖家店铺的转化率更高。全球速卖通平台的评价分为信用评价及卖家分项评分两类。

信用评价是指交易的双方在订单交易结束后对对方信用状况的评价。卖家分项评分是指买家在订单交易结束后以匿名的方式对卖家在交易中提供的商品准确性、沟通质量及回应速度、物品运送时间合理性三方面服务做出的评价，是买家对卖家的单向评分。对于信用评价，买卖双方可以互评，如图3-3所示。但卖家分项评分只能由买家对卖家做出[①]。

通过买卖双方的评价可计算卖家好评率（Positive Feedback Ratings）和卖家信用积分（Feedback Score），

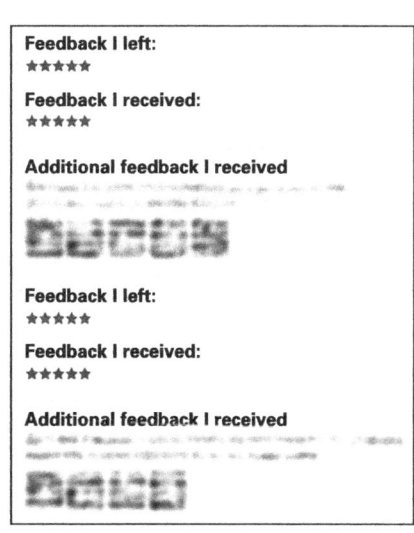

图3-3　买卖双方评价页面截图

---

① 速卖通大学. 跨境电商阿里巴巴速卖通宝典［M］. 2版. 北京：电子工业出版社，2015:438-439.

具体计算方法如下。

第一，同一个买家在同一个自然旬内对同一个卖家只做出一个评价的，该买家订单的评价星级则为当笔评价的星级［自然旬为1—10日、11—20日、21—30（31）日，以美国时间为准］。

第二，同一个买家在同一个自然旬内对同一个卖家做出多个评价的，按照评价类型，如好评、中评、差评分别汇总计算，即好中差评都只各计一次（也包括一个订单中有多种商品的情况）。

第三，在卖家分项评分中，同一个买家在同一个自然旬内对同一个卖家的商品描述的准确性、沟通质量及回应速度、物品运送时间合理性三项中某一项的多次评分只算一个。该买家在该自然旬对某一项评分的计算方法为：平均评分＝买家对该分项评分总和/评价次数。

第四，还有以下几类无论给出差评或好评都不作为计算结果的情况。

- 成交金额低于5美元的订单。
- 买家提起未收到货纠纷，或纠纷中包含退货情况，且买家在纠纷上升到仲裁前未主动取消订单。
- 运费补差价、赠品、定金、结账专用链接、预售品等特殊情况的评价。

除以上情况之外的评价，都会正常计算商品/卖家好评率和卖家信用积分。无论订单金额多少都统一定为好评加1分，中评为0分，差评减1分。

综上，信用评价计分决定了该店铺的信用等级。

卖家在后台可以看到各类评价的详细情况，如"等待我给出的评价""等待买家给出的评价"和"生效的评价"。

单击进入"等待买家评价"，可以看到没有收到客户评价的订单，这时可以使用平台的"催评价"功能，单击之后会进入该订单的留言板，在留言板可以给买家留言，例如：

Dear friend, thank you very much for your order! We are looking forward to do more business with you. If you have any question, please feel free to contact us directly, our telephone number is ..., we will give you the best service. We would be appreciated if you can leave positive feedback as we will do the same for you. Have a great day!

译文：亲爱的朋友，非常感谢您的订购！我们期待与您开展更多业务，如有任何疑问，请随时与我们联系，我们的电话是……我们将为您提供最好的服务。如果您能留下反馈意见，我们将不胜感激。祝您有美好的一天！

为什么要催买家给出评价呢？因为平台规定，买卖双方在交易结束30天内可互评，所有的评价订单都会有相应的积分，得到的信用评分积分则决定了卖家店铺的权重并影响曝光率，具体评分级别与标志如图3-4所示。评价的订单越多，积分就会越高，就可以赢得更多的曝光机会和转化率。

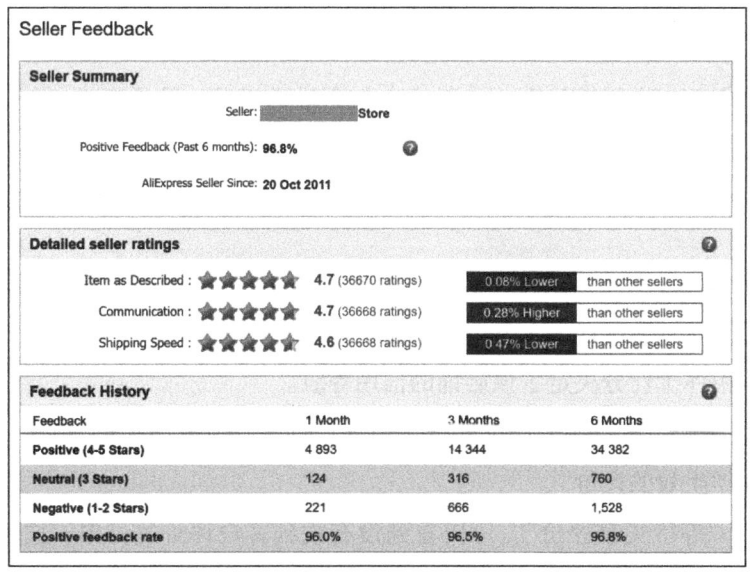

图3-4　信用评分级别与标志页面截图

单击"生效的评价"，会看到最近所有订单的评价。卖家收到客户评价的邮件之后，要先对客户进行评价，然后才能看到客户给予卖家的反馈。

为了收获更多的信用积分,提升店铺的信誉等级,避免可能出现差评的情况,卖家需要注意以下内容。

(1)商品图片与实物有差异。卖家在上传商品图片时,不要过分添加商品本身没有的效果,给予买家过高的期待,导致买家在收到商品后产生落差,从而对订单不满意甚至给予差评。卖家在上传商品图片的时候可提供多角度的细节图,以及没有过分修图处理的照片,为买家提供真实的视觉印象,避免不必要的投诉和差评。

(2)承诺免运费后的进口关税问题。有些国家规定高于一定价格的货物,需缴纳进口关税之后才能拿到货物,此时买家会因为需要支付额外的费用而拒绝签收。对于这类问题,卖家需要详细了解各国的进口政策,并与买家沟通清楚,避免差评。

(3)信用卡账户有额外的扣款显示:速卖通费用(AliExpress Charge)。速卖通平台针对买家的支付不收取手续费,但买家需要了解其使用的银行卡是否需要支付手续费。

在收到买家的差评之后,要了解原因并改善不足之处。例如,由于质量问题导致的差评,卖家需要在产品方面继续改进;因为买家个人使用不当导致的差评,卖家要收集并主动提醒后续买家正确的使用方法,以减少此类差评的产生。

4. 解决纠纷

处理和买家之间的纠纷是许多卖家最为头痛的事,纠纷不仅影响卖家订单的顺利进行,还会影响店铺的服务等级。在速卖通平台上有三个关于纠纷的考核指标,即纠纷率、裁决提起率和卖家责任裁决率。图3-5为速卖通的解决纠纷规则指引图。

买家如果没有收到货物或者对货物不满意,可以在发货5天后申请退款,买家提交退款申请时纠纷生成。若买家提起或修改纠纷,则卖家必须在5天内"接受"或"拒绝"买家的退款申请,否则订单将根据买家提出的退款金额执行。在这一过程中,若买卖双方能够协调达成一致,则按照协议进行操作;如果无法达成一致,则提交至速卖通进行裁决。

速卖通对于纠纷处理的基本原则:第一,每日查看,及时响应;第二,一切以店铺安全为前提,理智处理;第三,客服有义务将纠纷损失降到最低。解决纠纷最有效的方法是在发货前、发货中、运输中和妥投后四个环节做好相应工作,减少纠纷的产生。

跨境电商出口零售实务

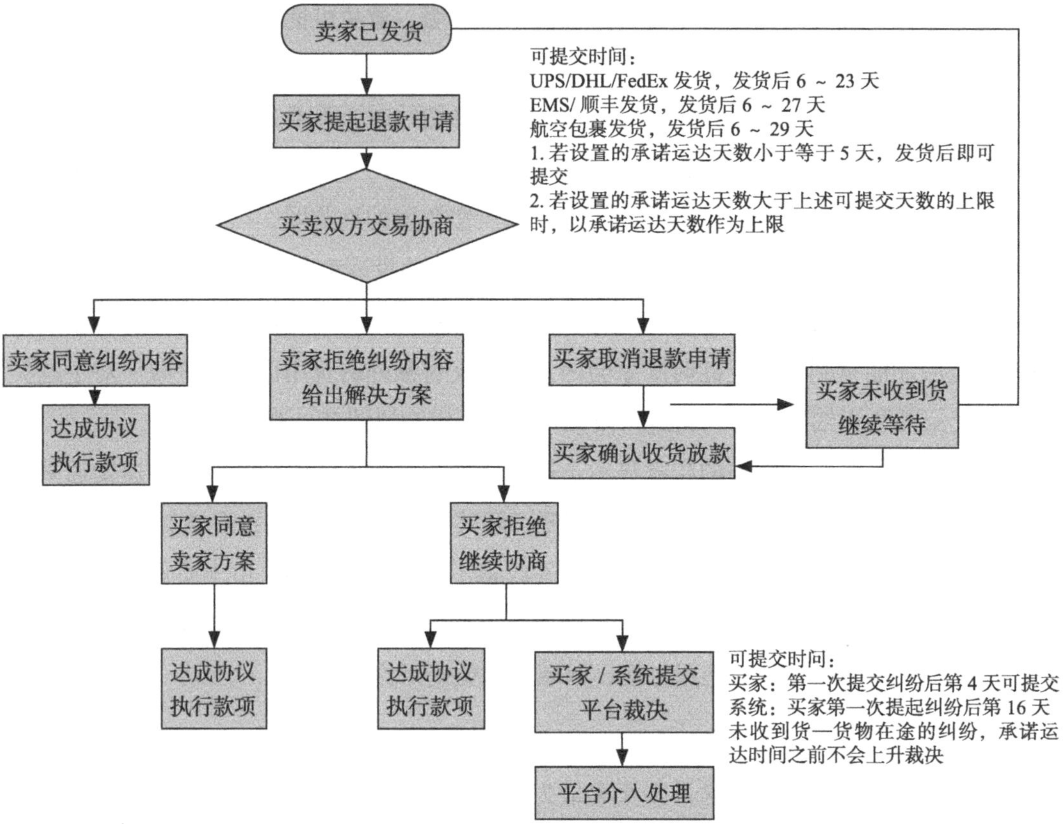

图 3-5　速卖通的解决纠纷规则指引图

三、跨境支付

速卖通的跨境支付工具有如下几类。

1. 国际支付宝

阿里巴巴国际支付宝是由阿里巴巴与支付宝开发的支付工具，旨在保护国际在线交易中买卖双方的交易安全。如果卖家已经拥有国内支付宝账户，其只需绑定国内支付宝即可，无须再申请国际支付宝账户。

国际支付宝的优势体现在以下几个方面。

（1）多种支付方式：目前国际支付宝支持的支付方式有信用卡、T/T 银行汇款、第三方钱包等，如 QIWI、WebMoney、MercadoPago、Western Union 等。后续会有符合更多国家（地区）支付方式的接入。

（2）安全保障：先收款，后发货，全面保障卖家的交易安全。国际支付宝是一种第三方支付服务，而不是一种支付工具。它的风控体系可以使交易者在交易中免受信用卡盗卡的威胁，当且仅当国际支付宝收到了货款，才会通知卖家发货，这样可以避免在交易中使用其他支付方式导致的交易欺诈[①]。

（3）方便快捷：线上支付，直接到账。使用国际支付宝收款无须预存任何款项，速卖通会员只需绑定国内支付宝账户和美元银行账户就可以进行人民币和美元的收款。

绑定国内支付宝账户后，卖家就可以通过支付宝账户收取人民币。国际支付宝会按照买家支付当天的汇率将美元转换成人民币支付到卖家的国内支付宝或银行账户中。卖家还可以通过设置美元收款账户来直接收取美元。

目前国际支付宝支持买家用美元、英镑、欧元、墨西哥比索、卢布支付，但只支持卖家用美元和人民币收款。

为避免受美元与人民币之间的汇率影响，卖家应如何直接收取美元呢？

（1）创建美元收款账户。登录速卖通，通过"交易"中的"资金账户管理"跳转至支付宝国际账户，此时就可以设置美元收款银行账户。普通的个人卖家选择"个人账户"即可。需要注意的是，个人账户必须能接受海外银行（新加坡花旗银行）对个人美元的打款（卖家可向银行咨询确认自己的账户是否符合）。选择账户后，依次填写"账户名""Swift Code""银行账号"等，填写完毕单击保存即创建成功。

（2）国际支付宝提现。通过"我的账户信息"，卖家可以查询可提现的人民币金额和美元金额，以及冻结的金额，然后选择想要提现的账户，单击"我要提现"按钮，选择人民币提现或美元提现，输入想要提现的金额后，跳转到提现信息确认页面。

注意：人民币提现金额至少为 0.01 元。与人民币提现不同的是美元提现金额至少为

---

① 黄仕靖，曹红梅.跨境电商实务［M］.北京：北京理工大学出版社，2019.

21美元，因为每次美元账户提现都要扣除20美元的手续费，花旗银行要求到账金额必须大于1美元。

确认提现信息后，输入支付密码，单击"确定"按钮，系统会向用户绑定的手机号码发送验证码，验证码30分钟内有效，用户输入正确的验证码后确认提交，即提现成功。

2. PayPal 收款

若想使用 PayPal 收款，需要将速卖通卖家账户关联 PayPal 账户。

登录速卖通账户，进入"资金账户管理"页面，开始关联 PayPal 账户，如图3-6所示。

速卖通卖家的账户类型包括已有 PayPal 个人账户（Personal account）、已有 PayPal 商家账户（Business account）、尚未拥有 PayPal 账户三种，它们的操作步骤如下。

（1）已有 PayPal 个人账户

第一步，输入邮箱地址。

进入 PayPal 页面后，先输入 PayPal 个人账户所使用的邮箱地址（见图3-7），然后输入密码，登录 PayPal 账户。

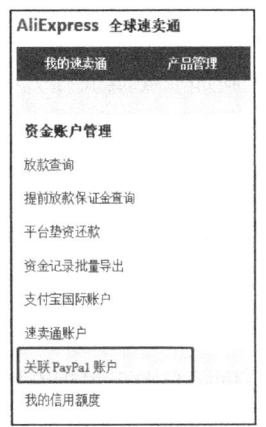

图3-6　资金账户管理页面截图

图3-7　输入邮箱地址页面截图

第二步，升级 PayPal 账户

登录 PayPal 个人账户后，卖家会看到两个选择，即创建一个独立的 PayPal 商家账户或者升级账户（见图 3-8）。要在速卖通上启用 PayPal 收款，卖家所使用的账户必须是商家账户。我们建议选择升级，因为这样可以保留卖家的账户设置，卖家也可以在一个账户内查询所有交易记录。

第三步，补充并确认基本数据。

如果选择升级，需要补充一些公司信息，注意不要遗漏最下方的两个选项，全部勾选后才能授权速卖通进行 PayPal 账户关联。单击"同意并继续"，进入下一个页面——选择公司类型。如果卖家的速卖通店铺属于个人经营业务，没有使用公司营业执照，请选择"个人"，具体如图 3-9 所示。

第四步，完善公司信息。

这一步要选择相应的业务类别，如果在上一步选择了"个人独资企业"，这里需要填入业务类别、营业执照注册号等信息（见图 3-10）。单击"继续"跳转至填写账户持有人的个人信息，确认后单击"提交"。

第五步，完成 PayPal 账户升级及速卖通授权后，回到速卖通首页，即可查看成功关联的提示信息（见图 3-11）。

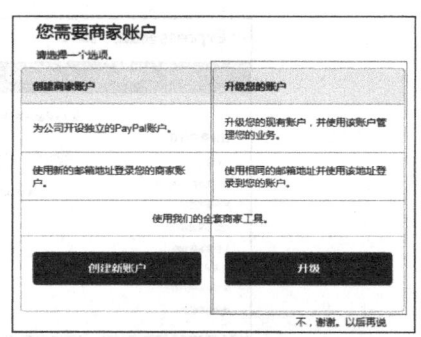

图 3-8　创建新账户和升级账户页面截图

图 3-9　升级商家账户页面截图

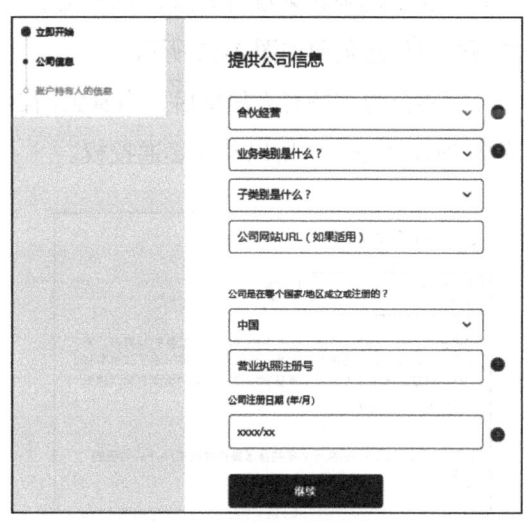

图 3-10　完善公司信息页面截图

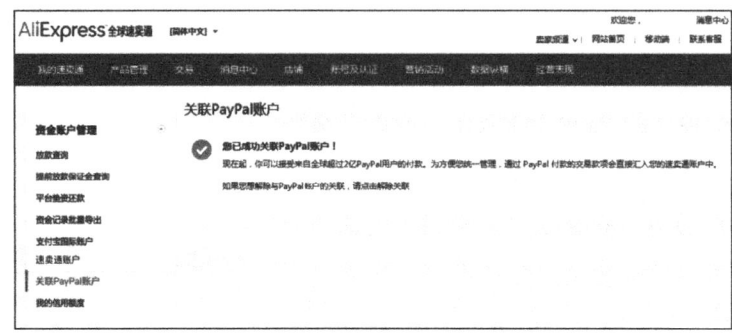

图 3-11　关联 PayPal 账户页面截图

（2）已有 PayPal 商家账户

登录 Pay Pal 商家账户后，选择同意速卖通授权，会看到速卖通授权的确认页面，这时单击"同意并继续"即可。当看到关联成功提示信息时，就可以返回速卖通首页。

（3）尚未拥有 PayPal 账户

卖家进入 PayPal 页面后，先输入邮箱地址，进行注册，然后填写账户资料，包括设置密码，提供姓名和公司的基本信息。注意最下方有两个选项都需要勾选，第一项是阅读并同意 PayPal《用户协议》和《隐私权保护规则》，第二项是用于授权速卖通账户关联，这个选项如果没有勾选，就无法顺利完成授权。勾选好之后单击"同意并继续"。填写账户信息页面如图 3-12 所示。

完善公司和持有人信息后，当看到图 3-13 所示的这个确认页面时，就说明已经成功完成 PayPal 账户注册以及速卖通授权。

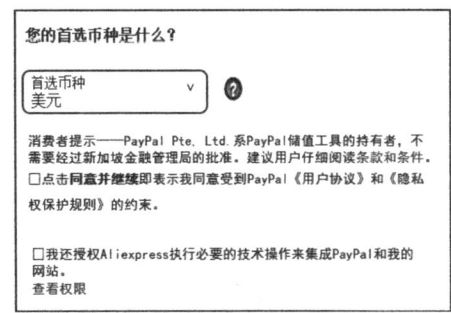

图 3-12　填写账户信息页面截图

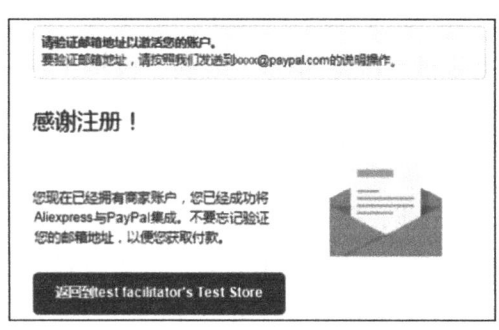

图 3-13　PayPal 账户注册完成页面截图

四、物流管理

国际物流是指把货物从一个国家通过陆运、空运、海运送到另一个国家或地区。跨境物流小件一般选择快递或空运，不需要报关、清关，能够提供门到门服务。跨境大件的货物一般走海运或铁路运输，需要单证，清关时间相对较长，但价格便宜。

国际物流有很多类型，如邮政物流、国际商业快递、专线物流、速卖通无忧物流、海外仓物流等。

1. 邮政物流

速卖通提供的邮政物流服务如表3-8所示。

表3-8　邮政物流服务

中文名称	英文名称	填写发货通知 API Service Name
中国邮政大包	China Post Air Parcel	CPAP
中国邮政挂号小包	China Post Registered Air Mail	CPAM
中国邮政平常小包+	China Post Ordinary Small Packet Plus	YANWEN_JYT
邮政特快专递服务	Express Mail Service	EMS
国际 e 邮宝	ePacket	—

中国邮政大包又被称为航空大包。中国邮政大包可以寄达全球200多个国家，其价格低廉，清关能力强。对时效性要求不高且重量稍重的货物，可选择使用此方式发货。航空大包采取首重和续重都以1千克计费方式计算。同时，航空大包也存在局限性，如部分国家限重10千克，最重不超过30千克；物流信息更新速度慢等。

中国邮政小包又称中邮小包，是指重量在2千克以内，外包装长、宽、高之和小于90厘米，且最长边小于60厘米，通过邮政空邮服务寄往国外的小邮包。中邮小包分为中国邮政挂号小包和中国邮政平常小包+两种。

为降低中国邮政挂号小包包裹丢失风险，速卖通特意设置了挂号费，平台提供的物流跟踪条码能够实时查询邮包在目的国家（地区）的实时状态。另外，卖家或买家也可通过中国邮政官方网站查询。

中国邮政平常小包+的运费比较便宜，而且在海关操作方面享用"绿色通道"，清关能力很强，部分国家运达时间并不长，是性价比较高的物流方式。中国邮政平常小包+是中国邮政针对订单金额在7美元以下、重量在2千克以下小物品的空邮业务。

2. 国际商业快递

国际商业快递泛指DHL、FedEx和UPS等商业快递巨头。对于国际商业快递，卖家主要以价格与清关能力作为选择指标。

其中，对于美洲与欧洲，UPS的时效性有一定优势，尤其是美国、加拿大、南美、英国等；FedEx在欧洲与东南亚的时效性较好，清关能力强，在美国与加拿大的价格和时效上都具有优势。DHL是欧洲最大的快递公司，在西欧、北美有优势，整体实力强劲，综合价格也较为优惠。值得注意的是，商业快递与邮政物流对发货重量和尺寸方面的要求有差异，表3-9主要从收费标准、重量与尺寸要求方面来说明区别。

表3-9 商业快递与邮政物流的比较

物流方式	收费标准	重量要求	尺寸要求
商业快递	每0.5千克为一收费单位，超过部分开始称为续重；21千克以上为另一标准，称为大货价，大货每1千克为一收费单位。另收燃油附加费，会根据油价或快递公司成本变化 体积重（kg）=长（cm）×宽（cm）×高（cm）/8 000	重量限制在68～70千克，具体限重标准，不同公司有不同的要求	任一边不超过120厘米，否则会产生额外费用，甚至拒收
邮政物流	每0.5千克为一收费单位，超过部分开始称为续重；无大货价，无需加收燃油费 体积重（kg）=长（cm）×宽（cm）×高（cm）/5 000	每件限重20千克，易碎品或流质物品的邮件，每件限重10千克	任一边达到60厘米或以上的包裹需计算体积重

3. 专线物流

专线物流服务是面向不同国家依托业务量规模搭建的专线。下面主要介绍航空专线-燕文专线（Special Line-YW）、中东专线（Aramex）、速优宝芬邮挂号小包（Posti Finland）。

（1）燕文专线在北京、上海和深圳三个口岸直飞各目的国（地区），避免了国内转运时间的延误，并且和口岸仓航空公司签订协议保证稳定的仓位。燕文专线可实现全程追踪，派送时效在 10 ~ 20 个工作日，运费根据包裹重量按克计费，1 克起重，每个单件包裹限重在 2 千克以内。燕文专线运费价格如表 3-10 所示。

表 3-10 燕文专线运费价格表

国家 / 地区列表			包裹重量为 1 ~ 2 000 克	
			配送服务费（RMB）/ 千克	商品服务费（RMB）/ 包裹
爱尔兰	Ireland	IE	71.3	25.8
爱沙尼亚	Estonia	EE	71.3	24.3
奥地利	Austria	AT	59.1	22.8
澳大利亚	Australia	AU	61.2	19.2
白俄罗斯	Belarus	BY	110.6	12.2
比利时	Belgium	BE	61.2	22.8
冰岛	Iceland	IS	69.2	29.3
波兰	Poland	PL	64.2	14.7
丹麦	Denmark	DK	59.1	22.8
德国	Germany	DE	61.2	18.2
法国	France	FR	61.2	21.3
芬兰	Finland	FI	66.2	22.3
荷兰	Netherlands	NL	54.1	20.2
加拿大	Canada	CA	66.2	19.2
捷克	Czech Republic	CZ	71.3	18.7
克罗地亚	Croatia	HR	76.3	21.3
拉脱维亚	Latvia	LV	66.2	23.1
立陶宛	Lithuania	LT	76.3	18.2
美国	United States	US	63.2	14.2
摩尔多瓦	Republic of Moldova	MD	110.6	14.2
挪威	Norway	NO	66.2	19.2
葡萄牙	Portugal	PT	66.2	19.2

(续表)

国家/地区列表			包裹重量为1~2000克	
			配送服务费（RMB）/千克	商品服务费（RMB）/包裹
瑞典	Sweden	SE	57.1	20.2
瑞士	Switzerland	CH	76.3	22.3
斯洛伐克	Slovakia	SK	56.1	16.2
斯洛文尼亚	Slovenia	SI	66.2	18.7
泰国	Thailand	TH	46	14.2
土耳其	Turkey	TR	61.2	17.2
乌克兰	Ukraine	UA	66.2	10.1
西班牙	Spain	ES	56.1	17.2
新西兰	New Zealand	NZ	71.3	10.1
匈牙利	HunGary	HU	58.1	23.8
以色列	Israel	IL	58.1	16.2
意大利	Italy	IT	61.2	24.3
印度	India	IN	1167	16.7
英国	United Kingdom	GB	38.9	17.2
智利	Chile	CL	74.3	18.2
阿联酋	United Arab Emirates	AE	46	21.3
韩国	Korea	KR	32.9	18.2
日本	Japan	JP	41	15.2

（2）中东专线目前支持中东、印度次大陆、东南亚、欧洲及非洲航线。目前平台上发货目的地有阿联酋、印度、巴林、塞浦路斯、埃及、伊朗、约旦、科威特、黎巴嫩、阿曼、卡塔尔、沙特阿拉伯、土耳其、孟加拉国、巴基斯坦、斯里兰卡、新加坡、马来西亚、印度尼西亚、泰国、肯尼亚、尼日利亚、加纳、以色列等，且均为全境服务。在目的地国家（地区）无异常情况下一般3~6天完成派送。卖家在接到交易订单后，可以使用中东专线线上发货服务。卖家只需在线填写发货预报，将货物发至阿里巴巴合作

物流仓库,并在线支付运费,仓库就能将货物递交给中东专线,由中东专线转至买家手中。对于重量和尺寸的限制为单件重量不得超过 30 千克,超出则不承运;单边尺寸不超过 120 厘米,长、宽、高之和不超过 330 厘米。

(3)速优宝芬邮挂号小包是由速卖通和芬兰邮政(Posti Finland)针对 2 千克以下小件物品推出的特快物流产品,派送范围为白俄罗斯、爱沙尼亚、拉脱维亚、立陶宛、波兰、德国等全境邮局可到达区域,正常情况 16 ~ 35 天到达目的地。运费根据包裹重量按克计费,每个单件包裹限重在 2 千克以内,其价格如表 3-11 所示。

表 3-11　速优宝芬邮挂号小包运费价格表

国家/地区列表	配送服务费元(RMB)/千克	挂号服务费元(RMB)/包裹
白俄罗斯	68.30	23.50
爱沙尼亚	68.30	18.60
拉脱维亚	72.80	21.30
立陶宛	68.30	23.90
波兰	68.30	17.50
德国	64.60	32.40

4. 速卖通无忧物流

速卖通无忧物流是速卖通联合阿里巴巴旗下菜鸟驿站共同推出的,为卖家提供包括揽收、配送、物流详情以及物流纠纷处理等一站式解决方案,包括速卖通无忧物流—标准(AliExpress Standard Shipping)、速卖通无忧物流—自提(AliExpress PUDO Shipping)和速卖通无忧物流—优先(AliExpress Premium Shipping)。

速卖通无忧物流有着渠道稳定、时效快、价格优惠、物流模板设置操作简单、平台承担物流纠纷和赔付损失等优势。菜鸟网络与优质物流商合作,搭建覆盖全球的物流配送服务,通过领先业内的智能分单系统,根据目的国(地区)、品类、重量等因素,匹配出最佳物流方案。

5. 海外仓物流

海外仓是指建立在海外的仓储设施。海外仓能提供仓储、分拣及配送的物流服务。大多买家会选择使用海外仓的卖家,其原因是使用海外仓物流不仅能缩短物流所需要的时间,而且能改善买家的购物体验。

卖家要想使用海外仓物流,首先需要了解如何设置海外仓运输模板。

(1)新增或编辑运费模板。进入"商品—管理运费模板"页面,单击"新增运费模板"或选择现有运费模板,如图3-14所示。

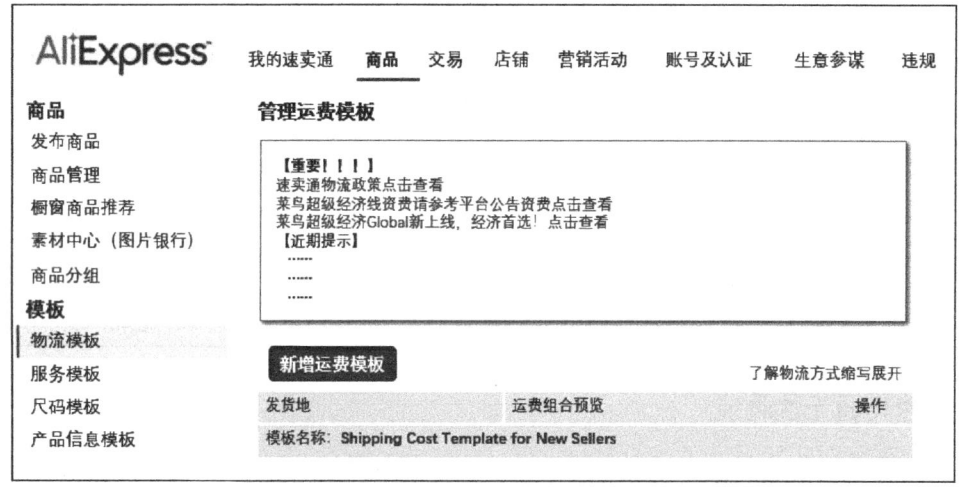

图3-14 管理运费模板页面截图

(2)选择发货地。在"新增发货地"中勾选新设置的发货国家,可以选择多个发货国家。

(3)设置运费及限时达时间。在"展开设置"选项中,可以针对不同国家、地区的不同物流方式分别设置合适的运费和承诺送达时间。

接下来是发布海外仓商品。进入产品发布页面,填写商品信息。需要注意的是"发货地"和"运费模板"信息的填写。

(1)填写发货地。选择商品发货地时,可以选择多个发货地。海外本地发货产品默认提供本地无理由退货服务。

（2）运费模板的选择。在产品发布页面中可选择运费模板，这里要注意商品发货地与运费模板设置应完全一致。商品发布成功后，卖家可以通过对运费模板的筛选在管理页面中找出海外发货的商品。

第二节 平台店铺账户注册

一、账户注册

在速卖通平台上设立店铺要先注册与认证速卖通账号。账号注册有两种方式：一是淘宝商家或天猫商家入驻；二是需要使用邮箱注册。

1. 使用邮箱注册

进入速卖通卖家页面，单击右上角"立即入驻"，可以将页面语言设置为更便于中国卖家使用的简体中文。注册页面如图3-15所示，输入电子邮箱地址作为登录名，完成手机验证和电子邮箱验证后会出现注册成功的页面。

2. 实名认证

账号注册完成后继续完善信息，也就是进行速卖通账号的实名认证。

实名认证包括两种类型，一种是企业认证，另一种是个人认证。

图3-15 速卖通卖家站注册页面截图

这两种认证类型都需要已经认证成功的支付宝账号认证。作为普通的卖家，认证方式应选择个体户（见图3-16），单击"去认证"会跳转至支付宝登录页面，登录成功后在支付宝与速卖通授权的页面完成授权，填写并提交个人信息，等待平台审核，审核期为2~3个工作日。

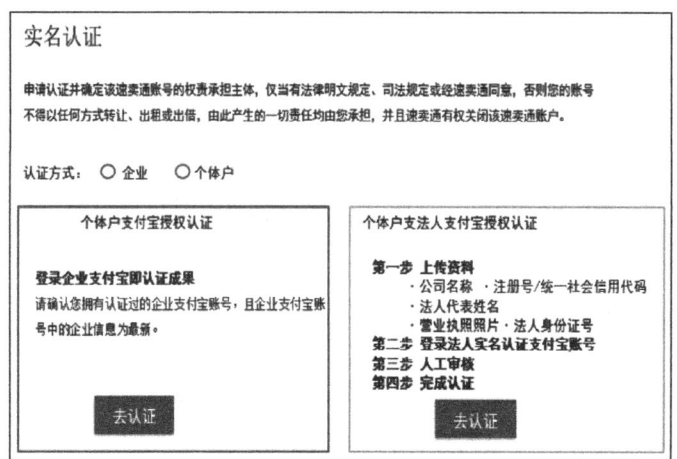

图 3-16　实名认证页面截图

在注册开店的支付宝绑定、电子邮箱验证、手机验证等过程中,不需要向速卖通平台缴纳任何费用。

3.选择销售计划类型

若已通过认证,卖家需进入店铺后台选择销售计划类型。速卖通有两种销售计划类型,即标准销售计划和基础销售计划,两者的主要区别体现在年费结算和功能使用权限上,一个店铺只能选择一种销售计划类型。企业店铺可以选择标准销售计划或者基础销售计划,个体工商户店铺首次只能选择基础销售计划,满足条件后,基础销售计划可以升级为标准销售计划。

标准销售计划和基础销售计划的区别如表 3-12 所示。

表 3-12　标准销售计划和基础销售计划的区别

类型	标准销售计划(Standard)	基础销售计划(Basic)	备注
店铺的注册主体	企业	个体工商户/企业均可	
开店数量	同一注册主体下最多可开六家店铺,每家店铺仅可选择一种销售计划		
年费	年费按经营大类收取,两种销售计划收费标准相同		

（续表）

类型	标准销售计划（Standard）	基础销售计划（Basic）	备注
年费结算奖励	中途退出：按自然月返还未使用年费 经营到年底：返还未使用年费，使用的年费根据年底销售额完成情况进行奖励	中途推出：全额返还 经营到年底：全额返还	无论哪种销售计划，若因违规违约关闭账号，年费将不予返还
功能区别	可发布在线商品数不超过3 000种	（1）可发布在线商品数不超过500件 （2）部分类目暂不开放基础销售计划 （3）每月享受3 000美元的经营额度（即买家成功支付金额），当月支付金额超过3 000美元时，无搜索曝光机会，但店铺内商品展示不受影响；下个自然月初，搜索曝光恢复	无论何种销售计划，店铺均可正常报名参与平台各营销活动，不受支付金额限制

4. 选择店铺类型

店铺类型包括官方店铺、专卖店铺、专营店铺、其他店铺等几类。

5. 选择主营类目

每个速卖通账号只准选取一个经营范围经营，并可在该经营范围下经营一个或多个经营大类。每个经营大类分设几个主营类目，每次可申请一个主营类目，若要经营一个经营大类下的多个主营类目，可分多次申请。值得注意的是特殊类目不单独开放招商，而采取随附准入制度，只要卖家获准加入任一经营大类，即可获得特殊类目的商品经营权限。

6. 输入经营商标

若商标输入未显示，需先进行"商标添加"，再申请商标资质。若没有经营商标，可直接勾选无品牌，跳过这个步骤。

7. 提交资料待审核

预计10个工作日资料审核完成，若审核未通过，可登录速卖通店铺后台，单击右上角"联系客服"或根据审核未通过原因，重新提交。

8. 缴费

完成审核后，卖家缴费即完成入驻。

二、后台设置

（一）店铺休假设置

目前速卖通平台暂未提供假期设置的功能，不过卖家可以通过以下方法对店铺做出调整。

1. 延长发货时间

一般遇国家法定假期（如新年、国庆节）平台会延长发货期。批量修改发货期的操作方法：卖家可以登录"我的速卖通"，依次单击"产品管理—管理产品—正在销售"，然后单击"一键修改发货期"，这时可以对所有正在销售的产品或指定产品组进行修改，如图3-17所示。

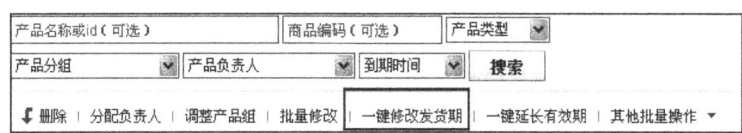

图3-17　修改发货期的操作页面截图

如图3-18所示，若在国家法定假期之外的时间延长发货时间，可以将产品备货时间修改成能发货的时间。批量修改发货期后，最长24小时内会更新，所以建议卖家可将相关通知添加至商铺首页来提醒买家。

2. 下架产品

若暂时不想展示产品，可将产品全部

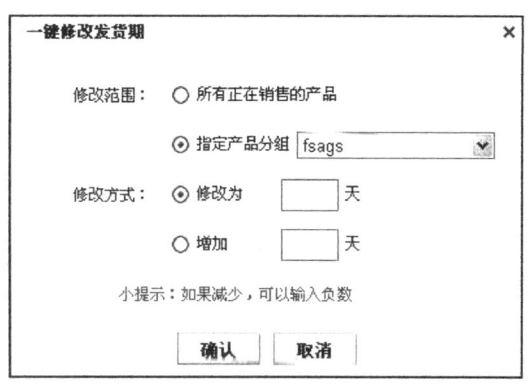

图3-18　一键修改发货期页面截图

下架，待恢复运作后重新上架。若未在备货期内发货导致订单关闭，同样会有成交不卖的风险，建议卖家根据实际情况调整备货期。

（二）速卖通运费模板设置

对于新增运费，模板设置如下：单击"产品管理—运费模板—新增运费模板"进行模板设置，为该运费模板设置一个名字（不能输入中文），然后选择物流方式，并填写货物运达的时间和折扣。同时可以对某种物流方式进行个性化设置，如对部分国家设置标准运费、对部分国家设置免运费等。

卖家可以在设置运费模板时，选择"自定义运费—添加一个运费组合"，选择该运费组合包含的国家，也可将某些热门国家选为一个组合（如想吸引美国买家，可选择美国，并将美国地区的运费设置为容易吸引买家下单的水平，如卖家承担运费）。若按照区域选择国家，可对该组合内的国家设置发货类型，如标准运费减免折扣、卖家承担运费或者自定义运费。单击"确认添加"后生成一个新的运费组合，卖家可以继续添加运费组合，也可以对已经设置的运费组合进行编辑、删除等操作。

对于难以查询妥投信息、大小包运输时效差的国家（地区），可以选择"不发货—确认添加"即可屏蔽该国家（地区）。

（三）产品信息模块

产品信息模块是一种新的管理产品信息的方式，其可以为产品信息中的公共信息（如物流政策、活动信息等）单独创建一个模块，并在产品中引用。如果需要修改这些信息，只需要修改相应的模块，所有使用这个模块的产品中的信息全部会自动更新。

产品信息模块除了可以放置公共信息外，还可以放置关联产品，操作步骤如下：在"卖家后台—产品管理—模板管理"找到"产品信息模块"，如图3-19所示。目前，速卖通平台可以创建两种模块，即关联产品模块和自定义模块。关联产品模块，最多可以选择八个关联产品；自定义模块，可以填写一些公共信息，如公告、活动信息、物流售后政策等。

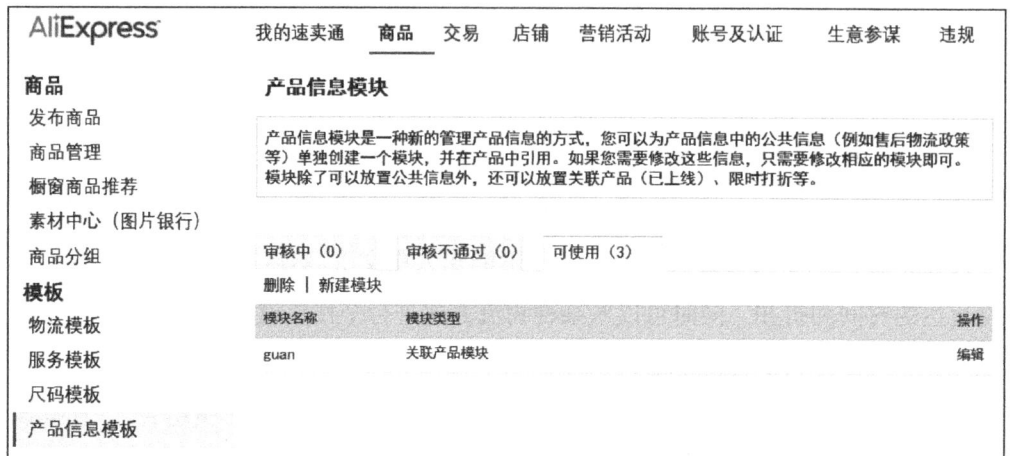

图 3-19 速卖通平台产品信息模块页面截图

其中,创建关联产品模块需要填写模块名称(只能输入英文)以便于区分模块,并至少选择一种产品,如图 3-20 所示。添加选择产品后,可以单击"预览"来查看模块展示效果。

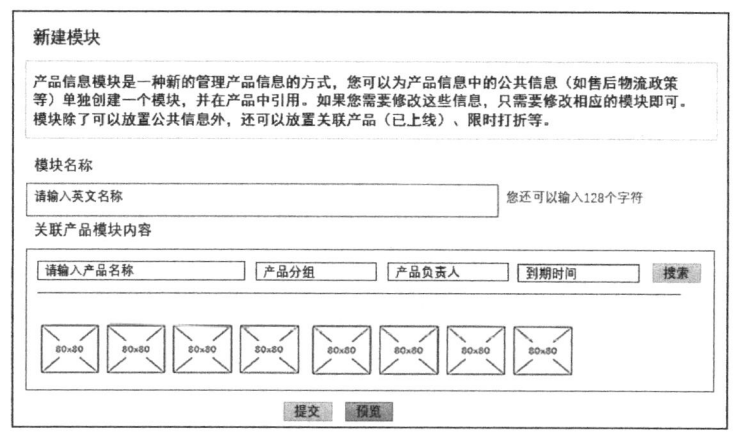

图 3-20 新建模块页面截图

创建自定义模块同样需要填写模块名称,如图 3-21 所示,与创建关联产品模块不同的是自定义模块中可以随意填写自己需要展示的内容,可以根据自己的设计插入模块,通过平台审核后即可被使用。

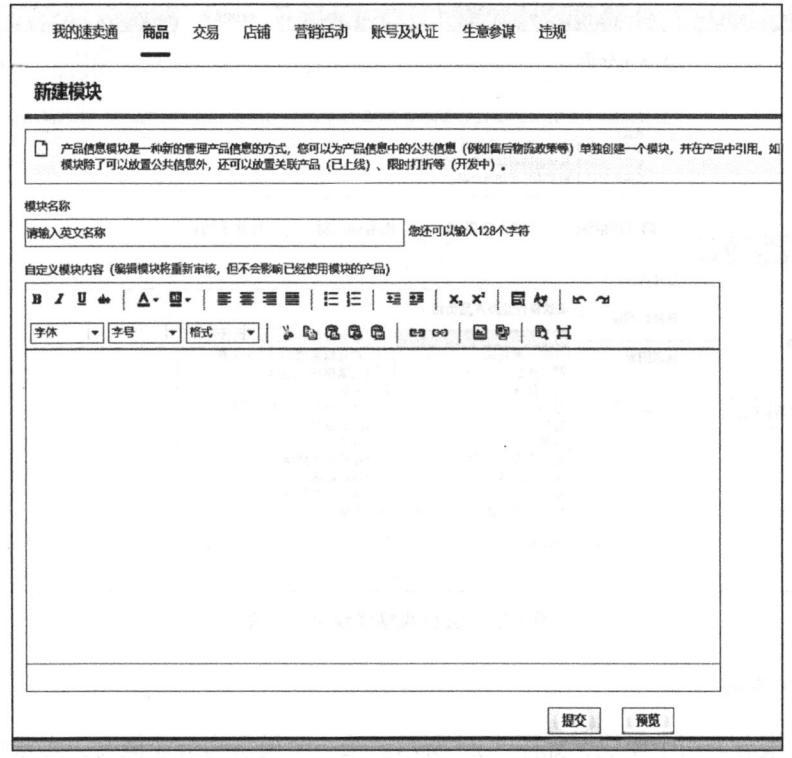

图 3-21 创建自定义模块页面截图

第三节 店铺选品与页面管理

一、店铺选品

速卖通卖家需要了解平台上的什么商品销量比较好、市场空间比较大,行业和产品选好了可以事半功倍。速卖通平台为卖家提供的大数据平台"数据纵横"模块如图 3-22 所示,现在该模块被更新为"生意参谋",若卖家对此使用不习惯还可单击"返回数据纵横"回到旧版的模块,这一模块提供了许多实用的情报信息,可帮助卖家发现潜在的商机。"商业发现"包括"行业情报""选品专家""搜索词分析"。下面为大家一一介绍。

图 3-22 数据纵横模块页面截图

1. 行业情报

行业情报分为两个模块，如图 3-23 所示。第一个模块为行业概况，卖家可以选择想要了解的行业及类目，并且可以选择最近 7 天 /30 天 /90 天时间段来查看行业相关数据。

图 3-23 行业情报模块页面截图

行业数据中有许多指标，各指标的含义如下。

（1）访客数占比：在统计时间段内行业访客数占上级行业访客数的比例。

（2）浏览量占比：在统计时间段内行业浏览量占上级行业浏览量的比例。

（3）支付金额占比：在统计时间段内行业支付成功金额占上级行业支付成功金额的比例。

（4）支付订单数占比：在统计时间段内行业支付成功订单数占上级行业支付成功订单数的比例。

（5）供需指数：在统计时间段内行业商品指数/流量指数。供需指数越小，竞争越小。

另外，行业概况还包括行业趋势和行业国家分布两个小类，读者可据此查看行业变动情况。

第二个模块为蓝海行业。蓝海行业是指目前竞争相对不激烈，但又有买家需求的行业。新手卖家在速卖通平台上需要寻找一级蓝海行业去经营，这样才能得到快速成长。平台的一级蓝海行业有9个，可用圆圈来表示，行业圆圈越蓝代表行业内竞争越不激烈，卖家能够有更大的竞争优势，点击对应的行业圆圈可以查看行业详情。

卖家需要注意的是速卖通平台提供的"数据纵横"只是分析决策工具之一。在实际选品过程中，要分析目标市场用户需求和流行趋势、产品物流运输方式、卖家自身对产品的可获得性、是否具有货源优势等，卖家要以数据分析为客观依据。

2. 选品专家

选品专家从卖家和买家两个角度选出相对应的"热销"和"热搜"的商品品类，供速卖通平台的卖家调整产品、优化关键词。

这里的"热销"是从卖家角度而言的，以方便卖家寻找爆品、畅销品。在速卖通平台上，当卖家选择了某个行业、国家和时间范围后，就可以看到"TOP热销产品词"页面（见图3-24）。在图3-24中，不同的圆圈代表不同的热销品，圆圈越大代表销量越高，圆圈的颜色可以反映该商品的竞争程度。单击图3-24中右上角"下载最近30天原始数据"，可以利用Excel中数据分析命令按照不同的要求分别排序，以便选择商品。下载完成的文件中包含有行业、国家、商品关键词、成交指数、购买率排名以及竞争指数的具体信息。

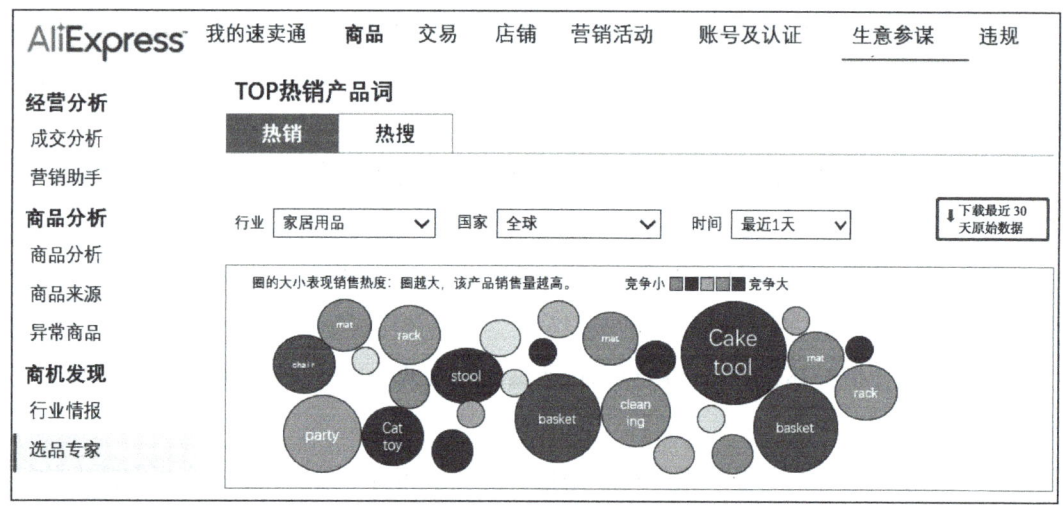

图 3-24　TOP 热销产品词页面截图

"热搜"是从买家角度而言的,其操作与"热销"相同,下载完成的 Excel 文件中显示行业、国家、商品关键词、搜索指数、搜索人气、购买率排名以及竞争指数的具体信息,卖家可据此选择竞争指数较低但其他指数都较高的商品,从中确定自己要售卖的商品。

3. 搜索词分析

卖家通过搜索词分析可以查询到买家搜索的关键词,而通过热门词、飙升词、零少结果词的分析结果帮助自己选择和优化产品的关键词,从而优化推广效果,提高店铺商品成交量。

卖家除了通过速卖通平台进行选品外,还可以参考其他跨境电商平台(如 eBay、Wish、亚马逊等)上同行业的选品情况,来确定选品。

二、页面管理

速卖通平台上的交易很大程度上依靠的是买家的视觉感受,只有店铺的风格设计和布局装修吸引买家关注和浏览,才能增加曝光量,提高商品的点击率和商品购买率。下面主要介绍速卖通平台上店铺装修的基本流程及要求、产品详情页以及文案和图片等内容。卖家在熟练掌握店铺装修技巧和注意事项后,可根据自己所选行业类目、主营产品和目标用户等方面的具体情况为自己的店铺营造良好的购物环境。

1. 店铺装修基本流程及要求

卖家通过管理后台的导航栏菜单"店铺—商铺管理—店铺装修及管理—进入装修",即可登录后台装修页面。

店铺装修方式有两种,即使用平台提供的装修模板和自己装修。若使用平台提供的装修模板,则只需进入装修市场,选择适合自己店铺的模板预览装修效果,对于模板中不满意的地方可以自行修改。选择自己装修的卖家需要对店铺的页面结构进行设计,但要符合速卖通店铺的区域分布、店铺模块和布局方式。

区域分布主要包括网站头部、内容区和网站尾页三个模块。

(1) 网站头部模板是不可编辑的部分,显示的信息是由速卖通平台自动生成的,如店铺Logo、名称、评级、信誉、所在地以及联系方式等。

接下来可以设置店招模块,这是向买家展示品牌或者产品的第一个机会。一般宽度设置为1 200px,高度为100~150px,图片大小不要超过2MB,将精美的图片和合适的文字组合在一起,能使买家快速获悉店铺的商品与特色。

(2) 关于内容区,这里主要介绍图片轮播模块和商品推荐模块。

图片轮播模块是一个十分重要的商品展示模块,其以滚动的方式展示多张广告图片,一般建议添加3~5张图片。图片高度设置为100~600px,宽度为960px,大小不超过2MB。

卖家可以设置相应的图片链接到产品详情页,以方便买家浏览。速卖通平台允许卖家设置5个图片轮播模块,卖家要有效利用向买家展示25张大图片的机会,以此提高店铺的视觉效果和促销能力。

卖家可以将店铺的最新商品、热销商品或者折扣商品展示在商品推荐模块中。每个店铺可以添加5个商品推荐模块,每个模块最多可以展示20种商品,展示方式可以设置一行4种商品或一行5种商品。商品推荐模块详细设置页面如图3-25所示,依次设置完成后单击保存即可看到商品展示效果。

(3)网站尾页一般设置为网站导航模块,网站导航模块与网站头部模块相同,是不可编辑的部分。

对于有独特的设计方案和营销想法的卖家,其可以利用自定义内容区灵活排版,更生动地展示店铺和商品,从而增强买家的购物欲望。通过在编辑器里输入文字/图片/HTML语言自行设计模块,配合使用 Adobe Photoshop 和 Adobe Dreamweaver,将

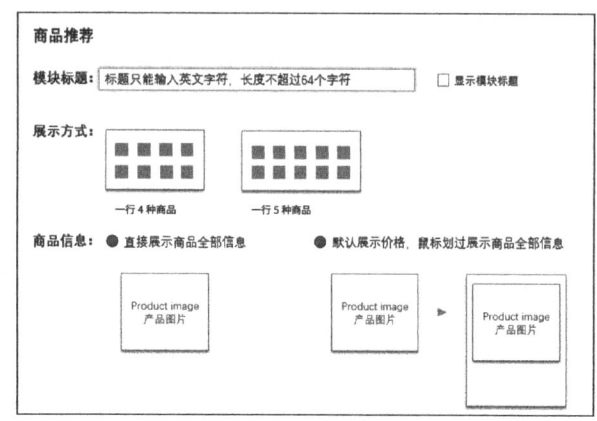

图 3-25　商品推荐模块详细设置页面截图

编写好的代码粘贴在源代码区域即可看到设计效果。最多可以添加 6 个自定义内容区,每个内容区有字数限制,即不能超过 5 000 个字符数。

用户自定义内容区不限于商品,语言栏模块也可以在自定义区域完成,卖家设计符合自己店铺整体风格的语言图标,利用 Photoshop 切片工具,再加入语言链接即可。

语言链接代码为 http:// 语言的英文缩写 .aliexpress.com/store/ 卖家店铺编号。

对于整体的店铺页面排版布局,卖家应做到以下几点[1]。

- 页面排版要美观大方,各个模块之间的布局要简单清晰,协调一致,这样才利于买家操作。
- 仔细规划导航内容,方便买家快速获取商品。速卖通平台上店铺的导航分为店铺顶部的主导航和侧边的自定义导航,自定义导航规划得合理,将可以有效引导买家进行选购。
- 适当设置横幅或促销模块,如热销款、折扣秒杀区等,不同模块间要相互协调,从而促进销售。

---

[1] 冯晓宁,梁永创,齐建伟.跨境电商:阿里巴巴速卖通实操全攻略[M].北京:人民邮电出版社,2015.

- 店铺总体装修一定要突出特点和主题。

2. 产品详情页

产品详情页是用于展示店铺某一款产品具体信息的页面,一般设计成包含产品主图、产品介绍区域和购买选择区域三部分的形式。产品主图是表达产品整体性特点的图片,是在搜索结果页展示的第一张图片,如图 3-26 所示,通常要求为正方形的图片,背景为白色。产品介绍区域是当前需要买家了解的所有产品,包括产品规格详情、各角度的细节照片以及物流、售后等必要的说明。

产品详情页的设计与店铺首页设计同等重要。店铺首页能吸引买家继续了解店铺产品,而产品详情页则是促进成交、提高转化率的关键部分。

在产品详情页中,顶部一般用来展示店铺活动,卖家根据店铺不同时间段的不同主题活动设置展示信息,如店铺的促销信息。

图 3-26 产品主图设计页面截图

为了让买家在购买前对产品有整体的了解和认识,卖家需要在详情页中展示从不同角度拍摄的产品主体图片。

买家一定是在熟悉商品之后才做出购买决定的,产品的细节图就是让买家更加了解这件商品,所以产品细节图要尽可能多地展现不同角度的产品图、产品的细节和材质等,并采用图文并茂的方式突出产品特点。

卖家还可以适当添加产品信息模块用来制作关联产品展示或者活动信息发布,以实现关联营销。

另外,卖家还要向买家提供优质的服务,如包装服务,这一点将确保产品在运输过程中不受损坏,体现了卖家用心为买家提供最好的服务。同时卖家还可以展示顾客好评图,以此消除买家的顾虑,增加信任感。卖家可以将历史成交的好评截图在详情页中展示,促进买家做出购买决定。这里要注意切忌做假评价截图。

在详情页的底部一般会以文本文案的方式展示店铺的运输、付款方式,以及退换货等信息。

卖家可以根据自己店铺商品的不同特性自行设计其他模块，保证与产品相关的内容一定展示在详情页前面部分，相关度低的内容放在后面部分。布局模块既要清晰明确，又要相互关联，达到展示商品并说服买家产生购买的目的。

3. 文案和图片

文案和图片是视觉营销最基础的元素，文案撰写与图片设计的好坏直接关系到商品转化率的高低。要想构思出一篇能够将产品活灵活现地展现在买家面前、打动买家的文案，其关键在于用心设计。

第一，设计一款产品的文案时，要从买家的角度来思考其希望获得什么样的信息，找到独特的利益诉求点，为买家解决问题，从而获得更多买家的信任，最终让买家做出购买决定。

第二，撰写文案要真正结合产品，分析产品的定位，针对产品打造具有独特创意的卖点，只有这样买家才愿意阅读产品的文案，了解并接纳产品。

第三，从形式上看，撰写文案时需要注意文本的颜色、字体、字号以及间距等效果，建议买家使用常见的字体，重要内容的字体可以加粗或使用大写字母，并保证符合目标群体的审美。若文案中有图片，则需要确保文字和图片之间的位置、颜色、大小协调，保证不会出现混乱的视觉体验。

第四，卖家要重视店招文案、海报文案以及详情文案的制作，不同模块的文案侧重点不同。例如，店招文案一般使用店铺名称、服务理念或口号等，还可以使用关键词搜索作为营销型的文案；海报文案常设计为主标题＋副标题的形式；详情文案则要体现产品卖点，吸引顾客的关注。

在速卖通平台上，图片的使用和管理要符合规范化要求。图片尺寸系统基础模块要求如表3-13所示。

表 3-13 图片尺寸系统基础模块要求　　　　　　　　　　　　单位：px

模块	建议尺寸（宽 × 高）
店招	1 200 × 150
轮播海报	960 × 400（100 ~ 600）
自定义模块	920 × n（在保证字符数够用的情况下，不限）
侧边栏	180 × n（在保证字符数够用的情况下，不限）
主图	750 × 750、800 × 800、960 × 960
详情	750 × n（n<1 500）

关于图片品质，建议保留产品图 80% 的品质，这样既可以保证页面加载速度又可以保证图片清晰度。图片设计完成后，要存储为 Web 所用格式。

在图片命名方面，由于店铺所用图片众多，对图片进行清晰规范的命名便于查找和使用，所以卖家应掌握修改大量图片名称的技巧：按 Ctrl +A 键选中所有的图片，按 F2 键对其中一张图片重命名，按回车键即可对所有图片实现统一命名。

第四节　营销活动与数据分析

本节主要介绍速卖通平台上基本的推广引流方法。

一、平台活动

平台活动是指由速卖通组织、卖家报名参加的主题营销活动。它能快速为店铺带来大量的流量，在活动期间参加活动的卖家的订单量也会激增。针对不同的消费客户，平台的每次活动对店铺产品有不同的要求。当报名店铺数量过多时，平台会对报名的店铺进行筛选。

常见的平台活动有"SuperDeals""双十一"大型促销活动、"328"周年大型促销活动、国家站团购等。

（1）SuperDeals，又称平台的"秒杀"活动，包括 Today Deal、Weekend Deal，在速卖通买家首页（见图 3-27）就可以看到"SuperDeals"的入口。

（2）"双十一"大型促销活动。"双十一"不仅是中国网购狂欢节，在"双十一"速卖通平台还会面向全球的买家进行大型促销活动。在活动前期，平台会为参加活动的店铺进行前期推广和宣传。

（3）"328"周年大型促销活动。这是速卖通每周年的大型促销活动，"感

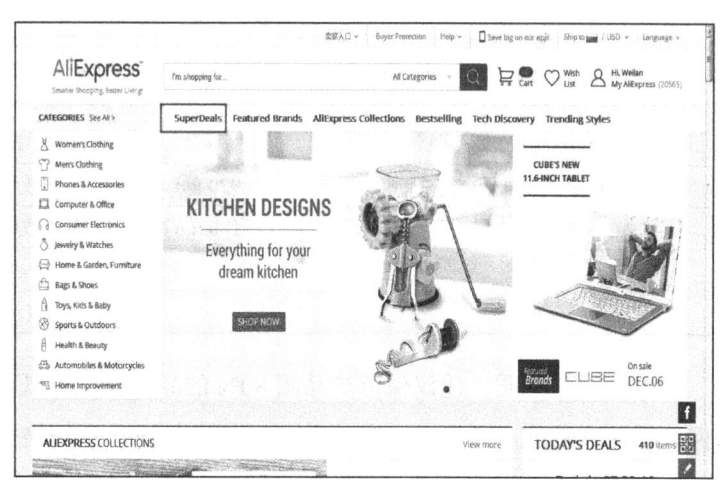

图3-27 速卖通买家首页页面截图

恩、促活、商家"是2019年"328"周年庆的重要组成部分。如图3-28所示，2019年"328"大型促销活动开售为4天时间，2019年新增了新用户玩法——新人专享，在各个国家也会给新人专区一些特殊的权益，如俄罗斯的手机充值、西班牙的游戏点卡等。老会员玩法则是从价格、券、营销三方面入手[①]。

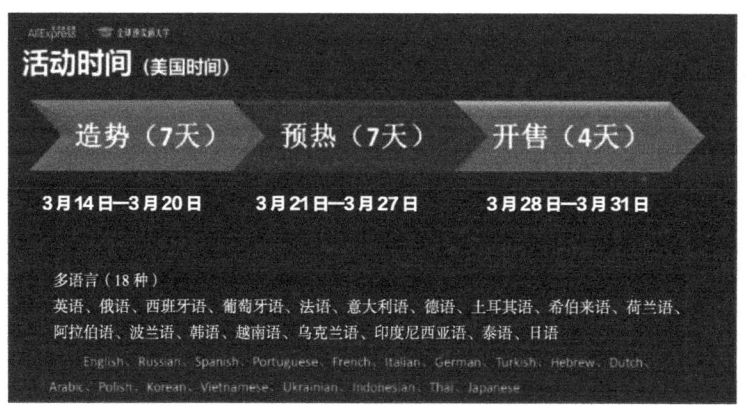

图3-28 2019年"328"周年大型促销活动页面截图

---

① 雨果网.2019速卖通"328"大促平台营销玩法全解析.

（4）国家站团购。速卖通平台针对不同国家有单独开放的国家团购页面，如巴西团购、印度尼西亚团购等。

对平台活动有所了解后，卖家该如何报名呢？

平台活动报名流程如下。

（1）进入卖家后台"营销活动"可看到"活动快捷入口"页面（如图3-29所示），从左侧列表中选择查看"平台活动"，即可查看想要参加但参与资格不同的各种活动。

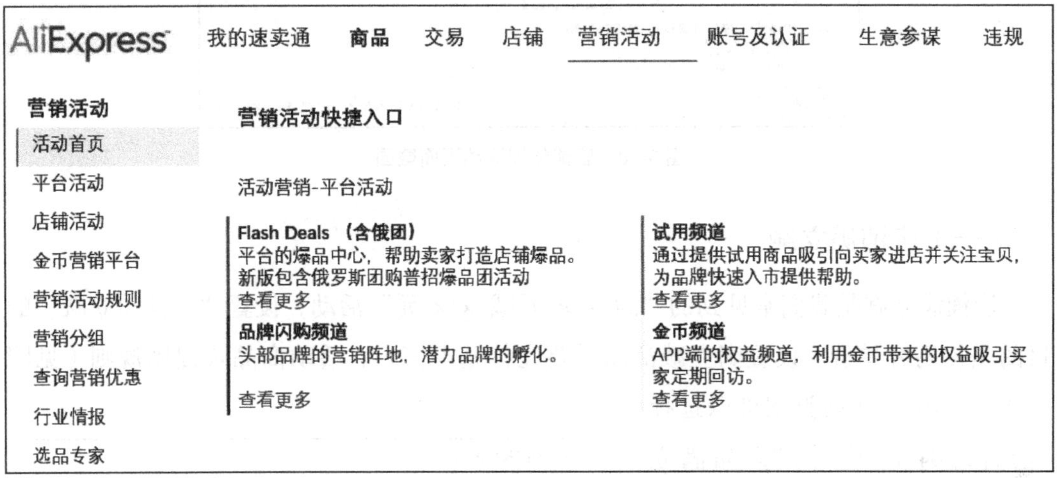

| AliExpress | 我的速卖通 | 商品 | 交易 | 店铺 | 营销活动 | 账号及认证 | 生意参谋 | 违规 |

营销活动
活动首页
平台活动
店铺活动
金币营销平台
营销活动规则
营销分组
查询营销优惠
行业情报
选品专家

营销活动快捷入口

活动营销-平台活动

Flash Deals （含俄团）
平台的爆品中心，帮助卖家打造店铺爆品。
新版包含俄罗斯团购普招爆品团活动
查看更多

品牌闪购频道
头部品牌的营销阵地，潜力品牌的孵化。
查看更多

试用频道
通过提供试用商品吸引向买家进店并关注宝贝，为品牌快速入市提供帮助。
查看更多

金币频道
APP端的权益频道，利用金币带来的权益吸引买家定期回访。
查看更多

图3-29　活动快捷入口页面截图

（2）选择一个可参加的平台活动后，单击"我要报名"即可进入报名流程，接下来是选择产品，由于平台分配给卖家的产品数量有限，一定要挑选具有竞争力的商品参与活动，然后单击"确定"。

（3）平台活动对参与的产品的折扣力度、库存以及限购数量等都有具体要求，根据提示信息全部设置完成后，单击"确定"，即成功报名。

（4）报名成功后，速卖通平台会对报名信息进行审核和筛选，卖家进入"平台活动"即可查看审核状态。

平台活动是速卖通营销效果最好的方式之一，但卖家不能盲目参与，一般情况下，报名前还需要考虑：自身店铺的产品利润率是否能够承受所参与活动的折扣空间；活动期间订单量激增情况下的库存供应是否充足，以免由于库存不足而影响店铺形象。

二、店铺促销

店铺促销活动主要有店铺满立减、限时限量折扣、店铺优惠券和全店铺打折四种，具体如图3-30所示。

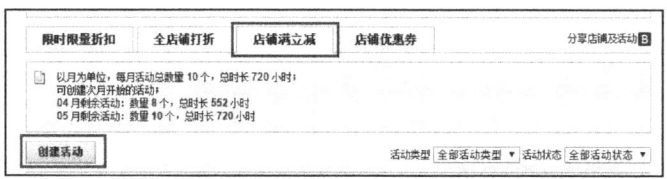

图3-30　店铺促销活动页面截图

（一）店铺满立减

店铺满立减是我们常见到的"满××元减××元"活动，设置"店铺满立减"的目的是提高客单价。设置满立减活动需要完善基本信息、活动商品及促销规则（见图3-31）。其中，活动类型可以选择"全店铺满立减"和"商品满立减"两种，需要注意的是"商品满立减"每次最多可以添加200件商品。同时在满减条件的选择上可设置"多梯度满减"或"单层级满减"。

（二）限时限量折扣

限时限量折扣是指在规定时间内拿出一定数量的商品来开展促销活动。这种活动在店铺推新

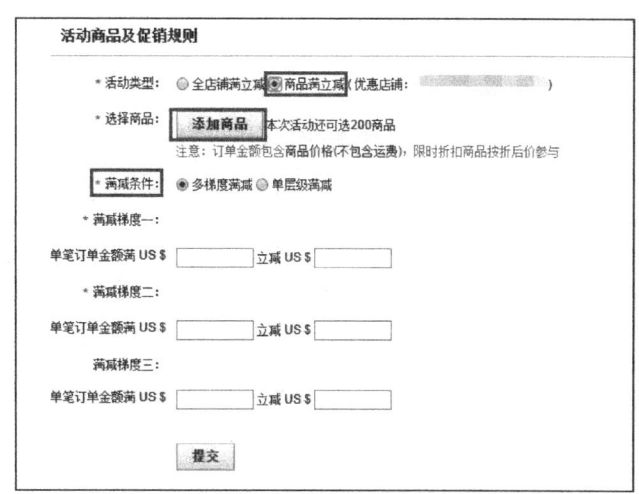

图3-31　活动商品及促销规则页面截图

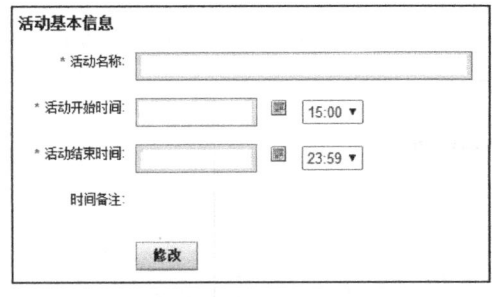

产品、清库存或者打造爆款时较常使用。如图 3-32 所示，卖家需要设置活动名称、起止时间（美国太平洋时间），一般建议设置为一周时间，卖家也可根据活动的目的设置不同时长，以给买家带来紧迫感。活动时间设置完成后，即可添加折扣产品并设置折扣率和限购数量。

图 3-32　限时限量折扣活动基本信息页面截图

（三）店铺优惠券

　　店铺优惠券活动与满立减活动类似，都是为了提高店铺的客单价。但与满立减活动不同的是店铺优惠券活动还有两大优点：一是吸引买家二次下单；二是可以随意设置优惠金额，如可以设置 2 美元、3 美元、5 美元等这样的"小优惠"来吸引买家。店铺优惠券有两种，即领取型优惠券和定向发放型优惠券。

　　领取型优惠券需设置领取条件、面额、每人限领量和发放总数量，以及使用规则（无条件使用或满额使用），并设置优惠券的使用有效期，一般为 7～30 天为宜，如图 3-33 所示。

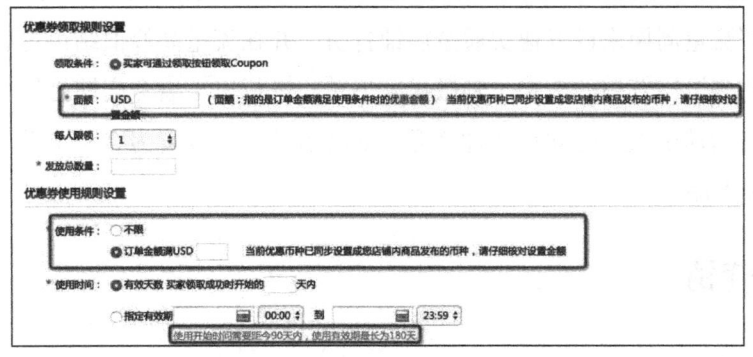

图 3-33　优惠券领取规则设置页面截图

　　定向发放型优惠券的设置内容如图 3-34 所示。卖家只需要创建优惠券，然后选择发放对象，发送优惠券即可。发放对象可以是有过交易的客户、加入购物车还未购买的用户、添加愿望清单（Wish List）的用户。

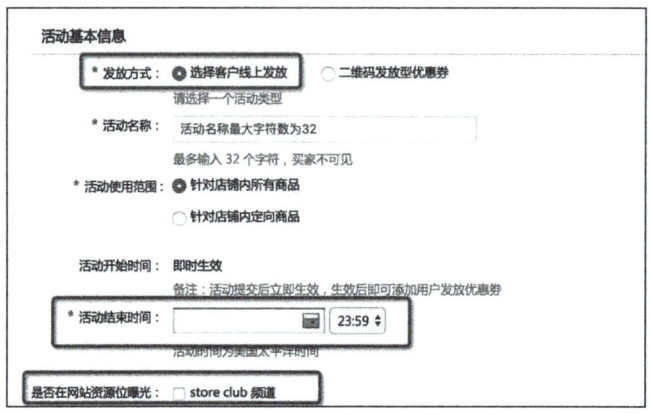

图 3-34　定向发放型优惠券活动基本信息页面截图

（四）全店铺打折

全店铺打折就是对本店铺中的所有商品进行打折促销。设置活动之前，卖家单击"营销分组设置"对产品按折扣力度进行分组，以便于"创建活动"时设置促销折扣。若有些商品未分组，平台自动将它们归为一组。当该活动中的商品与"店铺限时限量折扣"活动商品发生时间上的冲突时，应优先展示"店铺限时限量折扣"活动商品。

通常按照流量周期来设置速卖通全店铺打折，并在流量高峰值结束之后的几小时结束活动，以达到饥饿营销的效果，刺激买家下单。进行速卖通全店铺打折前一定要合理地利用和安排活动个数、时间和各种资源，如将活动周期设置为 2～7 天，这样便于修改以及添加新产品。

三、其他营销

（一）联盟营销

联盟营销是一种按效果付费的网络营销方式。卖家参与联盟营销不需要预先支付任何费用，只需支付联盟营销带来的成交订单佣金即可。佣金由卖家自行设置，设置比例为3%～5%。佣金包括三类，即默认佣金、类目佣金、主推产品佣金。

如何加入联盟营销以及设置三种佣金，卖家可单击"营销活动—联盟看板"中的"下一步"，即可看到默认佣金比例设置页面（见图3-35），再单击"加入联盟计划"即正式加入联盟营销。

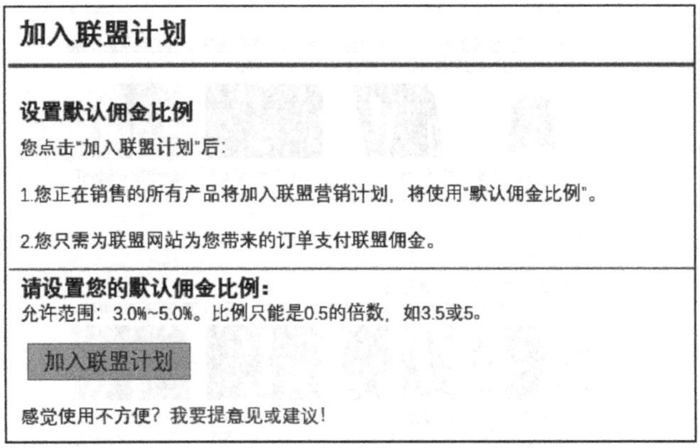

图 3-35　加入联盟计划页面截图

每个类目要求的最低佣金比例是不同的。这里卖家需要注意的是，默认佣金比例为3%，成交后速卖通平台收取5%的佣金，所以卖家在参与联盟营销设置佣金比例时需要考虑店铺中所有产品是否有足够的利润率。

卖家可以添加主推产品，相比其他产品，主推产品会获得更显著的流量和曝光机会。主推产品的佣金比例要比其他产品的比例设置得高一些，我们可以对主推产品进行适当的调整和修改，并且可以查看产品的报表，了解推广情况。

卖家想要了解联盟营销的效果，可以通过流量报表、订单报表、退款报表和成交详情报表进行查看。每一类报表都有十分详细的数据和图表，如订单报表中包括每天为卖家带来的订单数、支付金额、结算订单数、结算金额、预计佣金和实际佣金。卖家需要经常查看这些报表，这样才能够优化营销，让店铺的产品获得更好的曝光度。

（二）速卖通直通车

直通车是通过竞价排名让卖家的产品展示在搜索结果页的靠前位置，收费规则为当买家点击所展示的推广商品时，卖家需要支付一定的推广费用。如图 3-36 所示，其类似于浏览器内常见的点击付费广告。

图 3-36　点击付费广告页面示例截图

速卖通直通车展示的位置分别是搜索结果的右侧和底部，这两个位置是最能吸引买家眼球的位置。

（1）右侧推广区：当买家进行搜索或是类目浏览时，每一页的结果列表的右侧区域可同时展示最多 5 条直通车商品。

（2）底部推广区：当买家进行搜索或是类目浏览时，每一页的结果列表的下方区域可同时展示最多 4 条直通车商品。

因此，在打造爆款、积累买家资源时可以有效利用直通车，以间接增加店铺的曝光率，提升店铺的整体效果。

那么卖家关心的直通车排名规则是怎样的呢？

直通车排名主要受两大因素的影响，分别是推广评分和关键词出价，其中推广评分在整体排名中起着关键的作用，它主要通过四个因素来考量，即商品信息质量、商品与关键词匹配性、商品评分和店铺评分。推广评分越高，实际点击扣费就会越低，因此卖家关注的重点依然是商品自身质量。根据直通车的扣费规则，系统会通过许多辨别方法和防范机制，实时过滤无效点击和恶意点击，因此实际扣费是小于或等于卖家给出的金额的。

速卖通直通车有两种推广方式，一种是重点推广计划，另一种是快速推广计划，如图 3-37 所示。这两种方式各有优点并且都具有自动选品的功能，卖家可以根据自己打造爆款、推出新品等不同营销目的选择合适的方式。

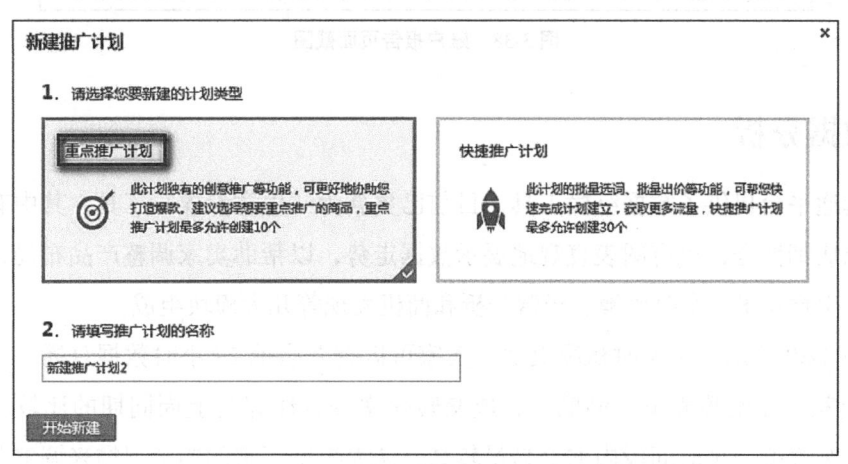

图 3-37 速卖通直通车推广计划页面截图

新建重点推广计划的步骤为"选择商品—增加关键词—选择出价方式—保存计划"，一个"推广单元"只能选择一件商品。对于重点推广计划的管理和优化，平台为卖家提供了独有的创意主图和创意标题功能。

快速推广计划与重点推广计划不同的是一个"推广单元"可以选择 100 件商品，同时具备批量选词、批量出价的功能。对于快速推广计划的管理主要是"关键词"和"商品"两方面，"商品"选项可以对推广计划中的商品进行"启动""暂停"和"移除"操作。

速卖通直通车为卖家提供的数据报告包括账户报告、商品报告、关键词报告，以及操作记录。图 3-38 为关键词报告，卖家可以通过筛选计划类型、时间段等维度来查看数据，包括曝光量、点击量、花费以及平均点击花费。在推广过程中，卖家通过查看关键词报告可以了解推广引流效果；账户报告对关键词的优化也会提供一定的参考，以帮助卖家及时调整推广方案，达到更好的推广效果。

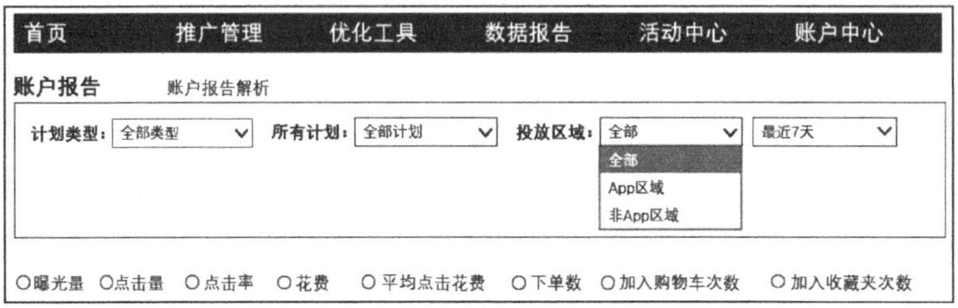

图 3-38 账户报告页面截图

四、数据分析

速卖通平台提供了数据纵横工具，目前已更新为"生意参谋"工具，其中有行业数据和卖家店铺数据，也有图表直观地展示数据走势，以帮助卖家调整产品布局，提升销售业绩。生意参谋由实时风暴、经营分析和商机发现等几大模块组成。

如图 3-39 所示，在实时概况页面，卖家可以查看店铺 24 小时数据直播，具体有实时支付金额、搜索曝光量、浏览量、成交转化率等，还有与上周同期的比较。细心的卖家可以观察哪一个时间段内的交易量较高，从而根据买家的购物习惯来调整营销活动的起止时间、店铺产品推新时间等。实时概况很好地帮助卖家了解店铺流量变化，进行商品信息优化以及营销活动的调整，提升店铺的成交量。商机发现模块已在市场选品中

图 3-39 生意参谋——实时概况页面截图

介绍过,下面主要介绍经营分析模块。经营分析包括商铺概况、商铺流量来源、商铺装修,以及商品分析。

(1)商铺概况。其为卖家展示的是店铺最近7天/30天以及自定义天数的商铺排名、经营情况、核心指标分析、访客全球分布等数据。

(2)商铺流量来源。卖家据此可查看店铺内流量构成,分析不同渠道的流量占比和走势。商铺流量来源包括站内其他、活动、站外流量三大类。卖家可以据此分析各流量来源渠道对店铺的贡献。例如,通常活动和直通车带来的新访客占比最高,是店铺引流的好帮手。

(3)商铺装修。卖家可通过分析店铺的流量与店铺装修之间的关系来检验装修的效果,通过查看7天/30天/自定义时间段的店铺浏览量和访客数进行分析,如图3-40所示,包括浏览量、访客数、平均访问深度、平均访问时间、跳失率等。

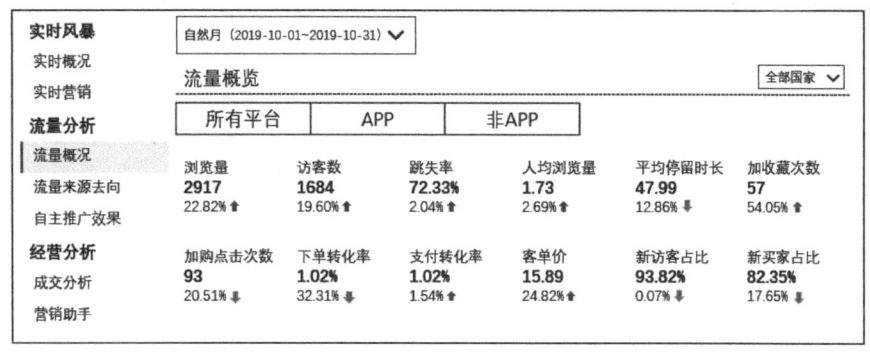

图3-40 商铺装修——流量概览页面截图

(4)商品分析。它根据单个商品的指标数据,找出影响因素并给出解决方案。平台提供了商品效果排行和商品来源分析两个部分的分析数据。

在商品效果排行功能中为卖家提供的数据有最近7天/30天内某个商品的指标数据,同时卖家还可以使用自定义指标,选择5个指标加入展示列表,筛选出自己想要查看的商品。对列表中的商品单击"管理该商品"可以进行商品管理操作,单击"流量来源"可以链接到"商品来源分析"页面。单击"展开数据分析",卖家可以查看该商品的"全店铺""无线"和"关键词分析"三方面的数据分析。例如,关键词分析中展示

10个"曝光关键词分析"和10个"浏览关键词分析",根据这两类数据,卖家可以对商品关键词进行优化,提高关键词质量,进一步增加曝光量。

商品来源分析展示的是最近1天/7天/30天以及自定义时间段内单个商品的访问数据来源,与商铺流量来源类似,其包括来源去向图和详细报表。其中,通过来源去向图可以查看指定商品的转化、成交、访客行为等指标数据和趋势,以此有针对性地优化商品。

速卖通平台提供的数据庞大繁杂,而数据分析的目的是找到最适合自己店铺的运营方案,达到销售利润最大化,因此用好数据是卖家进行店铺优化和调整的关键因素。优秀的卖家不仅仅关注数据的表面变化,还要思考数据反映的问题并有针对性地逐渐优化解决。

eBay 平台实务

eBay 是世界上最大、最著名的拍卖网站,任何人都可以在该平台上出售商品和参加拍卖。eBay 于 1995 年 9 月创立,1997 年之后,逐渐发展成为全球在线商品交易平台,eBay 主打的市场比较成熟,在全球共有 31 个站点,主要分布在美国和欧洲,卖家只需要注册一个账号就可以向不同站点进行销售。本章从账户注册、选品到数据分析等多个方面向新手卖家一一进行介绍,帮助新手卖家顺利开启 eBay 之旅。

第一节 eBay 平台规则与平台服务

一、平台规则

eBay 平台制定了相应的规则以维护正常的市场秩序,在平台注册的商户需要遵守平台规则,否则将会受到惩罚。从卖家角度来讲,学习和了解 eBay 平台规则不仅可以帮助卖家规避各种违规行为,而且能获得更好的发展。

eBay 平台常见的处罚措施如下。

(1)限额,是指平台对店铺的金额和产品页面数量进行缩减限额的处罚措施。

(2)限制发布商品,是指平台禁止卖家发布新商品的处罚措施。

(3)下架商品,是指平台对店铺的违规商品进行下架的处罚措施。

(4)搜索排名靠后,是指将店铺的所有商品或部分商品在搜索排序中的位置后移的处罚措施。

(5)冻结账户,是指下架店铺内所有出售中的商品,限制发布商品的处罚措施。

(6)关闭账户,是指删除 eBay 账户,下架店铺内所有出售中的商品,禁止发布商品,并禁止创建店铺的处罚措施。

eBay 平台规则主要包括产品刊登规则、产品侵权规则、搜索排名规则、卖家保护政策等。

（一）产品刊登规则

eBay 的产品必须在正确的分类目录里刊登，而且卖家必须在"物品所在地"栏如实填写物品寄出地点：一般情况下物品所在地需与账户信息相符，这将影响物流费用的设置。例如，物品所在地为美国，一位美国买家购买了该产品，运费价格仅能设置为美国当地的运费，而不能设置为中国到美国的运费。为避免日后产生不必要的交易纠纷，务必在刊登时选择真实所在地。

在刊登产品时，可以使用链接以促进物品销售，但链接是有要求的。不被允许的链接类型有链接到个人或商业网站，即 eBay 之外的照片或商标，任何链接均不能指向 eBay 以外含物品销售信息的页面。

对于上传产品图片的要求如下：（1）所有物品刊登必须至少包含一张图片，最多可上传四张图片；（2）图片像素在 500～1 600px，图片大小不能超过 7MB；（3）图片不得包含任何边框、文字或插图；（4）二手物品刊登不得使用 eBay 样本图片；（5）尊重知识产权，不要盗用他人的图片及描述。

通过重复刊登产品来增加自家店铺的产品曝光率的做法，是平台绝对不允许的。平台对此设置了惩罚措施：刊登将被平台移除；账户搜索排名降低；产品曝光量降低，甚至有可能不显示在 eBay 的搜索结果中；账户的买卖权限被终止。

怎样的刊登算重复刊登呢？

（1）同一件产品多个定价刊登，如一条夏季连衣裙刊登了两次。

（2）定价式刊登/拍卖刊登+带有"一口价"选项的拍卖刊登同时在线。

（3）同一卖家使用不同账号进行重复刊登。

（4）相同的产品分别刊登在不同类别中，一件物品刊登时可以选择两个类别，但不允许在两个类别下分别刊登在线。

（二）产品侵权规则

eBay 平台针对侵权的行为制定了严格的惩罚措施，如果刊登的产品被投诉有侵权行为，将不仅会影响该产品的销量，而且侵权的产品页面会被平台移除。

eBay 绝不允许任何伪造物品或未经授权的复制版本出售。未经授权的复制版本包括备份、私售、复制、盗版等，这些会侵害其他人的知识产权或商标；为了避免侵权，卖家最好亲自拍摄店铺里的产品照片，并编辑自己的产品描述等。

为了避免侵权，我们可以从以下几个方面着手。第一，图片侵权。这个是最容易避免的，产品的图片可以自己拍摄，自己处理，不要看到好看的图片就顺手拈来变成自己的，可以仿照别人的方式，但是绝对不能直接使用。第二，商标侵权。开发新产品的时候，一定要询问供应商是否有品牌，品牌是否可以授权，如果没有得到准确回复就要查看商品是否有 Logo，并且查询 Logo 是否归属于某个品牌。第三，设计侵权。这个侵权是最难避免的。卖家平时要多浏览一些知名品牌的产品，另外还要注意查询所上产品（在平台上）的卖家有多少，如果产品页面很少并且产品较多为有品牌的，那么这个产品就很容易侵权。

（三）搜索排名规则

站内的搜索排名对于电商卖家而言是十分重要的流量来源，因此卖家必须要了解平台的搜索排名规则，只有店铺的操作符合搜索排名规则，才能有效地提升商品的搜索曝光率。对于 eBay 卖家而言，最重要的搜索排名规则就是"最佳配/Best Match"。影响搜索排序的因素有以下几点。

第一，近期卖家店铺一口价产品的销售转化率，转化率越高排名越靠前。

第二，产品标题与买家搜索关键词的相关性，相关性越高排名越靠前。

第三，产品上架、下架时间，越靠近下架时间的帖子，排名越靠前。

第四，卖家在服务评级方面的表现，包括商品质量、卖家服务、物流服务、物流到达时间、运费和处理费的考核等，评级优秀的卖家排名会靠前。

第五，卖家在安全诚信方面的表现，如卖家服务评级的比例、买家投诉的比例、买家满意度与评价，表现好的卖家排名会靠前。

第六，是否提供退换货服务，一般提供优质退换物服务的卖家排名会靠前。

（四）卖家保护政策

eBay 平台不仅仅保护买家的权益，其还设置了对卖家的保护政策。若遇到以下情况产生的差评给店铺造成了影响，平台会帮助卖家自动调整运送延迟率，删除交易差评，从而消除带来的负面影响。

（1）准时发货但物品没有按时到达。

（2）由于物流中断、站点自身缺陷、自然灾害或恶劣天气而延迟到达。

（3）买家撤回拍卖出价或成交不付款。由于买家撤回拍卖出价致使交易取消，平台将移除相关评价。如果买家不付款，同时卖家按照流程开启并关闭一个未付款纠纷，平台将移除买家的评价以及取消交易后的差评并且退还成交费。

（4）买家更改订单或提出额外的需求。如果买家要求更改原来提供的产品之外的东西，卖家可以取消订单或在原始清单下进行货运，平台会根据相关信息判断是否是由于买家需求变化引起的改变，若是，平台将移除评价。

（5）买家有非正常或高比例的投诉或退货的情况。对于有违反 eBay 平台购买惯例政策的买家，平台会通过一定方法检测买家是否滥用退货流程，并阻止此类买家的退货。在一些情况下，eBay 会在该类买家刚刚开始退货或者索赔的时候就采取行动进行阻止，同时也会移除该买家的评价。

以上是卖家在实践中最常关注的一些规则，若还想了解更多详细的规则内容，请参阅 eBay 平台官方网站上的"eBay 规则"板块。

二、客户服务

在出售产品过程中，出现各种售后问题是不可避免的。卖家要树立为买家提供优质服务的理念，尽可能解决买家投诉的问题，赢得买家的好感。下面主要介绍几种能够提高顾客体验度的服务。

（一）物流邮寄

在发货前，卖家要认真做好产品检查工作，对于出现问题、有瑕疵的产品及时更换，确保买家能收到满意的产品。对产品要采用适当的包装方式，这样才能减少产品在运输过程中出现损坏等问题。卖家还可以在快递中加入感谢卡来表达自己对买家的感谢和祝福等，从而有效提升用户的购物体验。

任何一家电商平台店铺都不可能完全避免负面反馈和评价，面对众多买家的多元化诉求，不可能面面俱到，而且影响物流速度的不可控因素有很多，当买家没有在预期时间内收到物品时，不仅会产生不良的购物体验，还会影响 eBay 卖家表现。因此，如果物流配送出现延误，卖家最好主动告知买家包裹目前的状态。一方面让买家体验到我们的真诚服务；另一方面让买家了解是由于海关、气候等客观原因造成包裹运输的延误，不在双方的可控范围之内。

下面提供了几种常见的就物流配送延误问题如何做好沟通的模板，好的沟通能向买家更好地解释原因并获得理解。

1. 通用模板

Dear ××（买家称呼），

Thank you for purchasing our _____.

First of all, please accept our apology for item delaying and you won't receive the item at the estimated time.

Sincerely, we've kept monitoring your item from the day it was shipped. But we find out that its current status as "Foreign International Dispatch", which means it requires a few more days on the transits or for customs declaration.

Your package can be tracked on the US Customer.

Sorry again for any inconvenience has been caused to you; please feel free to contact us if there's anything we can help.

Best Regards,

Seller ID or Seller Name

译文：

亲爱的（买家称呼），

感谢您购买我们的产品。

首先，请接受我们对产品延误的道歉，您没法在预计的时间收到产品。

诚恳地说，我们从您的产品发货之日起就一直在监控它。但我们发现，它目前的状态是"国际派遣"，这意味着它需要多几天的时间过境或报关。

您的包裹可以送到美国客户那里。

对于给您带来的不便，再次表示歉意；如果有什么需要我们帮助的，请随时与我们联系。

祝福！

销售商 ID

2. 节假日/旺季导致的物流延误（如新年、国庆节）模板

Dear Customer,

Thank you for your purchase and prompt payment. China will be observing a public holiday from October 1st through October 7th. As such, all shipping services will be unavailable during this time and may cause a delay in the delivery of your item for several days.

We will promptly ship your item when the post office re-opens on October 8th.

If you have any concerns, please contact us through eBay message. Thank you for your understanding and patience.

Yours Sincerely.

the seller ID

译文：

亲爱的（买家称呼），

感谢您的购买和及时付款。中国将于10月1日至10月7日执行公众假期。因此，

在这段时间内,所有的运输服务都将不可用,并可能导致您的商品延迟几天发货。

10月8日邮局重新营业时,我们将立即发货。

如果您有任何疑问,请通过 eBay 信息与我们联系。谢谢您的理解和耐心。

祝福!

销售商 ID

Dear valued customer,

According to the coming Chinese New Year, I would like kindly to remind you that, the package would be delayed during this time. Owning to the New Year's holiday, the number of shipping package is greatly increasing, while the post office and customs will have holiday off during this time, which directly affect the handling time. We appreciate your understanding and patience. You are also welcome to contact us about more solutions.

Yours Sincerely,

the seller ID

译文:

亲爱的(买家称呼)

根据即将到来的中国农历新年(春节),我想提醒您,这段时间包裹会被延迟。由于春节假期的影响,邮包的数量大大增加,而邮局和海关在这段时间会放假,这直接影响到办理时间。感谢您的理解和耐心。欢迎您与我们联系,了解更多解决方案。

祝福!

销售商 ID

3. 天气等不可抗力因素造成的延误模板

Dear Customer,

Thank you for purchasing an item from our store. We are sorry to inform you that the delivery of your item may be delayed due to Hurricane Sandy.

We shipped your item (white cotton T-shirt) on Dec.3rd but unfortunately, we were notified by the post office that all parcels will be delayed due to this natural disaster.

Your patience is much appreciated. If you have any concerns, please contact us through eBay message so that we can respond promptly. Our thoughts are with you.

Yours Sincerely.

the seller ID

译文：

亲爱的（买家称呼），

感谢您从我们商店购买商品。我们很抱歉地通知您，由于飓风桑迪的影响，您的货物可能会延迟交货。

我们在12月3日装运了您的商品（白色棉T恤），但不幸的是，我们接到邮局的通知，由于这场自然灾害，所有包裹都将延期。

非常感谢您的耐心。如果您有任何疑问，请通过eBay信息与我们联系，以便我们能及时做出回应。我们会一起与您解决问题。

祝福！

销售商ID

Dear valued customers:

We regret to inform you that your item may be delayed on the delivery for the atrocious weather in winter. Owning to the abnormal cold weather, many airlines in our country have been cancelled, and many railways and roads have been closed which directly caused the delivery delayed. We appreciate your understanding and patience. We will keep tracking the package for you, and try our best to offer you any help. You are also welcome to contact us about more solutions.

Thanks,

Yours Sincerely,

译文：

亲爱的（买家称呼），

很遗憾地通知您，由于冬季恶劣的天气，您所购买的产品可能会延迟交货。由于天气异常寒冷，我国多家航空公司取消航班，多条铁路、公路关闭，直接导致了航班延误。感谢您的理解。我们将继续为您追踪包裹，并尽力为您提供帮助。欢迎您与我们联系，了解更多解决方案。感谢！

4. 关于加强安检导致的物流延误模板

有时会遇到海关、机场加强安检的情况，这也是导致物流延误的原因之一，发生这样的情况时也务必及时告知买家，并请买家耐心等待，对此可参考如下模板。

Dear customer,

I just got the notice that all packets (from all countries) to US would be subject to stricter screening by the customs.

Due to the tightened customs control and screening, the shipping time to US will be longer than normal.

We appreciate your understanding and patience. You are also welcomed to contact us for your suggestions and any concerns.

Thanks.

译文：

亲爱的（买家称呼），

我刚接到通知，所有寄往美国的包裹（来自所有国家）都要经过海关更严格的检查。

由于海关监管和检查的加强，发往美国的发货时间将比正常时间长。

感谢您的理解和耐心。我们也欢迎您与我们联系，提出您的意见和建议。

感谢！

（二）纠纷处理

店铺规模越大，订单量越大，与此同时可能收到的差评也就越多。在面对负面反馈和纠纷时，卖家首先要做到尊重买家，对买家提出的问题进行深入了解，找出造成问题的环节，并在处理和改善问题的过程中及时向买家反馈。即使不是卖家自身出现问题，也要及时帮助买家处理问题，向买家说明造成问题的原因，并在力所能及的情况下协调更换产品等。

三、跨境支付

（一）eBay 收款方式一：PayPal

PayPal 是 eBay 会员在进行跨国交易时最常使用的一种在线支付方式。它是一家提供在线付款机制的公司，买家只要通过 PayPal，就能以网络刷卡或以 PayPal 账户余额支付款项，实时付款给卖家，从而解决了跨国交易的问题。

1. 对卖家的益处

（1）安全：卖家的财务数据不会被披露。PayPal 使用商业加密技术，全面保障卖家的个人资料。全球的顶尖银行，如 CSFB、美国花旗银行，皆在使用该技术。另外，PayPal 提供了防止欺诈案例及卖家保护方案以供参考。

（2）快捷：无论买家身处何地，其款项亦可以直接存入卖家的 PayPal 账户中，越早收到货款，就能越早把物品寄出，从而尽快完成交易。

（3）简易：PayPal 提供不同的工具，协助卖家管理多种货币交易，能提高效率，扩大商机。PayPal 亦有多种付款方式，如信用卡及特定银行账户等。

（4）合理收费：买家使用 PayPal 完全免费。对卖家而言，PayPal 相对其他国际付款方式（如外币支票、国际汇票或银行转账等），其国际交易费用有绝对的竞争力。

2. 对买家的益处

（1）安全：PayPal 能保障财务资料的安全，买家在网上付款，无需向卖家透露信用卡及银行账户资料。PayPal 更提供不同方法保障买家的账户及买卖数据的安全。

（2）简易、方便：PayPal 注册程序快捷简易。只要成为 PayPal 会员，买家就可以与全球190个地区（包括美国、英国及其他欧亚地区）的卖家进行交易，更可以自动转换成6种不同货币进行支付。

（二）eBay收款方式二：汇票

外国买家会在当地银行购买汇票（Money Order）后邮寄给卖家，当卖家拿汇票到银行汇兑时，银行会托收卖家的汇票，待卖家所在地的银行向开立汇票的外国银行收款之后，再将金额存入卖家的银行账户。

这里需注意：（1）兑换汇票需支付银行手续费和电汇费；

（2）托收的时间因国家而异，如美国银行开立的汇票大约需要一个月。

如果卖家接受买家用汇票付款，卖家必须提供英文姓名（此姓名是买家购买汇票时必须填写的抬头）和英文地址（买家寄送汇票的寄件地址）两项数据给买家。

买家也有可能通过Western Union Auction Payments（西联拍卖付款）网站购买汇票给卖家。Western Union（西联汇款）是一家让买家可以在网络上刷卡购买汇票，支付在拍卖网站所购物品金额的公司。买家购买汇票之后，Western Union Auction Payments会发一封通知信给卖家，等卖家确认地址正确后，才会将汇票寄出。在汇票寄出时，Western Union Auction Payments还会再寄一份确认信给买卖双方。

如果卖家接受这种付款方式，在售物表里勾选收款方式时，请勾选"Other Online Payment Services"（其他在线支付方式）的选项，然后在"Payment Instructions"（付款相关说明）或"Item Description"（物品说明）的字段中另外注明。

（三）eBay收款方式三：银行本票

银行本票（Cashiers Check）和汇票的汇兑方式一样，当卖家要汇兑时，银行会先托收卖家的本票，等卖家所在地的银行向开立该本票的外国银行收款后，再将金额汇入卖家的账户。这里要注意，兑换银行本票，卖家需支付银行手续费和电汇费。

（四）eBay收款方式四：个人支票

个人支票（Personal Check）在外国是非常流行的付款方式，个人支票的汇兑方式和银行本票一样,也需要支付银行手续费和电汇费。不过,因为个人支票是由个人开立的,可能会有跳票问题,风险性较高。如果卖家愿意接受个人支票为付款方式的话,其要决定是否等收到款项(已汇兑完成)后,再将物品寄出。

(五)eBay 收款方式五:信用卡

部分卖家还提供信用卡付款方式,买家如果选择以此方式付款,则需要向卖家透露个人信用卡数据。信用卡付款的好处是付款有记录;买家可以实时付款,方便快捷。

四、物流管理

下面以美国站为例,介绍如何设置物流细节。

如图 4-1 所示,我们首先看到"Domestic shipping"(国内物流)中有几个选项,其中 Flat: same cost to all buyers 是指为每件物品设定固定运费;Calculated: Cost varies by buyer location 是指为不同地区的买家设置不同的物流费用;Freight: large items over 150 lbs 是指为超过 150 磅的大型物品设置运费;No shipping: Local pickup only 是指本地见面交易无运费。

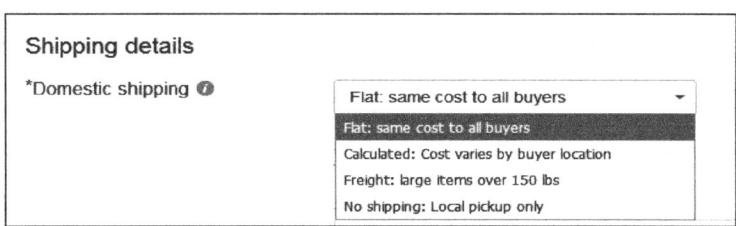

图 4-1 不同条件下的运费设置页面截图

运费的设置要与物品所在地相匹配,不符合规定的运费有可能引起不必要的纠纷,影响店铺的评级。在"Services"下的复选框中可设置具体的运送服务(见图 4-2),其中有 Economy Services(经济型物流服务)、Standard Services(标准型物流服务)和 Expedited Services(加急型物流服务),这三种类型服务的不同之处是物流时间不同。

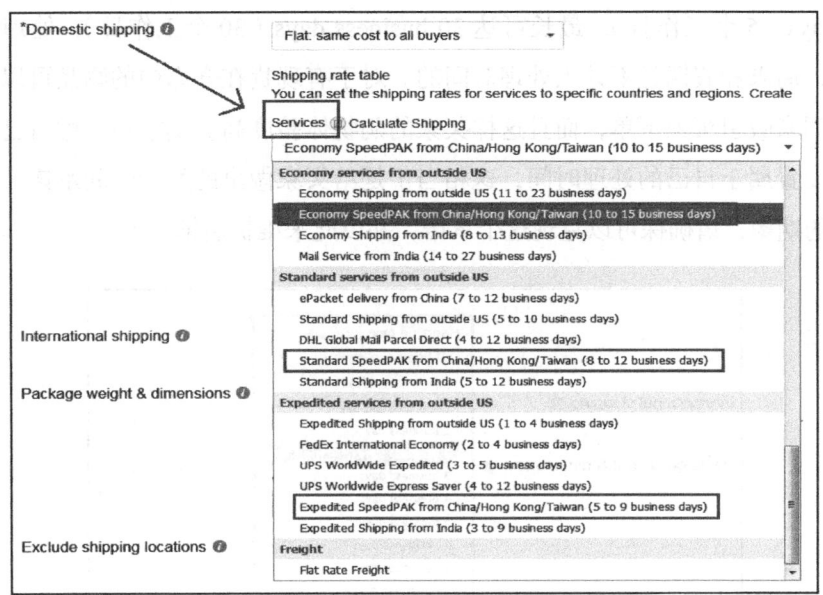

图 4-2　运送服务设置页面截图

在"Cost"下的文本框中可填写物品运费,若是卖家承担运费,则可以勾选"Free shipping"(免邮费)将物品设置为包邮。卖家也可以单击"Offer additional service"为产品页面增加更多运输服务选项,为愿意使用物流速度更快的买家提供不包邮的物流服务,如不需要,可单击"Remove service"取消,如图 4-3 所示。

图 4-3　物流服务设置页面截图

这里重点介绍"Handing time"(处理时间)的设置,处理时间是指从收到买家的付款到卖家发货后得到扫描信息之间的时间。如图 4-4 所示,一般可设置为 Same business day(同一工作日)、1 business day(1 个工作日)、3 business days(3 个工作日)、5

business days（5个工作日），最长可达 30 business days（30个工作日），处理时间只计算工作日，周末和假期是不计入处理时间的。对于有现货在仓库中的物品可以设置较短的处理时间来吸引买家下单，而且这样买家的购物体验度高。卖家在考虑自己发货的实际情况时设置属于自己的处理时间，这相当于是给买家做出的发货时间承诺，承诺则对应了买家的期望，请确保可以兑现这个承诺，并以此来维护店铺形象。

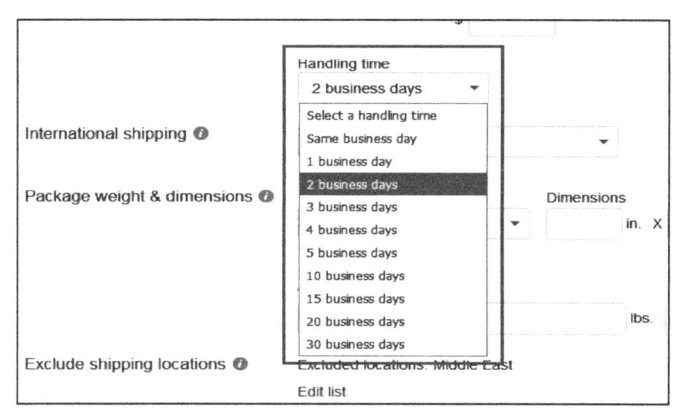

图 4-4 处理时间设置页面截图

国内物流到此设置完成，卖家若是提供国际航运则还需要设置在"International shipping"（国际物流）区域中除美国外的国际货运细节，在"International shipping"下的复选框中选择货运收费方式。如图 4-5 所示，"Ship to"为选择要寄送的目的地，建议选择"Choose custom location"自定义目的地，因为有部分国家物流无法送达，"Worldwide"（全球）选项卖家需要谨慎选择，最后在"Services"下选择具体的物流服务并设置运费标准即可。

平台还提供设置不能运达的国家/地区的选项，可在"Exclude shipping locations"中设置不能运达的国家/地区，单击"Create exclusion list"来创建不能运达的国家/地区列表，该列表中的国家/地区的买家无法购买此产品。

平台无法避免的是会遇到需要退货的买家，退货的物流细节可在产品页面中的"Shipping details"（物流细节）中设置：单击"Domestic returns accepted"左侧的复选框，接受本地退货，下方可以设置具体退货时间，最短为 30 天，同时需要设置退货运费由谁承担，可设置为买家承担，也可设置为卖家承担，即免运费。采用同样的方法，可以设置国际退货物流细节。

eBay常用的物流服务有橙联SpeedPAK、国际e邮宝ePacket、DHL国际快递服务、中国香港邮政易网递服务e-Express、EMS类服务、FedEx联邦快递、UPS美国运输服务等。国际e邮宝方案是指由中国邮政与境外邮政合作，为国内跨境电商卖家提供方便快捷、时效稳定、价格优惠、全程查询的寄递服务。DHL是针对我国市场推出的高性价比的标准型直邮物流方案。其具有全程可视化追踪的特点。卖家可以通过DHL电子商务平台，实现在线追踪。

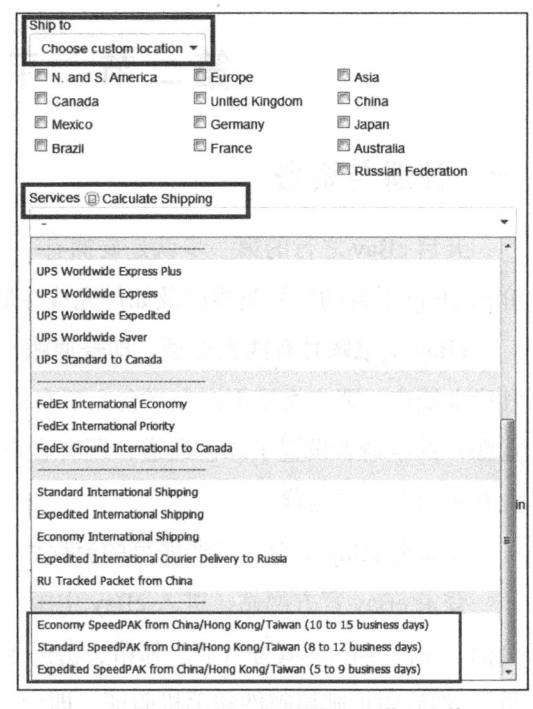

图4-5 国际物流区域设置货运细节页面截图

eBay平台会有交易物流使用、限制出售政策的更新，卖家需要实时关注平台变化并及时采取行动。例如，2020年3月25日，eBay平台提醒卖家继美国、加拿大、法国、意大利、西班牙等站点之后，eBay英国、德国和澳大利亚于近日出台政策，限制口罩、消毒洗手液等防疫用品的销售，以严厉打击哄抬物价的非法行为。在2020年3月2日，eBay美国站即提醒卖家注意eBay的刊登政策：禁止在标题和物品描述中包含健康声明，并禁止滥用"Coronavirus""Covid-19""Virus"（病毒）、"Epidemic"（传染病）等词语。eBay禁止创建价格上涨超过市场价值，企图从灾难中获利的物品刊登，并要求所有拥有口罩、洗手液、消毒湿巾等物品的在线刊登的卖家查看自己的上线物品，确保它们符合eBay的刊登政策。任何不符合eBay刊登政策的行为可能导致eBay采取一系列行动，包括结束或撤销卖家的相关刊登、降低卖家的评级、强制执行购买或销售限制、冻结账户等。

第二节 平台店铺注册

一、注册与资费

开启 eBay 之行的第一步就是要拥有一个 eBay 平台上的通行证——平台账号,下面介绍 eBay 平台的账号类型以及如何完成注册获得自己的通行证。

eBay 卖家账号有两大类型,即普通账户和企业账户。其中,普通账户包括个人账户和商业账户。账户类型不同在平台上享有的产品页面数目和总金额额度不同。eBay 为企业账户的申请者设置了绿色通道,还有客户经理帮助企业账户实施账户管理,以方便企业在平台上开展运营。

卖家在 eBay 平台上注册账号的流程如下。

登录 eBay 官方网站,进入 eBay 中国站点,单击左上角"注册"进入填写注册信息页面(见图 4-6),填写名字、邮箱、密码等信息并确保真实有效后,单击"登记成为会员",然后通过邮箱邮件和手机验证,即为注册成功,单击"继续"跳转回首页。

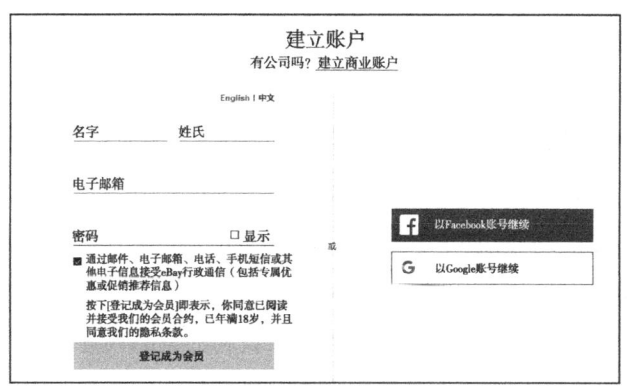

图 4-6 建立账户页面截图

仅有平台账号还不够,因为 eBay 平台上所有的资金都通过 PayPal 资金账户来保存,因此卖家开店的下一步就是注册 PayPal 账号。

进入 PayPal 官方网站,卖家在选择账户类型时应选择"商家账号",如图 4-7 所示,可以看到 PayPal 提供了 B2B 批发、B2C 零售、自由职业者和个人卖家四种类型。以个人卖家为例，填写卖家的注册邮箱，邮箱将作为 PayPal 账号，建议使用企业邮箱或者国际性邮箱（Gmail、163、Hotmail）进行注册，这样国外的客户会觉得比较规范。卖家按照网站提示完善注册信息，设置密码和密保之后，则完成注册。

图 4-7　PayPal 账户注册页面截图

卖家完成 eBay 和 PayPal 账号注册之后，需要将两个账号绑定，登录 eBay 账号，单击右上角"我的 eBay"，在页面左上角单击"账户—PayPal 账户—连接到我的 PayPal 账户"，按照要求填写地址信息，登录 PayPal 账户，就可以完成账户关联。

eBay 平台的基本费用一般包括刊登费（Insertion fee）和成交费（Final value fee），若开设 eBay 店铺，卖家每月需支付相应的店铺月租费（视店铺级别而定）。非店铺卖家和店铺卖家的不同之一就是店铺卖家开通店铺需要向 eBay 交一定的店铺平台费用，所以店铺卖家的平台费用主要包括刊登费、成交费、店铺费和特色功能费。

1. 刊登费

当卖家创建 Listing 刊登时会收取刊登费，美国站的刊登费用如表 4-1 所示。平台为卖家每个月提供至少 50 条免费刊登的 Listing，若店铺卖家想获得更多的免刊登费的 Listing，其需要为超出的 Listing 支付刊登费。

表 4-1　eBay 美国站刊登费用

店铺类型	每月零刊登费物品刊登配置 / 配置后每个物品刊登的刊登费	
	拍卖式刊登	一口价物品刊登
初学者店铺	100/0.30 美元	
基本店铺	250/0.25 美元	250/0.25 美元
精选店铺	500/0.15 美元	1 000/0.10 美元
超级店铺	1 000/0.10 美元	10 000/0.05 美元
企业店铺	2 500/0.10 美元	100 000 /0.05 美元

注意：对于拍卖物品刊登，卖家只能在以下类别中使用免刊登费物品刊登。

（1）Antiques（古董）。

（2）Art（艺术）。

（3）Clothing, Shoes & Accessories（衣服、鞋子 & 配饰）。

（4）Coins & Paper Money（硬币 & 纸币）。

（5）Collection（收藏品）。

（6）Dolls & Bears（玩偶 & 小熊公仔）。

（7）Entertainment Souvenirs（娱乐纪念品）。

（8）Health & Beauty（健康 & 美容）。

（9）Jewelry & Watch（珠宝首饰和手表）。

（10）Pottery & Glass（陶器 & 玻璃制品）。

（11）Sports Memorabilia、Fan Shop & Sports Cards（体育纪念品、球迷商店 & 运动卡）。

（12）Stamps（邮票）。

（13）Toys & Hobbies（玩具 & 爱好）。

另外，还有几种需要支付刊登费的情况。

（1）在 Listing 中选择第二分类（Second category）。设置第二分类的好处在于买家在以上任意分类中搜索时，卖家的产品都有机会展示在搜索页，增加产品的曝光度。但不是所有的分类都适用第二分类，需要卖家视自身的具体情况考虑是否设置第二分类。

（2）关于多属性产品的刊登费。针对多属性产品刊登，每次刊登只需支付一次刊登费。

（3）针对Good'Til Cancelled Listings（GTC Listing）刊登费，GTC Listing会每30天自动循环上线，收取一次刊登费，除非这条Listing中的产品被售完缺货，或者卖家关闭Listing，或者Listing违反eBay的某些政策被移除。

2. 成交费

当卖家的产品售出后，eBay会收取成交费。平台会根据产品的售价、刊登形式、刊登时选择的分类、是否有为Listing选择一些升级功能以及卖家账号表现来确定费用。表4-2为美国站成交费用明细。

表4-2　美国站成交费用明细表

类别	成交费
大多数类别的标准费用，包括音乐中的记录	10%（上限为750美元）
书籍 DVDs & Movies 音乐（唱片类别除外）	12%（上限为750美元）
乐器、装备中的吉他、贝斯	3.5%（上限为350美元）
工商业类别： 重型设备、零件和附件中的重型设备 Printing & Graphic Arts中的Commercial Printing press 餐厅和餐饮服务中的食品卡车、拖车及推车	2%（上限为300美元）

3. 店铺费

对于平台的店铺卖家，平台每月会收取店铺费用，直至卖家取消使用为止。如表4-3所示，不同的店铺类型每月的店铺订用费不同。

表4-3 不同的店铺每月订用费

店铺类型	每月店铺订用费	
	每月更新	每年续期
初学者店铺	7.95美元	4.95美元
基本店铺	27.95美元	21.95美元
精选店铺	74.95美元	59.95美元
超级店铺	349.95美元	299.95美元
企业店铺	目前无法使用	2 999.95美元

4. 特色功能费

卖家若使用Listing的升级功能，平台会额外收取费用。表4-4、表4-5分别是拍卖产品和长期在线产品升级功能的费用明细。

表4-4 拍卖产品的费用明细

拍卖式刊登1、3、5、7和10天刊登		
选择性特色功能	高达150美元或房地产刊登的物品起标价	物品起标价超过150美元
刊登1天或3天	1.00美元	1.00元
粗体	2.00美元	3.00美元
特大图片浏览 可免费刊登在收藏品、艺术、陶器、玻璃制品和古玩类别中	0.35美元	0.70美元
在两个类别中刊登物品	每个类别都需支付刊登费和选择性特色功能费用。如果物品成功售出，每件物品只需支付一次成交费	
页面魔法师	0.10美元	0.20美元
副标题	1.00元（对于房地产物品刊登，为0.50美元）	3.00美元

表4-5 长期在线产品升级功能的费用明细

长期在线物品			
选择性特色功能	物品价格不超过150美元	物品价格超过150美元	分类广告形式或房地产刊登
粗体	4.00美元	6.00美元	4.00美元

（续表）

长期在线物品			
选择性特色功能	物品价格不超过150美元	物品价格超过150美元	分类广告形式或房地产刊登
特大图片浏览 可免费刊登在收藏品、艺术、陶器、玻璃制品和古玩类别中	1.00美元	2.00美元	1.00美元
定价物品刊登的国际网站曝光率	0.50美元	0.50美元	无
在两个类别中刊登物品	每个类别都需支付刊登费和选择性特色功能费用。如果物品成功售出，每件物品只需支付一次成交费		
页面魔法师	0.30美元	0.60美元	0.30美元
预定刊登	免费	免费	0.10美元（房地产物品可免费使用）
副标题	1.50美元	6.00美元	1.50美元

二、后台设置

eBay账号注册完成之后，卖家登录eBay官网，输入登录名和密码，即可进入初始商户eBay卖家后台页面。为了日后运营店铺的方便，新手卖家进入店铺时需要对账户进行一些设置。

Seller Hub是eBay推出的销售工具，卖家在Seller Hub这个面板上就能查看所有的Listing和营销工具，从而提高订单和库存管理的效率，如图4-8所示。

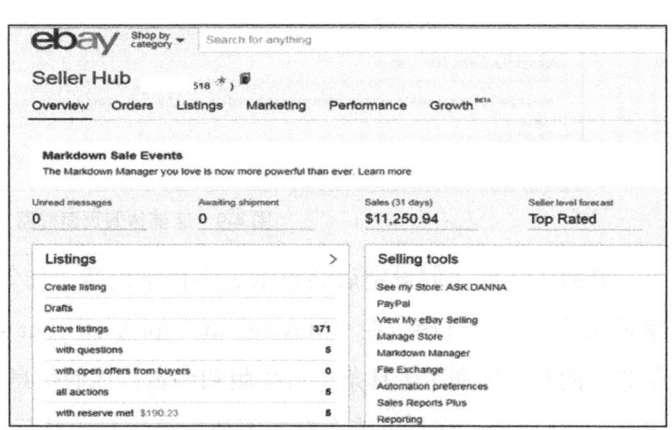

图4-8 Seller Hub页面截图

(一)设置店铺休假

以美国站点为例,卖家可单击"Marketing"选项卡,在店铺管理页面的右侧栏中,选择"Vacation settings"(休假设定)进入休假设置页面,如图4-9所示。在"Out of office email response"(自动回复邮件)下方选择"Turn On",并且输入休假期间自动回复邮件内容,即开启了休假邮件自动回复功能。在"Vacation settings"下方选择"Turn On",即开启了店铺休假设定。

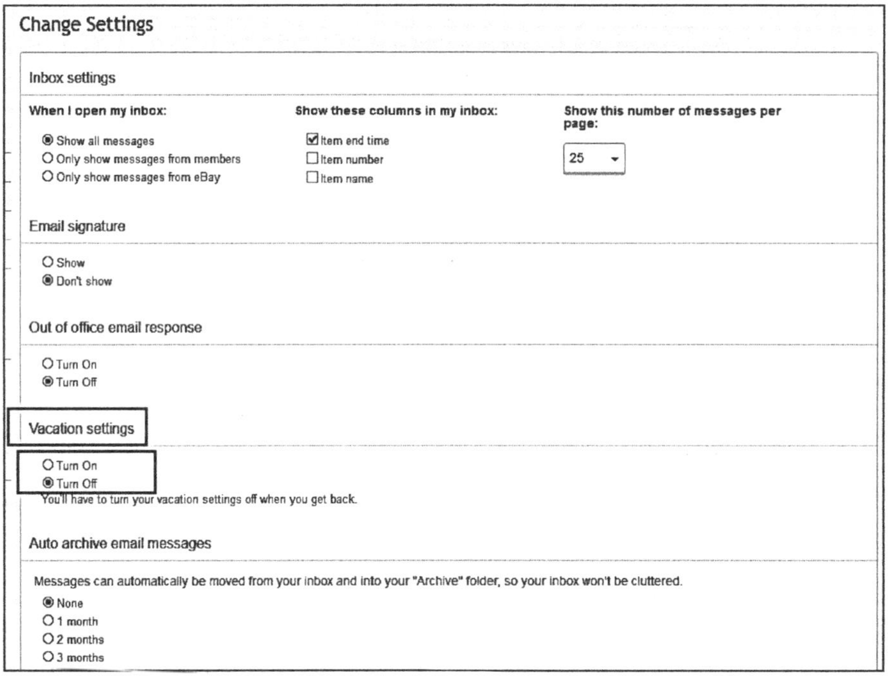

图4-9 店铺休假页面截图

开启了店铺休假设定后会显示更多详细设置,如勾选"Display a return date"向买家显示休假结束日期,在"Message to display on your storefront"的文本框中编辑休假信息,同时也可利用工具条进行排版和编辑,休假信息将展示在店铺首页,以告知买家"店铺在休假中,交易可能会有所不便"等信息,显示该信息不会影响店铺头部的任何设计[①]。

卖家通过勾选"Keep people from buying your fixed price listings while you're on vacation……",隐藏"一口价物品"阻止买家购买,如图 4-10 所示,这样做的目的是可大幅度降低买家的不良购物体验。

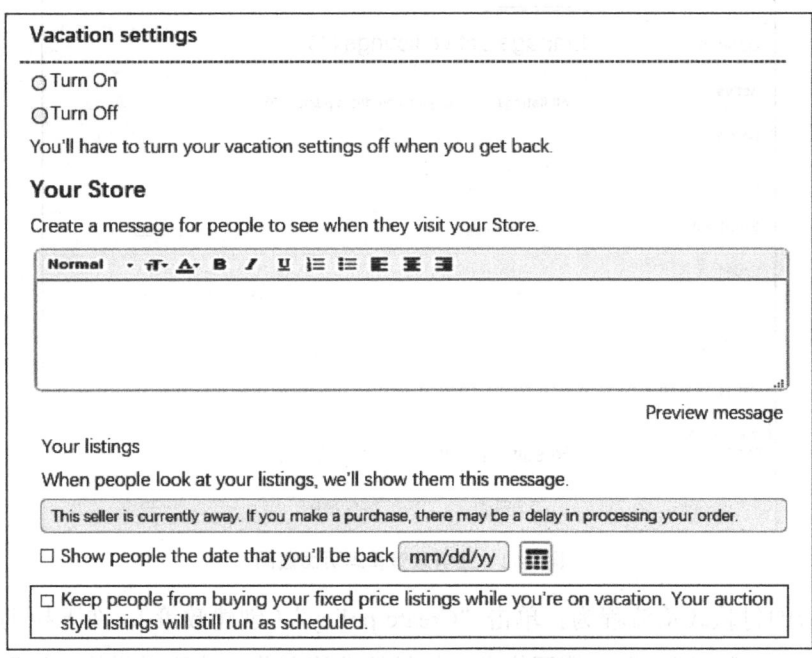

图 4-10　开店店铺休假设定页面截图

以上信息设置完成后单击页面最下方的"Apply"即可保存。

这里需要注意:当卖家休假回来开始工作时,不要忘记单击"Turn off"关闭店铺休假模式。店铺休假期间,eBay 费用如店铺租金、物品刊登、成交费等照常收取。

(二)设置业务政策

卖家需要向买家明确表示如何付款、退货以及发货物流相关政策。为提升工作效

[①] 雨果网.ebay 的店铺休假设置。

率、减少重复性工作，卖家可以在后台统一创建并且储存相关业务政策设置。

如图 4-11 所示，在 Seller Hub 工具下，单击"Listings"模块后，再单击"Business Policies"，即可进入业务政策管理的页面。

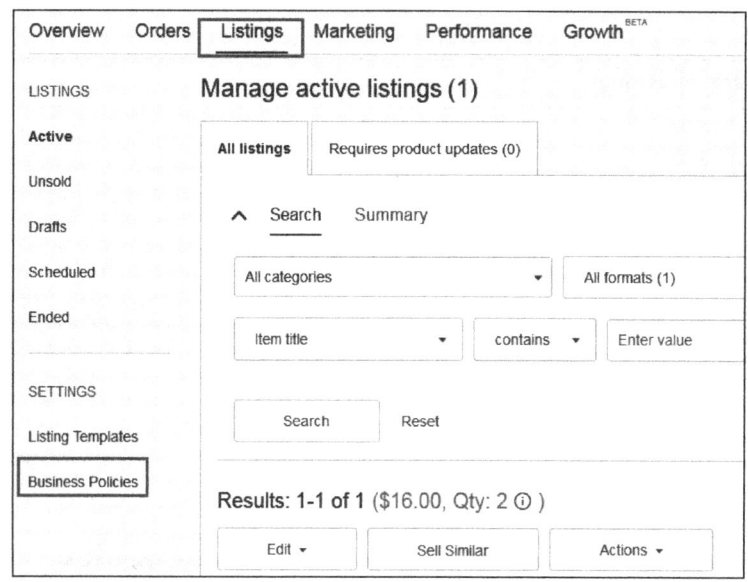

图 4-11　业务政策管理页面截图

创建新的付款政策流程为：单击"Create policy"（创建政策），在下拉列表中选择"Payment"，按照页面内提示填写信息，如付款政策名称、政策说明等。如果将付款政策定为默认政策，可勾选"Set as default payment policy"。

付款方式可以在"Electronic payment methods（fee varies）"选项中设置，若设置 PayPal 作为支付方式，勾选 PayPal，然后在"Your PayPal account email address（to receive payments）"中填写卖家 PayPal 邮件地址。对于一口价商品需要买家立即支付，可勾选"Require immediate payment when buyer uses Buy It Now"，如图 4-12 所示。如有额外的付款说明，卖家可填写在"Additional payment instructions（shows in your listing）"文本框中，设置完毕后，单击最下方的"Save"保存即可。

第四章
eBay 平台实务

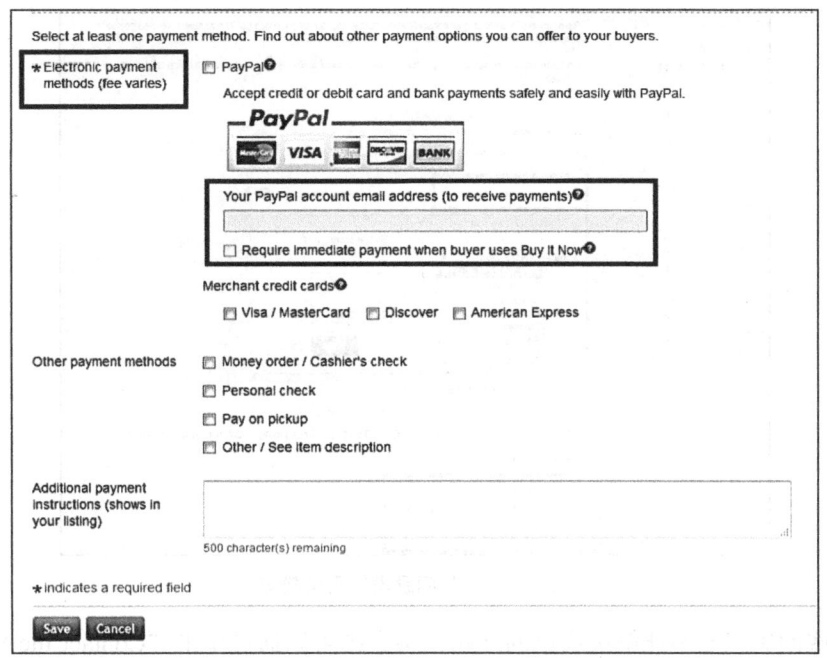

图 4-12　一口价商品需要买家立即支付页面截图

eBay 根据售卖产品的不同来提供不同的业务政策，卖家可以设置几套不同的业务政策模板，这些模板可以用于新建的 Listing，也可以应用到已有的 Listing 中。

（三）常见问题设置

卖家可将一系列常见问题与回答（FAQs）添加至"向卖家提问"页面，这样可以解决很多问题，买家不需要直接与卖家联络便可以解决问题，也可以避免卖家不能及时回复买家咨询的信息。下面介绍 eBay 卖家如何设置常见问题。

设置步骤为：依次单击"Account—Site preferences—Manage communications with buyers—Q&A setting"，进入常见问题设置页面。

如图 4-13 所示，卖家可以根据产品、物流、支付等设置相应的问答，若目前的问题模板不能解决的话，下方有个"Add more questions"的按钮，单击后可自行设置问答。

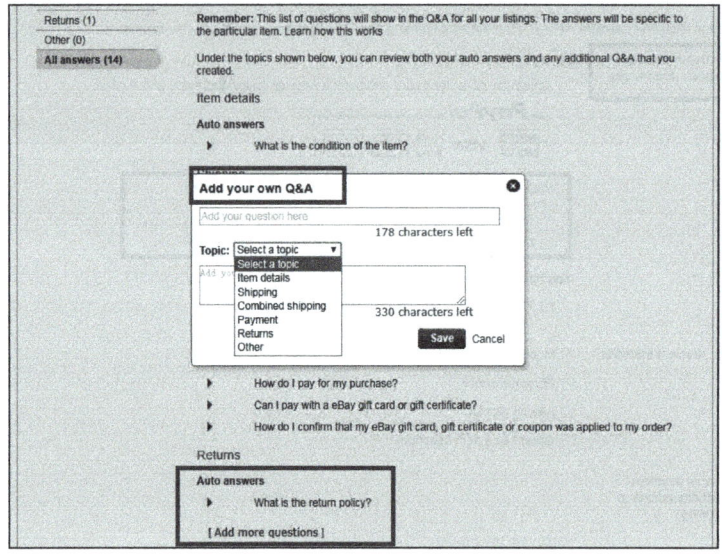

图 4-13　常见问题设置页面截图

若这些问答仍然不能解决买家的问题，买家则可以通过单击"Contact the Seller"按钮，与卖家取得联系。

另外，对于物流、产品刊登、退换货等设置，在后面的章节中会做详细介绍。

第三节　eBay 选品与产品管理

一、店铺选品

选品 12 字诀为：

人无我有——找到平台竞争比较小的潜力产品线；

人有我优——优化产品信息展示，严把产品质量关，做口碑；

人优我特——特种产品，小需求也有大市场。

跨境电商平台选品不能只靠卖家个人主观判断，店铺经营好坏七分靠选品、三分靠运营，因此卖家在选品时要判断目标市场用户的需求和流行趋势。下面介绍 eBay 卖家常用的几种选品工具，以帮助卖家更好地选择适合自己的产品。

1. ListingsHistory

如果卖家出售的玩偶（gnome）比较少见，而且在 eBay 上搜不到相同的玩偶时，卖家可以使用 ListingsHistory（历史刊登）工具。该工具能搜索自 2014 年以来在 eBay 上销售的每个收藏品的数据库。它可以免费注册以获取产品价格和完整的产品描述等信息，如果没有登录，ListingsHistory 只会显示 Listing 的标题、图像、结束时间和类别。该工具还提供"Only auctions with bids"的搜索选项，选择该选项后，搜索结果只会显示实际出售过的产品。

2. Algopix

Algopix 是一款免费的 eBay 软件，其为各种规模的卖家提供了制定数据驱动决策所需的工具，旨在帮助卖家购买合适的产品并以正确的渠道销售，降低在线销售的风险。Algopix 的免费项目仅允许用户一次搜索一种产品；同时它还提供付费项目，用户可借助 CSV 文件每月搜索 3 000 或 10 000 款产品。

3. Terapeak

Terapeak 是一款帮助 eBay 卖家找到更多产品，并产生更多销售的工具。其通过访问数百万件商品的多年实际销售数据，分析市场、类别、竞争、热门趋势和产品，以便在 eBay 上找到最畅销的商品。eBay 针对不同国家设有多个站点，卖家可以分站点查看不同地区的搜索情况。

关于目标市场用户的需求和流行趋势，我们可以通过观察其他国家的本土电商网站来获取，如美国的网购平台 Walmart（沃尔玛）、Best Buy（百思买）、Macy's（梅西百货）以及 Sears（西尔斯）；俄罗斯最大的电商平台 Ulmart、时尚类电商平台 Wildberries 等。

对于 eBay 海外仓选品，不同的卖家有不同的策略，一般建议卖家在海外仓选品时考虑以下几点。

第一，产品的市场需求量要大，这是最重要的原则。长尾产品不适合海外仓，海外仓产品需要注意转化率和死库存。卖家需要根据自己的资金情况和周转率来确定多大的市场规模是自己可以接受的。

　　第二，对于直邮发货会面临严重物流问题的产品也适合做海外仓。例如，体积太大或者易碎的产品，直邮存在很多困难，而严重的物流问题会影响 eBay 账号安全信用表现，如果卖家想卖这些产品，就可使用海外仓来存储该类产品。

　　第三，关注单位时间内的总利润而不是单笔交易利润。一般来说，大多数产品的海外仓发货利润率都远高于国内发货，这也是海外仓的优势。但是，卖家还要考虑海外仓转化率，高转化率的产品同样可以通过海外仓获取更多的利润。

　　除了掌握上述三点选品原则，卖家在实际选品过程中还要对具体数据进行判断。eBay 平台汇总了电子、时尚、家居、汽摩配件、工商业品类中主要细分分类的海外仓相关数据，包括市场规模、海外仓转化率、中国发货物流问题以及其他维度的数据，eBay 卖家可以联系自己的客户经理获取自己经营类别的相关数据，以帮助解决海外仓选品问题，更精准地制定海外仓选品策略。

　　卖家需要注意的是，在选品时要避开可能侵权的产品，及时查看平台公布的 eBay 移除刊登的侵权品牌，以免选品时不小心踏入"雷区"。

二、产品管理

　　卖家在 eBay 平台上对产品的管理离不开 Seller Hub 中一个很重要的模块——"Listings"，这个模块可以统一管理店铺的 Listings，包括在线的、下线的、未售出的以及批量修改 Listings。

　　出售商品的第一步是刊登产品。在 eBay 平台上刊登产品有三种基本刊登形式（定价刊登、拍卖刊登、带有"一口价"选项的拍卖刊登）和一种汽配类产品专用刊登形式（零件兼容性刊登）。

　　那么如何创建产品 Listing 呢？

　　以美国站为例，进入 Seller Hub，在"Listing"选项下单击"Create Listing"按钮，如图 4-14 所示，卖家可以在输入框中输入本次要出售产品的关键词，如 book。eBay 根据卖家输入的关键词弹出相应的产品所属分类供卖家选择，卖家可以在此选择相应的分类再进行下一步，也可以不选分类，直接单击"Get started"按钮进行下一步。

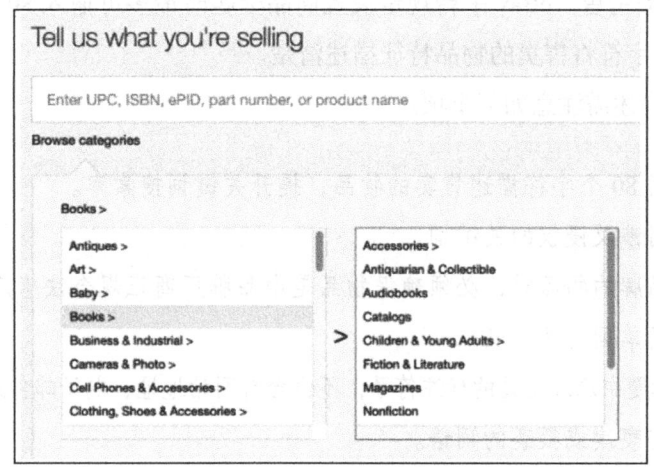

图 4-14　关键词搜索页面截图

编辑 Listing 页面时，卖家首先要了解一条 Listing 的基础组成部分，具体内容如下。

1. 产品详情

（1）标题

新手卖家进入"Product details"（产品详情）页面，如图 4-15 所示，首先要编辑标题，一个好的标题可以让刊登的产品更容易被买家搜索、浏览。标题的作用不仅仅是让买家快速知悉产品，同时还能激发买家的兴趣，使其进入产品详情页继续浏览并做出购买决定。

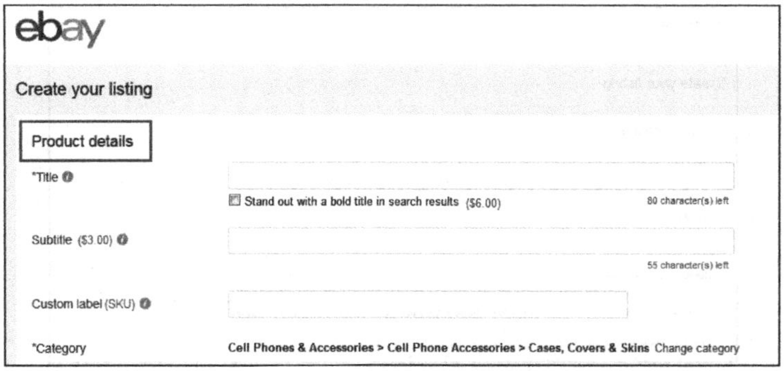

图 4-15　产品详情页面截图

一个好的标题可以让买家在了解物品重要信息的同时，增加物品关键词的搜索量和浏览量，以期带动销售。eBay 平台规定设置商品标题时最多可输入 80 个字符，卖家要有效利用这 80 个字符将售卖的物品特征描述清楚。

关于标题的描述需注意如下事项。

- 充分利用 80 个字符描述售卖的物品，提升关键词搜索率。
- 不得使用涉及侵权的关键词。
- 刊登有品牌的物品时，必须确保物品是由品牌厂商正规合法生产的。
- 确保标题单词拼写正确。
- 不要在标题中添加无关的标注符号，不得含有网站地址、电子邮件或电话号码。
- 不得含有亵渎或猥亵的词语。

一般不推荐使用副标题，只要卖家充分利用好这 80 个字符，就无须再使用副标题去赘述。

（2）分类设置

除了前面介绍的 eBay 平台的"建议分类"设置产品分类之外，卖家也可以在刊登物品页面中选择/修改一个合适的分类进行刊登。如图 4-16 所示，单击"Change category"按钮，在"Suggested categories"中选择相应的分类，若没有合适的分类，可以在"Recently used categories""Search categories"以及"Browse categories"中选择。

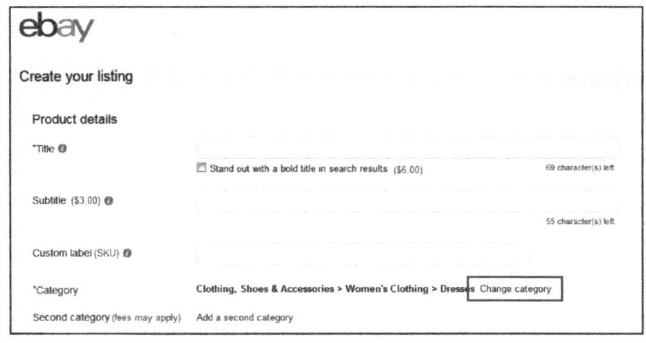

图 4-16　分类设置页面截图

选择分类时卖家需要注意：选择所售产品的分类时务必选择最适合的分类；选择的分类会影响物品售出后支付的成交费比例；若是分类选择错误，买家搜索到该产品的概率就会极低，这样就不能达到增加产品曝光的效果了。

（3）对于售卖产品的多属性刊登

卖家进入"Create your variations"页面后，可以看到 eBay 平台根据产品推荐默认的属性类型和属性值，以售卖的服饰为例，eBay 平台推荐了 Gender 和 Color 两个属性（见图 4-17），针对两个属性推荐了默认值。例如，男式、女式、中性，还有白色、黑色、蓝色、粉色等不同颜色。卖家需要根据自己产品的实际情况进行选择设置，还可以单击"Add""Create your own" 编辑自己的属性和对应的属性值。例如，加入尺码属性，属性值设置为 S\M\L\XL。

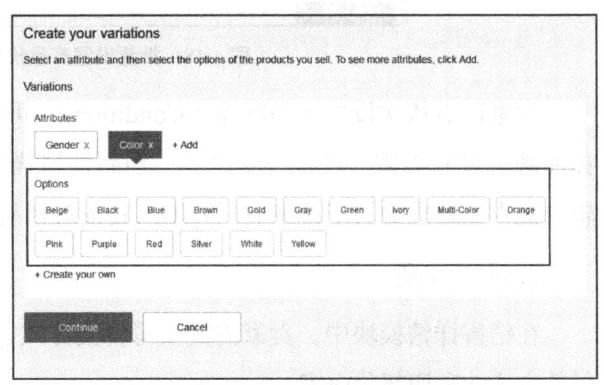

图 4-17　产品属性页面截图

（4）上传产品图片

在物品刊登设置页面有 Add photos 模块，在此上传的图片会显示在 View item page 左上角的位置，上传的物品首图同时会显示在 eBay 的搜索页。第一张图片是主图，下面将显示 Main photo。若上传后不满意图片顺序，拖动图片放在想要排序的位置即可。卖家依然可以为不同的产品属性上传不同的图片，如为男式毛衣和女式毛衣上传不同的图片。

图片上传完成后，卖家还需要设置其他一些细节，可以在 Variation combinations 中看到所有的属性组合，此时可设置产品的 Price 以及 Quantity。那么如何批量设置产品价格呢，如图 4-18 所示，勾选左上角的复选框，再选择"Enter Price""Enter Quantity"或者"Delete"操作即可实现批量设置。

填写完成之后，单击"Save and close"按钮保存并关闭多属性设置。

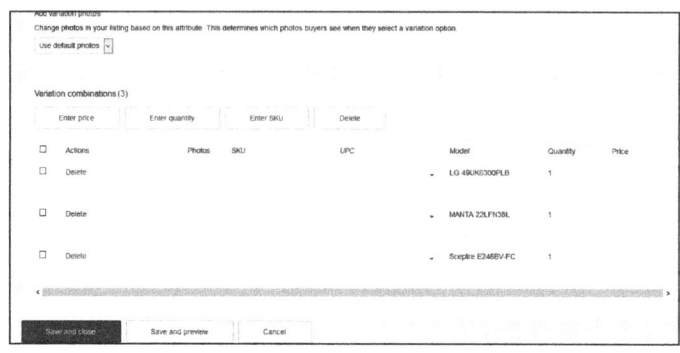

图4-18 批量设置产品价格页面截图

卖家还需依次设置产品状态（Condition），可选项有全新、翻新或二手；物品属性，如品牌、尺寸类型、尺寸、颜色等；物品详情描述，建议卖家直接在"Standard"中编辑，提供完整准确的产品细节，利用工具条对物品描述进行简单的排版设置即可。

2. 销售详情

在销售详情模块中，卖家需要填写售卖方式、刊登在线持续时间、设定产品价格和付款方式选项四部分内容。

（1）售卖方式

eBay提供两种售卖方式，分别是一口价（Fixed price）和拍卖（Auction style）。不论采用哪一种形式都需设置物品的刊登方式、价格及可售数量等信息。

（2）刊登在线持续时间

eBay的刊登Listing都有在线天数的限制，持续时间有3天、5天、7天、10天以及30天，到达设置天数会自动下架。对于"一口价"产品也可以选择GTC（Good Til Canceled）模式的Listing在线时间。对于"拍卖"产品，可以选择3天、5天、7天、10天的在线时间。

（3）设定产品价格

产品价格也是吸引买家眼球、增加浏览量的一个方面，卖家需要根据自己店铺产品的实际情况设置一个合适的价格。"一口价方式"设置可参考前文介绍的多属性设置价格的步骤。单属性的产品可以在物品刊登设置页面的"Buy It Now price"下方文本框中输入"一口价"物品的销售金额。

若是"拍卖方式"物品，如图 4-19 所示，在"Starting price"下方文本框中输入物品的起拍价，拍卖结束后出价最高的人则可成功买下该产品。若设置"Reserve price"（保底价），如果拍卖价格没有超过该价格，则可以选择不出售该商品。

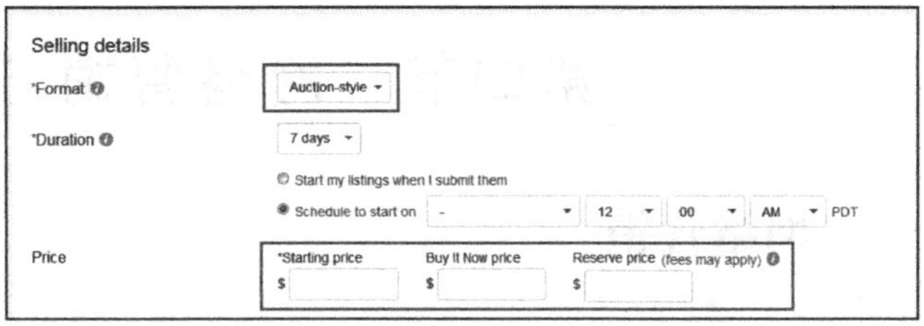

图 4-19 "拍卖方式"物品页面截图

（4）付款方式选项

卖家应选择更适合自家店铺物品的付款方式，若勾选使用 PayPal 付款，应输入 PayPal 收款的邮箱。

3. 物流详情

关于退货选项，国内一般选择退货时间为 30 天，同时设置退货运费由卖家或者买家承担，同样的方法可以设置国际退货选项。

接下来还需设置 Domestic shipping（国内物流）、International shipping（国际物流）等物流细节。

除了物流信息设置，卖家还需要设置物品所在地，并如实填写物品所在地，单击"Change"在 Country 框中输入物品所在国家，在 City、State 文本框中输入物品所在城市和省份。eBay 不允许卖家刊登不正确或不实的物品所在地资料，对于违反此政策的用户，将会受到相应惩罚。

检查 Fees（刊登费用）、Preview Listing（预览）、Save and continue later（保存草稿）或修改 Listing，如图 4-20 所示，确认无误后单击"List item"按钮就能将产品刊登上线了。

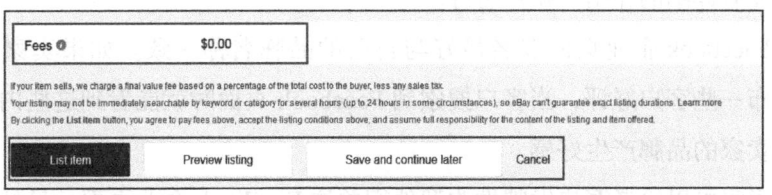

图 4-20 检查相应费用页面截图

卖家需要熟练掌握刊登 Listing 的流程，并对标题、图片等内容在实践中不断总结创新，找到更适合自己店铺产品的风格。

第四节　网络营销与数据分析

一、网络营销

（一）eBay 联盟营销

如果卖家有渠道接触大量社交网络或博客平台，那么就可以付费将这些场所的流量推向 eBay。如果读者通过 eBay 链接，购买了卖家的商品，甚至是另一个卖家的商品，卖家就可以获得佣金。卖家可借此抵消部分成交费或获得一些额外收入。

在创建 eBay 店铺时，卖家可加入几个联盟营销网站，让自己的品牌和店铺更快进入市场。

（二）社交平台推广促销

1.Facebook

Facebook 类似于微博运营，卖家要花时间运营好官方账号，积累一定的粉丝量之后，再逐步做引流的工作，虽然周期有点长，但一旦做起来转化量是可以预见的。

例如，在建立 Facebook 企业账户的时候，务必将公司信息填写完整、准确。企业信息填写完成后，再按照 Facebook 提示进行下一步操作。

建立企业页面需要注意以下几个要点。

第一，要有详细的介绍、账户名称。

第二，Facebook 企业页面取名最好与自己的品牌名称一致。如果卖家在 Facebook 企业页面发布一些客户好评，当客户搜索到 Facebook 页面时就能看到这些内容，这无疑会使客户对卖家的品牌产生好感。

第三，卖家可以给老客户发邮件欢迎他们关注 Facebook 企业页面，另外在给客户发货时也可以附上 Facebook 页面的网址。

第四，Facebook 企业页面的图片要精美，如果受限于产品的属性无法实现，起码也要做到简洁大方。因为产品图片有卖点就能打动客户，eBay 社交营销尤其如此。

2. YouTube 网站

在 YouTube 网站上，通过网络红人做广告的效果很不错，卖家在选出合适的网络红人后，与他们沟通在打广告的时候带上自己的产品链接，效果会很不错。

3. Instagram、Pinterest

Instagram、Pinterest 偏图文社交，对图片要求和广告策划要求高，不适合新手卖家使用。

4. Deal 站

美国最大的 Deal 站是 slickdeals.net，流量占美国所有 Deal 站流量总和的 90% 左右，冲销量最合适，但前提是产品自身必须有保证，否则不能达到很高的转换率。

此外，还有几款管理社交媒体的工具，如 Awario, Agorapulse, Mention。通过这些工具可以监控社交媒体营销效果，从而了解人们在社交媒体和网络上对卖家的品牌、行业或竞争对手的评价，为制定营销策略提供帮助[①]。

二、平台促销

卖家还可以通过以下路径开启平台促销之旅。

无 Seller Hub 路径：My eBay → Account → Manage my store → Manage promotions → Create a promotion。

Seller Hub 路径：My eBay → Marketing → Promotions → Create a promotion。

1. 使用 Promoted Listings 广告

eBay Promoted Listings（促销清单）能提高卖家商品在搜索中的可见度。采用该方

---

① 雨果网.盘点：在国外社交媒体上进行营销需要的 6 款工具。

式可以提高商品的曝光率。Promoted Listings 广告根据买家的搜索把卖家相关的物品推送到买家的面前或者是出现在搜索页面的醒目位置，从而提高物品的可见性。选择推广的 Listing 也会同样出现在搜索结果页面内，但是 Listing 上面会显示一个［Promoted］的单词标识。优秀评级卖家（Top Rated Sellers）和超级店铺（Anchor Store）都能收到一个季度 Promoted Listings 广告券。卖家可以在推广商品的同时，了解广告是如何发挥作用的。

eBay 的广告费用不像直通车那样是点击付费的，而是成功售出该商品之后才收费，具体费用根据卖家在后台的设置来定（收取商品售价的 1%～20%）。例如，某商品售价为 20 美元，卖家设置了 Listing 广告费为 20%，那么成交后，卖家所要支出的费用就是 4 美元。卖家也可以在后台查看广告的曝光度、点击量、销售额和广告费，实时追踪站内广告的转化率。影响广告出现在醒目位置的两大因素为卖家的广告费、商品与买家搜索的相关度。

2. Markdown Manager

Markdown Manager（降价管理器）是 eBay 提供的一种出色的促销工具。它能让卖家轻松给一组产品添加小折扣或激励措施，有效推动销量。降价会激励客户快速购买产品，而 eBay 也会提高打折商品的搜索排名。如果卖家不想因降价亏本，只需提前一段时间进行设置，抬高产品价格，然后再通过 Markdown Manager 打折，这既能拉动销量，也不会失去盈利的机会。

3. Deals & events 营销活动

eBay 会不定期地邀请拥有质优价廉产品的卖家参与各站点的 Deals & events 促销活动。各 eBay 站点 Deals & events 种类众多，不同类型活动对于参加活动的卖家及产品都有不同的要求，但是无论参加哪一种 Deals & events 活动，eBay 都需要入选卖家满足一些基本要求。

卖家要随时关注 eBay 卖家更新措施，平台每个季度都会调整相关政策。另外，店铺卖家不要忘了使用 eBay 赠送的优惠券。

三、店铺促销

（一）订单促销

66%的卖家认为最有效的订单促销（Order discount）可以达到扩大订单的目的。作为认可度最高的一种促销方式，其设置模式也非常丰富。卖家可以根据自己产品的利润、客单价、促销目的来设置促销规则。

选择要做促销的物品时可根据平台规则设置，当然也可以自行设定筛选条件。

（二）降价活动

设置降价活动（Sales event）并不是针对产品具体的折扣设置，而是设定折扣的集合来增强打折的效果。每件物品都需要用减价先单独做好打折，然后放在一起做一个降价活动。也可以理解为商场外挂的广告，如最低3折起。降价活动的标题是买家可见的，所以一定要取一个具有吸引力的标题。对于长期的促销活动，最好是不同品类轮换参与。

（三）优惠通道

优惠通道（Codeless coupon）的促销方式同样可以设置以金额或者数量为规则，但不同于其他促销方式的是卖家自己设置一条链接发送给特定的买家，使其享受这个折扣。买家只有打开该链接才能看到促销产品，常规搜索浏览是无法看到这个折扣设置的。因此，该方式常被用于给一些复购率高的买家或者店铺VIP定期发送专属的优惠以及邮件营销。优惠通道的设置步骤如下。

第一步，设置最低消费金额（Select minimum purchase amount）。

第二步，设置优惠金额（Purchase discount）。

第三步，选择单笔交易的优惠次数（The discount can be applied only once per transaction）或者选择Percentage discount，以总订单金额设置折扣百分比。

（四）运费折扣

合并订单免运费是买家的消费达到一定金额或者数量时获得的物流服务的升级。为什么用合并订单免运费而不是直接免运费的促销形式？当买家对产品有迫切需求的时候，而卖家又提供了更快速的物流选项，二者相契合可以让买家增加单次购买量来获得更快速的物流方式。

四、数据分析

Seller Hub 中的 Performance 和 Growth 两大工具是 eBay 平台提供给卖家最便捷的数据分析工具。

1. Performance

Performance 主要通过 Seller level（卖家评级总览）、Sales（销售报告分析）、Selling costs（销售成本报告）、Traffic（流量数据分析）、Impressions（曝光度分析）这五个方面对账户整体表现进行了一个评估。

（1）Seller level。单击卖家评级，便可直接跳转到"Seller Dashboard"（卖家成绩表）查看详细信息。

（2）Sales。卖家可以根据此报告：

①查看近 31 天该站点的总体销售量情况；

②分析近 31 天与之前 31 天的销售数据对比情况，了解交易量是否有增长或跌落；

③了解每日销售量和销售成本的支出与回报；

④关注每条 Listing 的销售情况，找到高回报率的产品，加大该类产品的投入力度。

（3）Selling costs。卖家可以根据此报告：

①查看近 31 天总体销售成本数据；

②分析近 31 天销售成本和销售额的占比情况；

③了解具体各项费用的分布情况；

④分析每条 eBay listing 的销售成本。

（4）Traffic。在此报告中，卖家应该特别关注 Listing impressions on eBay，即物品出现在买家搜索结果页面的情况；Listing page views，即访问页面的数量；Click-through rate，即买家点击查看了卖家物品的次数；Sales conversion rate，即销量除以页面浏览量；Transactions from all traffic，即成交的交易量。

对以上指标进行分析，根据曝光度、交易量、浏览量对它们进行组合。

①高曝光低浏览的刊登：表示买家在列表页看到刊登但点击率不高。尝试通过优化图片质量、打折促销、海外仓发货、免运费等方法吸引买家点击。

②高浏览低成交的刊登：表示买家查看了刊登详情页却没有购买。尝试优化物品描述、更多促销、退货保障、适当使用 Best Offer（最低报价）等方法提高购买率。

③高成交低浏览的刊登：表示刊登从浏览到成交的转化率较高，但是出现在买家的搜索结果页面的机会较小。卖家可通过优化关键字和物品属性等方式提高产品曝光率。

（5）Impressions。曝光度应引起卖家的足够重视，并单独以报告的形式呈现，卖家可据此：

①查看近 31 天账户总体曝光度数据；

②对比过去 31 天的曝光度情况；

③分析账户曝光度具体来源。

2. Growth

Growth 主要通过 Listing improvements（待改善刊登）、Sourcing guidance（产品品类趋势指引）、Restock advice（库存补充建议）对卖家提供相应的服务。

（1）Listing improvements。在此栏中，卖家应该特别关注以下内容。

① Analyze listing（分析刊登）：分析产品与同类产品在曝光、浏览、转换率等方面的对比情况，同时分析该类产品在过去 90 天各个平台综合的售出价格区间，以更好地帮助卖家找到产品的短板，进一步进行调整。

② Recommended price（推荐价格）：根据产品在各个平台上的售出情况得出的推荐价格，不单单是参考 eBay 的价格。该功能目前仅美国/德国站点全面开放，其他站点会陆续推出。

③Days unsold（未售出）：卖家对在线超过 3 个月且未售出的产品一定要进行优化，否则该类产品会影响整体账户曝光度。

这里需注意，账户的销售业绩不仅取决于价格，还有很多其他因素，如竞争对手、账户表现、产品质量及服务、前期售出情况等，因此卖家针对产品做调整的时候，一定要从多角度出发。

（2）Sourcing guidance。卖家可通过以下两种方式进行品类指引。

①关键词分类法：直接输入"smart watch"，即可进入位置。

②目标类目分类法：以"smart watch"为例，找到其所在刊登类目。

* Seasonality（季节性）：针对有季节性变化的产品，做到应季开发。

* Price breakdown（价格区间）：对买家普遍接受的价格区间产品进行开发。

* Top opportunities（市场需求）：综合分析买家的喜好，如品牌、系列，发现市场的精准需求。

这里需注意，卖家一定要关注自己站点产品品类趋势，有重点地进行品类分析。

（3）Restock advice（库存补充建议）。卖家应特别关注以下内容。

①Low stock Listings（低库存产品）：基于该类产品当前的销售情况，预估该产品在接下来四周可能会出现售空状况，提醒卖家及时补充库存量。

这里需注意，针对长期在线物品，如果卖家担心因未能及时补充库存而导致产品被下架，eBay 的"零库存保护功能"可以帮助卖家（操作方法：Account—site preference—out of stock）。

②营造良好的购物体验。这在电商业务中至关重要。卖家在分析数据的同时可以关注账户的健康状况，eBay 后台提供了买家体验报告，供卖家学习如何阅读查看 eBay 账户的"体检报告"，对于交易中有待改善的环节可以在问题提醒模块进行实时监测。

第五章

Wish 平台实务

Wish 是一款移动电商购物 App，由 ContextLogic 于 2011 年独立设计开发。2018 年，Wish 累计向全球超过 3.5 亿的消费者供应了近 2 亿款商品，月活跃用户超过 9 000 万人，活跃商户数达 12.5 万，日出货量峰值达到 200 万单，订单主要来自美国、加拿大、欧洲等全球各地区。"2018 年度全球热门 App 下载量排行榜"显示，Wish App 荣登 2018 年全球购物类 App 下载量排行榜榜首，安装量超过 1.97 亿。本章将对 Wish 平台规则与账号注册、选品与页面管理以及网络营销等进行全方位的介绍，以帮助读者在 Wish 平台的运营过程中举一反三、事半功倍！

第一节　Wish 平台规则与平台服务

一、平台规则

Wish 平台同样制定了相应的规则以维护正常的市场秩序。Wish 平台的注册商户需遵守平台规则，否则就会受到平台的处罚。

（一）注册规则

在 Wish 平台上申请店铺注册，必须填写真实的个人或公司信息、地址，提供真实的个人身份证或公司营业执照，如果注册期间提供的账户信息不准确，账户可能会被暂停。每个个人或每个公司只能注册使用一个 Wish 账号。如果公司或个人有多个账户，则多个账户都有可能被暂停使用。

（二）产品上传规则

（1）产品上传期间提供的信息必须准确。如果提供的信息不准确，该产品可能会被移除，且相应的账户可能面临罚款或被暂停使用。

（2）严禁销售伪造产品。严禁在 Wish 平台上销售伪造产品。如果商户推出伪造产品，这些产品将被清除，并且其账户将面临罚款，可能还会被暂停使用。

（3）产品不能侵犯其他方的知识产权（包括但不限于版权、商标权和专利权），否则这些产品将被清除，并且账户将面临罚款，可能还会被暂停使用。

（4）不得引导用户离开 Wish 平台。如果商户鼓励用户离开 Wish 平台或联系 Wish 平台以外的店铺，产品将被移除，其账户将被暂停使用。

（5）严禁上传重复的产品。严禁上传多个相同的产品。相同尺寸的产品必须列为一款产品。如果商户上传重复的产品，产品将被移除，且其账户将被暂停使用。

（三）促销规则

Wish 平台会选择一些产品进行促销，并增加黄钻作为标识。加了黄钻的产品，属于 Wish 平台大力推广的促销产品。促销产品是禁止提高价格和运费、降低库存的。如果店铺禁售过去 9 天交易总额超过 500 美元的促销产品，店铺将被罚款 1 美元。

（四）知识产权规则

Wish 平台对知识产权的处理机制非常严格，对于任何仿品和侵犯知识产权的行为，采取零容忍的政策，并且是单方面对商户进行罚款、扣留款项、暂停 Wish 平台店铺账户的处罚。Wish 平台对伪造品和侵犯知识产权的行为制定了严格的零容忍政策。

如果 Wish 平台单方面认定商户在销售伪造产品，且商户同意不限制 Wish 平台在本协议中的权利或法律权利，Wish 平台可以单方面暂停或终止商户的销售权限或扣留或罚没本应支付给商户的款项。

（1）如果产品被认为是伪造的或侵犯了知识产权，商户有责任提供产品的销售授权证据。

（2）严禁提供不准确或误导性的销售授权证据。如果商户对销售的产品提供错误或误导性的授权证据，其账户将被暂停。

（3）对伪造品或侵犯知识产权的产品处以罚款。平台会审核所有产品是否属于伪造品，是否侵犯了知识产权。如果发现某款产品违反了 Wish 平台政策，此产品将会被平台删除，且所有付款将被扣留。

（4）若商户对已通过审批的产品进行更改（如产品名称、产品描述或产品图片），需要再次审核，看其是否为伪造品或是否侵犯了知识产权。在产品复审期间，产品可正常销售。如果产品在审核期间被发现有侵犯知识产权的行为，商户将被罚款 10 美元，此产品将被删除，且所有付款将被扣留。

（五）履行订单

履行率是履行订单数量与收到订单数量之比。如果商户的履行率非常低，其账户将被暂停。准确、迅速地履行订单是商户的首要任务，也只有这样才能收到销售款项。

所有订单必须在 5 天内履行完成。如果一个订单在 5 天内未履行完成，它将被退款并且相关的产品将被下架，并被处以销售额 20% 的罚款或者 1 美元的罚款，以金额较高者为准。

（1）商户对每件产品设定的价格与运费之和小于 100 美元，且未在订单生成 168 小时内确认发货的订单将被处以罚款。

（2）商户对每件产品设定的价格与运费之和大于或等于 100 美元，且未在订单生成 336 小时内确认发货的订单将被处以罚款。

如果商户因政策导致上述退款的订单数量非常多，其账户将被暂停。

（六）用户服务

Wish 平台非常重视用户服务，会对退款率高、退单率高的店铺进行店铺账户暂停的处罚。此外，Wish 平台还禁止商户辱骂用户、引导用户离开 Wish 平台、询问用户个人信息等。

（1）如果店铺的退款率特别高，其账户将被暂停。退款率是指某个时段内退款订单数量与收到订单总数之比。

（2）如果店铺的退单率非常高，其账户将被暂停。退单率是指某个时段内退单的订单数量与收到订单总数之比。

（3）严禁滥用用户信息。严禁对 Wish 用户施予辱骂性行为，Wish 对此行为采取零容忍态度。

（4）严禁要求用户在 Wish 以外的平台付款。如果商户要求用户在 Wish 以外的平台付款，其账户将被暂停。

（5）禁止引导用户离开 Wish 平台。如果商户指引用户离开 Wish 平台，其账户将被暂停。

（6）严禁要求用户提供个人信息。如果商户要求用户提供付款信息、电子邮箱等个人信息，其账户将被暂停。

（七）退款责任

目前 Wish 平台的退款原则都是偏向用户的，Wish 商户（卖家）要做好承担损失的心理准备。Wish 平台坚持用户（买家）优先的服务原则。因此，当出现没有跟踪信息、延迟发货、尺寸问题、商品损坏、订单不完整、描述不符、过低的评分产品、仿品、发错地址等行为时，Wish 平台都优先给用户退款。

商户对低评价产品承担全部退款责任。对于每个平均评价极低的产品，商户会收到相应的违规通知。商户需对该产品在未来的和追溯到最后一次付款的所有订单的退款费用负全部责任。根据平均评分，该产品可能会被 Wish 平台移除。未被移除的平均低评价产品将会被定期重新评估。

二、物流管理

为了给 Wish 商户提供专属物流解决方案，Wish 推出了 Wish 线上发货平台，为商户提供下单、揽收、配送、跟踪查询等物流服务。Wish 线上发货平台包括官方物流产品 Wish 邮、Wish 达、Wish 速和第三方物流服务商提供的物流服务。

Wish 邮集成的是平邮类产品，其特点是经济、稳定；Wish 达集成的是妥投类产品，其特点是高效、安全,与一般的挂号类和专线类产品相比,Wish 达所有的线路全程配备了物流时效保险,并且突破了 2 千克限制;Wish 速集成的是快递类产品,其特点是便捷、快速,客单价高且时效要求极高的产品可以全球直达。

Wish 商户除了可以自行寻找物流承运商来配送包裹外,也可以在 Wish 后台选用下列物流服务商来配送包裹。

(1)中邮速递(国际 e 宝):配送至美国,不得超过 2 千克,支持国内 40 多个城市上门揽收。

(2)Yanwen(燕文):支持 China Air Post 和 PostNL,配送至美国,不得超过 2 千克,支持我国深圳、广州、上海和北京地区上门揽收。

(3)Boxc:配送至美国,不得超过 1.8 千克,支持我国深圳和上海地区上门揽收。

通过商户物流工具配送单个订单的操作流程如下。

使用商户物流工具配送单个订单时,先找到对应的订单,依次填写"Package Details"(包裹细节)、"Shipping Services"(物流服务)、"Sender Info"(发送信息)、"Confirm Shipping"(确认发货)、"Print Label"(打印标签),具体如图 5-1 所示,最后打包好该订单,贴上标签并将包裹送至配送中心,单击"Shipping Marks"(标记发货)表示订单已经配送。

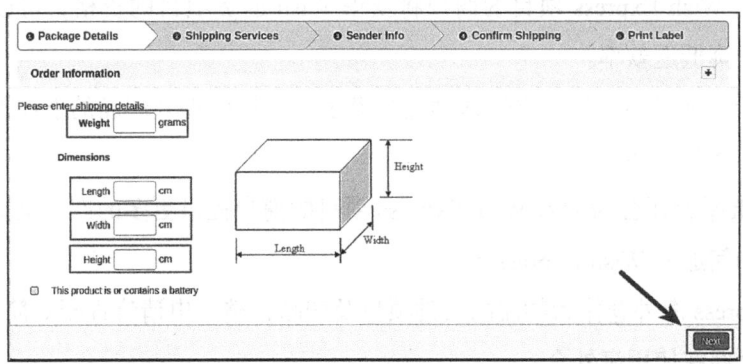

图 5-1　使用商户物流工具配送单个订单页面截图

以上主要针对的是从国内发货的物流介绍,下面来了解 Wish 海外仓的物流政策及要求。

海外仓，顾名思义就是商户提前将商品运抵海外的仓库进行储存，待用户下单后，商品将直接从海外仓进行发货，物流时间因此会有大幅缩短，并且时效更有保障。

Wish 海外仓的物流政策及要求如下。

（1）时效要求：5 个工作日内送达消费者手中，包括周一至周六（不含周日）。

（2）退款说明：超过 5 个工作日送达的订单，买家有权要求退款，商户承担全部责任。

（3）订单晚到率：超过 5 个工作日送达的订单比例每两周统计一次。晚到率大于 5%，所有超过 5 个工作日送达的订单将不予支付货款，产品将被移出海外仓项目，并退还所有订单款项。

（4）返利奖励：从 11 月 1 日至次年 1 月 31 日（旺季最忙时段），凡能遵守各项政策的商户，将收到结款金额 3% 的奖励金。

为了更好地满足平台用户对配送时效的要求，Wish 平台发起极速达项目 Wish Express，该项目中的产品将享受许多好处。

（1）加入 Wish Express 的产品平均会获得 3 倍多的流量，同时产品会带有 Wish Express 标识，此标识将告知用户可以快速收到产品，从而极大地提升转化率。

（2）加入 Wish Express 项目的商户将获得 Wish 退货项目的资格，可以退至设定的海外仓，从而降低退款率。

（3）由于该项目的产品会更快地到达买家手中，从而提升产品的整体评分，缩短产品成长周期和回款周期。

（4）Wish 平台还会为加入 Wish Express 项目的商户提供更多的产品支持。

那么，如何加入 Wish Express？

Wish Express 海外仓作为物流的关键项目及产品，整个申请流程相对简单。

第一，已经在使用海外仓。

Wish Express 项目是建立在商户已有海外仓的基础上的，Wish 平台不提供海外仓库。因此，想要加入 Wish Express，商户需要在已经使用的自建的或第三方的海外仓开展相关业务。

第二，登录后台，申请加入 Wish Express。

符合步骤一的商户，即可进入 Wish 商户平台首页，找到"从今天开始加入 Wish Express"选项，单击"了解更多信息"，即可开始申请。

按照页面提示，仔细阅读 Wish Express 的相关信息并勾选"商户可以在 5 天或 5 天内运抵的国家"，单击"现在申请"，即可完成线上申请。

接下来是下载申请表格并填写。Wish Express 项目申请将由客户经理进行审核，在完成线上申请后，卖家应下载申请表格，填写好后通过邮件发送给对应的客户经理。

邮件及申请表格填写说明如下。

（1）邮件说明

①邮件标题：申请日期 + 公司名 +MID+WE 项目第 ×× 次加入申请。

②邮件内容：请将填写好的申请表格及相关证明材料以附件形式发送给对应客户经理。

（2）申请表格填写说明

①请用英文填写申请表格。

②若为首次加入 Wish Express 海外仓，卖家应在"New or Existing W.E. Candidate"（新用户或已存在账户）栏中填写 New；若非首次加入，请填写 Existing。

③关于"BD name"（客户经理姓名）一栏，请准确填写对应客户经理姓名，如无指定客户经理，请填写"CNGS"。

④在"Covering Countries"（覆盖国家）一栏，请完整填写海外仓所覆盖的国家（地区）的准确英文简称。

⑤关于"Purchase Order/Evidence of Warehouse"（提供海外仓备货证明）一栏，请提供最新的海外仓备货证明，并将该证明以邮件附件的形式发送给对应的收件人。

⑥关于"实际运营的母公司"一栏，如有请填写，此栏用中文填写即可。

完成上述工作后，客户经理会及时对你的申请资格进行审核，审核通过后即可使用 Wish Express，审核周期通常为 7 个自然日。若逾期未回复，商户可以联系对应客户经理或通过微信客服咨询客服小智。

三、客户问题

用户和商户可通过 Wish Express 就相关客户问题进行沟通。在该系统查看客户问题的方式为单击后台顶部导航栏"客户问题—未处理",即进入未处理客户问题页面,如图 5-2 所示,单击最右侧的"查看"按钮可查看具体问题。

图 5-2 Wish 商户平台未处理客户问题页面截图

客户问题包括以下内容。

(1)客户问题编号:匹配此特定客户问题的唯一的识别编号。商户可以使用此编号在商户平台的客户问题模块中查找相关客户问题。

(2)开启日期:用户开启客户问题的日期。

(3)最近的更新时间:商户或者用户最后一次回复此客户问题的时间。

(4)状态:将该客户问题状态设定为等待商户回应或等待用户回应。

(5)标签:简述此客户问题开启的原因。这将有助于商户区分不同客户问题的优先级,如申请退货或修改配送地址。商户也可以通过标签将客户问题进行分类。

用户可能会发起一个客户问题,以就其所下订单跟商户联络。该客户问题将会出现在"客户问题—未处理"页面。用户可能因下列原因联络商户:更改尺码或颜色,取消订单中的一个产品,更改配送地址,询问订单状态,查询物流追踪信息,反馈订单中有产品残次、损坏或缺失的问题，要求退货、换货或取消订单（如果用户需要取消订单或要求退款，Wish 客户服务团队将协助用户和商户解决）。

当商户回复一个客户问题之后，商户可在"客户问题—已回复"页面中找到该客户问题。

当问题被解决、商户或用户关闭了这个客户问题之后，它将出现在"客户问题—已关闭"页面中。

Wish 平台鼓励商户自行解决客户问题。交易发生于商户和用户之间的，Wish 平台将在商户不能或尚未解决客户问题时介入处理。

第二节　Wish 平台账号注册

一、账号注册

Wish 作为移动端电商平台的领跑者，其成长速度惊人。那么如何入驻 Wish 平台呢？如图 5-3 所示，Wish 平台账号注册的具体步骤如下。

第一步，进入 Wish 商户平台网站，如图 5-4 所示，单击右上角"立即开店"，进入"开始创建卖家的 Wish 店铺"页面。

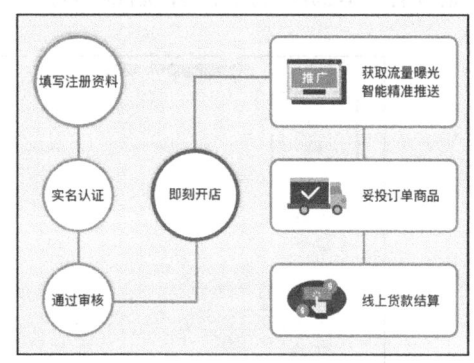

图 5-3　Wish 平台账号注册流程图

图 5-4　Wish 商户平台首页页面截图

第二步，卖家选择习惯使用的语言（英文或者中文），输入常用的邮箱开始注册，该邮箱将成为未来登录账户的用户名，如图 5-5 所示。若已有 Wish 卖家账户，请单击"登录"。为确保账户安全，卖家设置的密码不少于 8 个字符，并且包含字母、数字和符号，如"password100@store"。

第三步，输入手机号码、图片验证码和手机验证码，然后单击"创建店铺"，这意味着用户阅读并同意 Wish 政策。

第四步，手机验证通过后，Wish 将发送验证邮件至注册时使用的邮箱，卖家单击"立即查收邮件"，并按照邮件提示进行验证，再单击"确认邮箱"或者 URL 后会直接跳转到 Wish 商户后台。

第五步，填写关于 Wish 店铺的更多信息（见图 5-6）。设置店铺名称（店铺名称不能含有"Wish"的字样），店铺名称一旦确定就无法更改。

图 5-5　创建店铺页面截图　　　　图 5-6　填写店铺信息页面截图

第六步，注册人实名认证。对企业账号进行实名认证，需要准备企业营业执照、法人代表身份证信息、公司收款信息以及用于验证的 A4 纸和马克笔（见图 5-7）。

如图 5-8 所示，首先是公司信息，需要填写公司名称、统一社会信用代码、上传清晰的营业执照彩色照片（这里要注意：个体工商户不可开设企业账户）；其次是法人代表信息、身份证认证；最后是支付信息。

按照平台提示与要求填写法人信息等，在身份证认证环节则需要准备好拍照工具和 A4 纸，并且整个认证过程要在 15 分钟内完成，如图 5-9 所示。

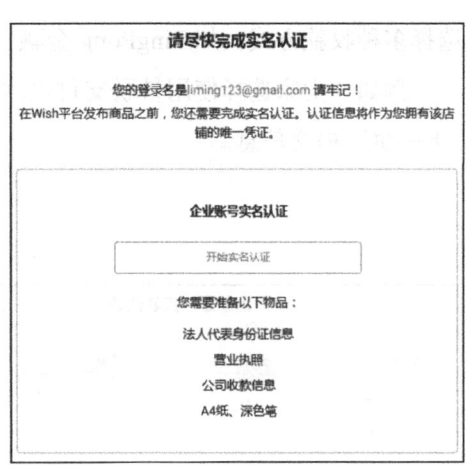

图 5-7　企业账号实名认证页面截图

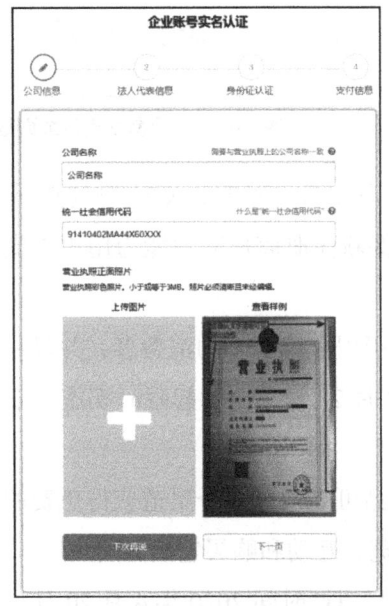

图 5-8　公司信息填写页面截图

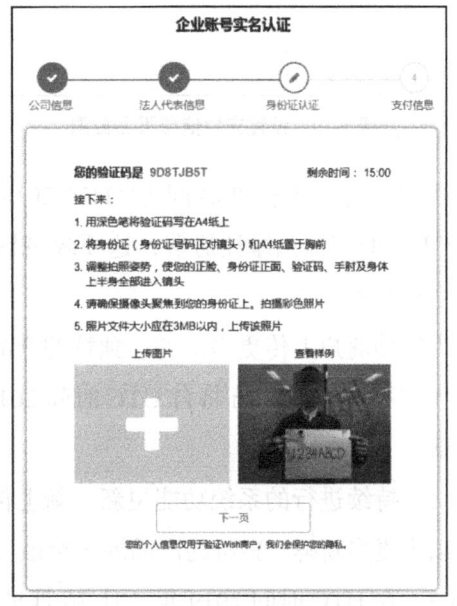

图 5-9　身份认证信息页面截图

第七步，设置支付信息，以便 Wish 商家能正常收到货款。如图 5-10 所示，商家可选择多种收款方式，如 PingPong 金融、派安盈（Payoneer）等。

例如，卖家选择使用易联支付收款，如图 5-11 所示，完善信息并确认无误后，单击"下一页"提交信息。

图 5-10　设置支付信息页面截图

图 5-11　选用易联支付页面截图

注意：自世界标准时间（UTC）2018 年 10 月 1 日 0 时起，新注册的店铺须缴纳 2 000 美元的店铺预缴注册费，这项政策旨在确保新注册商户账户能为用户提供最优质的产品和服务。

为鼓励商户上传更多新的、独特的产品，以吸引全球更多的消费者，并最终实现更多销售拓展业务，Wish 将自 UTC 时间 2019 年 7 月 26 日早 3 时起限时实施以下系统功能更新。

（1）持续进行的系统功能更新。新上传的产品可能通过多个渠道获得免费的额外流量，以将更多新鲜、独特的产品展示给最可能浏览、互动和购买它们的用户。

（2）在 UTC 时间 2019 年 7 月 26 日早 3 时至 UTC 时间 2020 年 4 月 20 日早 3 时注册创建的新店铺可免缴 2 000 美元新店铺预缴注册费。

Wish 商户入驻注册完成后，若卖家的信息在审核后被退回，请及时按照商户后台要求更新,以免耽误开通账户。

二、后台设置

卖家店铺注册成功并且通过审核后,即可登录进入卖家后台,有关后台设置包括以下几个部分。

(一)账户设置

1. 编辑 Wish 账号信息

卖家可以在"账户—设置"页面查看、添加和编辑 Wish 账号信息,包括基本信息、显示设置、配送设置等。

(1)基本信息:此处可查看、修改用户名和邮箱等。Wish 将通过此邮箱向卖家发送所有通知消息和账单,请确保该邮箱是卖家的常用邮箱。

(2)显示设置:此处可以修改店铺头像。

(3)配送设置:此处可以查看并更新配送设置。

2. 编辑 Wish 店铺展示图片

如图 5-12 所示,新的展示图片必须至少为 400×400px 的正方形图片,且必须是一个图片 URL 链接,获得链接后将其复制粘贴在相应位置,然后单击"Renew",一旦图片上传后,它将展示在"Display Settings"(显示设置)页面。任何人在 Wish 平台浏览店铺的产品时,该展示图片均将显示。

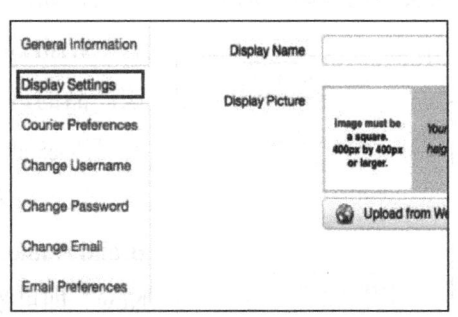

图 5-12　Wish 店铺显示设置页面截图

如果卖家聘请了多个员工运营店铺,为了运营的方便,Wish 开通了子账号功能。这些子账号可以参与店铺的运营但不能变更或查看买家的付款信息。创建 Wish 店铺子账号的流程如下。

单击"Account"进入子账号设置页面，再单击"Create New Subaccount"创建新的子账号，如图 5-13 所示。最后单击右下角"Create"按钮，则账号创建成功。

若卖家要赋予某个子用户登录权限，则需要激活"Enable"账号，如图 5-14 所示。

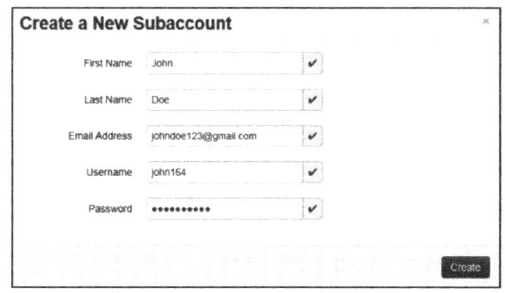

图 5-13　创建子账号页面截图

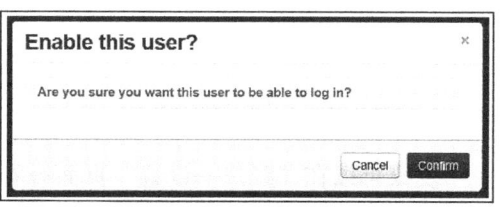

图 5-14　激活 Enable 账号页面

若卖家需取消某个用户的登录权限，卖家需要禁用这个用户的子账号。

（二）品牌授权

Wish 商户必须确保销售的每一件商品都具有品牌授权，否则其账号将面临暂停或永久关闭的风险。那么，Wish 商户如何创建添加品牌授权呢？

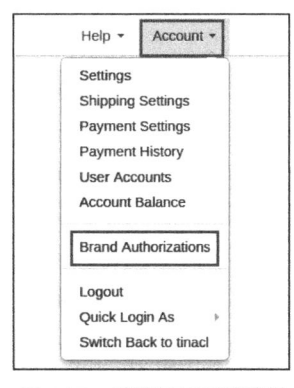

Wish 品牌授权是指店铺能提供相关授权证明其拥有销售该产品的许可，以此避免产品侵犯知识产权。目前，Wish 后台可以添加品牌授权的地方体现在以下两个方面。

（1）进入品牌授权页面，如图 5-15 所示，单击"Account—Brand Authorizations"（账户—品牌授权），然后再单击"Create New"即可添加新的品牌授权。

（2）可以在假冒侵权纠纷中，单击"Add new Brand Authorizations"（添加新品牌授权）。

图 5-15　品牌授权页面截图

Wish 品牌授权的步骤如下。

第一步，上传知识产权文件，卖家根据自己拥有的相关资质证明，输入相应信息，并且上传相应证书，如图 5-16 所示。

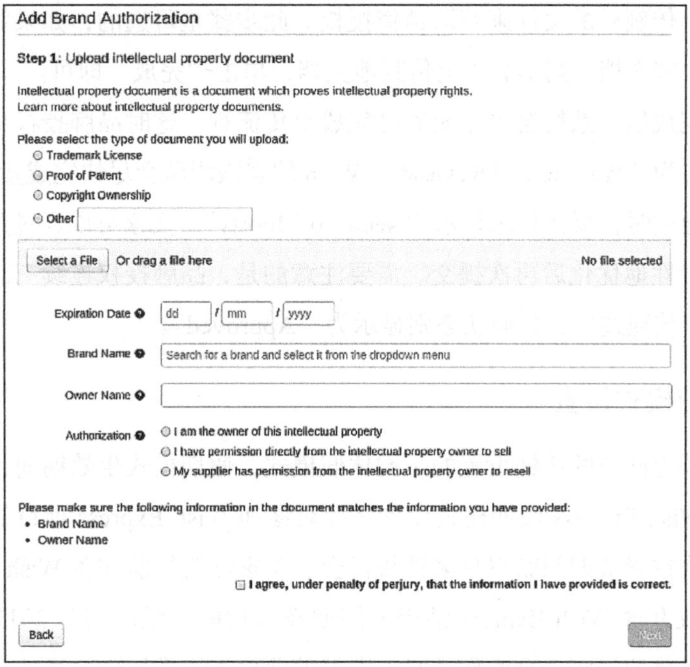

图 5-16 上传知识产权文件页面截图

第二步，上传可销售的授权书，如图 5-17 所示，如果卖家是品牌所有者，可以给自己的店铺授权。卖家上传相应的文件并填写相关信息后，单击"Next"，即进入下一步。

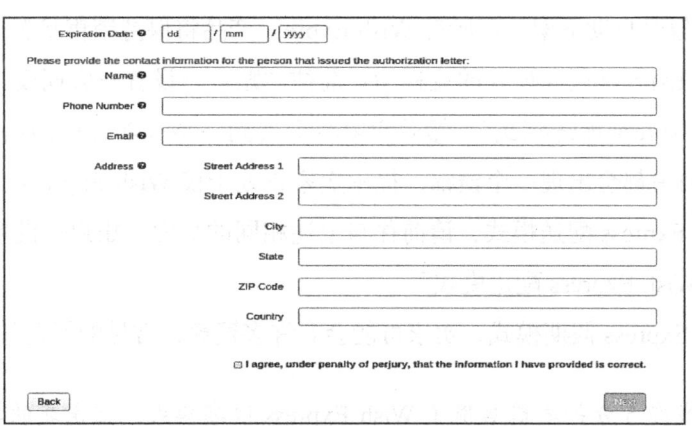

图 5-17 上传可销售的授权书页面截图

第三步，上传额外的文件来获取销售授权。此步骤是可选的，如果卖家已经按照上述步骤上传了这些文档，则不必再上传其他文档，单击"完成"即可。

所有流程完成后，系统会提示卖家已完成上传流程。这时品牌授权页显示卖家添加的品牌名称状态为"Waiting For Review"，Wish 的客服团队会尽快完成卖家的授权信息。当品牌审核未通过时，页面状态显示"Need To Modify"，卖家可以通过重新编辑品牌授权信息，有针对性地优化后再次提交。需要注意的是，品牌授权连续三次未通过，则申请无效。品牌审核通过后，页面状态则显示为"Approved"。

（三）假期模式设置

假期模式是为商户的店铺设置的一键休假模式，假期模式生效期间，店铺内的产品不允许销售。Wish Express 假期模式设置是针对参加 Wish Express 项目的部分卖家。满足政策的商户将在春节期间获得更多销售机会。卖家需要提前准备 Wish Express 产品的海外仓库存。仅开通 Wish Express 销售的假期模式功能上线时间为 2017 年 1 月 10 日，它能够在确保春节期间海外仓操作及时、有效的前提下正常运作，海外仓的操作将不会受店铺假期模式的影响。

仅 Wish Express 配送模式适用于那些无法履行 Wish Express 订单，且仅适用于销售 Wish Express 产品的商户。一旦开启 Wish Express 配送模式，其他所有的非 Wish Express 产品将暂时自动下架，而所有 Wish Express 产品将保持销售状态。

启用 Wish Express 假期模式的流程为：前往"账户—设置—假期模式"页面，单击"开启仅 Wish Express 配送模式"，然后卖家将会看到一条成功开启的消息。在 Wish 卖家后台每个页面中都会出现一个横幅，提示卖家正处于仅 Wish Express 配送模式中。如欲关闭仅 Wish Express 配送模式，请前往与上述相同的页面"账户—设置—假期模式"，单击"关闭仅 Wish Express 配送模式"。

对于 Wish Express 假期模式，卖家可能会有许多疑惑，常见的问题如下。

Q1：我在5分钟之前启用了 Wish Express 假期模式，但是我的非 Wish Express 产品仍然为在售状态。为什么？

A：Wish Express 假期模式启用后，大概 1 小时后才生效。之后，所有的非 Wish Express 产品都会显示为售罄状态。

Q2：我履行了所有订单并在 1 小时前启用了 Wish Express 假期模式，但是之后又收到另一个需履行的订单。为什么？

A：此订单是在卖家的店铺进入 Wish Express 假期模式之前生成的。将订单推送给商户之前，Wish 会审核订单，订单保留 8 小时左右。因此，卖家应该履行这些订单。

Q3：我需要关闭 Wish Express 假期模式后再履行订单吗？

A：不需要，卖家可以保持启用 Wish Express 假期模式，正常履行订单即可。

Q4：启用 Wish Express 假期模式会影响我的店铺排名吗？

A：在启用或禁用 Wish Express 假期模式时，卖家店铺排名或展现量并不受影响。

Q5：我的店铺有促销产品，启用 Wish Express 假期模式会被罚款吗？

A：不会的。

（四）配送与付款设置

1. 配送设置

通过 Wish 后台进入"账户—配送设置"页面，如图 5-18 所示。其中，仅配送至美国的产品配送费是在上传每个产品时分别设定的；全球配送适用于新账户，这样能获取更多的流量，经营一段时间后再根据订单情况，调整配送范围；配送至选定国家有四个选项：添加所有国家（所有支持配送的国家都会立即自动添加）、添加热门 Wish 邮目的地国、添加热门欧洲国家，以及添加热门英语国家。

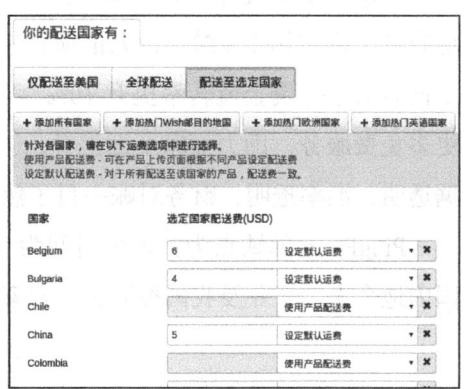

图 5-18　配送设置页面截图

除了上述方法，卖家还可以使用 CSV 文件。进入"产品—为现有产品编辑运费—产品 CSV 文件"页面，选择对应的 CSV 文件并单击"上传"。系统接收到文件后，卖家将收到即时确认信息。上传工作预计于 24 小时之内完成。卖家可单击"查看上传状态页面"的蓝色按钮来查看上传状态。同时，卖家也可通过单击"产品—产品 CSV 文件状态"，然后选择上传工作中的"查看报告"进入此页面。

2. 付款设置

目前 Wish 收款方式有六种，这导致很多卖家不知道该选哪种好。这六种 Wish 收款方式的区别[①]如下。

（1）PayPal

PayPal 的优点是个人、公司均可申请，其收费标准为每笔金额的 3.9%+0.3USD，能即时到账。PayPal 是一个全球性支付平台，使用账户余额支付方便简单，并且提取账户余额的方式灵活多变，提现到账时间为 2～7 个工作日。

PayPal 的缺点为：①按交易金额百分比收取手续费，所以适合单笔交易在 3 000 美元以下的小额贸易；②对冒牌、仿货等产品检查严格，一经发现马上会冻结账号；③账号操作不当很容易被冻结。

（2）PingPong

PingPong 的优点为：①多平台店铺统一管理，一键提现，直达国内银行账户；②跨境收款全部费用 1% 封顶，无汇损和任何隐性费用；③1 个工作日即可提现到账，提升了回款效率，资金流转率提升 10%～80%；④本土客户服务团队极速响应，有问必答，更多免费服务，助力商家全面提升；⑤符合中美双边监管要求，资金安全有保障；⑥数据透明，汇率透明，财务对账一目了然；⑦全程中文支持，注册便捷，操作简单。

PingPong 的缺点为：入账时间为 5～7 个工作日。目前 PingPong Wish 收款只有我国内地个人、企业及我国香港企业卖家能用，香港个人卖家还不能用。

---

① Wish 电商学院.Wish 官方运营手册：开启移动跨境电商之路［M］.北京：电子工业出版社，2018.

（3）Payoneer

Payoneer 的优点为：①收费标准为 1% 起；②个人、公司均可申请；③提现速度为 1～2 个工作日；④无 5 万美元的外汇结汇额度限制；⑤按主流商业银行汇率进行兑换并且与中华人民共和国国家外汇管理局特许供应商合作，不存在加价率或隐藏成本；⑥支持多种货币转账；⑦低成本、高效益；⑧快速：资金将在 2 小时内到达商户的 Payoneer 预付万事达卡，取现时，资金将在 1～3 个工作日到达银行账户；⑨安全：资金是安全的；⑩免费使用美元托收银行账户和欧元托收银行账户。

Payoneer 的缺点为：前期收费比例较高，入账时间为 5～7 个工作日。

（4）易联支付

易联支付的优点为：①支持中国香港公司账户，可选择美元或人民币入账；②直接用人民币结账，钱直接划到国内账户；③1～3 个工作日就能到账。

易联支付的缺点为：Wish 里面的美元会在 10 小时内转到中国香港监管账户，再实时转到广州监管账户，再在 3 小时内以人民币转到商户的银行账户，需要 5～10 个工作日，相对较慢，但适合大多数 Wish 卖家。入账时间为每月前 5 个工作日，每月一次。

（5）Bill.com

Bill.com 的收费标准为 0.49 美元，入账时间为 3～5 个工作日。

Bill.com 的优点是手续费低且快捷。

Bill.com 的缺点是仅限于有美国境内银行账户的卖家，提现速度市场普遍反应较慢。

（6）联动优势

联动优势（UMP）的收费标准为 1%，入账时间为 5～7 个工作日。

联动优势的优点为：①实时牌价汇率——UMP 与中信银行合作，提供合规的外汇业务，外汇转换采用现汇买入实时牌价，可在银行官网上随时查到；② T+0 / T+1 日结算——UMP 每日安排两个批次的操作；③资金到账速度快——不需要中间账户，结算资金直达商户收款账户；④便捷——不需要商户注册 UMP 账户，支持 15 种外币币种，不受外管局年度结算总额度 5 万美元限制；⑤安全——7×24 小时客户服务，保障实时风控，即时拦截风险交易；⑥ UMP 是国内的第三方支付公司，不需要再与其他公司合作。

第三节 Wish 选品与页面管理

一、市场选品

卖家通过 Facebook 账号可直接进入 Wish 平台，也可以通过谷歌邮箱账号直接登录，所以 Facebook、谷歌用户平时的习惯、个人爱好、信息等在平台都会有一些记录，平台也会对这些用户进行详细的分类。因此，卖家推送产品时要符合 Wish 消费群体需求，编辑产品时要考虑哪些用户的需求与产品相匹配。

（1）在颜色和图案上要注意。因为 80% 的 Wish 订单都是美国用户的订单，所以下面主要根据美国消费者的需求、生活习惯、兴趣爱好来分析如何选品。例如，美国消费者喜欢青蓝色，喜欢物品上带有老鹰图案。除了美国以外，欧洲一些发达国家的订单量也比较多。这时我们可以根据不同国家的人文喜好等信息，选择产品进行上架。这类产品出单、爆单机会比较大。

（2）风靡的运动装备。美国人最喜欢的运动主要是橄榄球和篮球。针对这种喜好，我们可以选择一些与这类运动相关的产品，如绷带、牙套等。

（3）偏爱的活动类型。美国人喜欢在节假日聚会、野营等。这样的生活方式也给卖家带来更多的销售机会。

（4）根据平台特征选择产品。Wish 共有 5 个 App，即 Wish、Home、Geek、Cute、Mama。我们只要把产品刊登到 Wish 后台，Wish 会根据产品特性把产品展示在不同的 App 上进行推广。每个 App 有不同的类目，如 Wish 平台类目较多，Home 平台主要是家居类产品。由于 Wish 平台主推类目不同，所以卖家选择主推类目开发产品出单爆单概率大。

（5）根据用户性别选品。Wish 平台上男女消费比例为 4∶6，所以卖家可以根据这一比例调整 SKU 比例。男性购物时趋于理性，看重产品的实用性。女性购物时趋于感性，会反复地浏览和比较，比较重视外观形象。

因此，刊登男性产品时要使上传的图片呈现出产品质感，产品价格可以稍微高一点。刊登女性产品时要使上传的图片更精美,要有产品效果图,价格要低。

(6)根据目标客户的年龄选品。不同年龄段的用户消费习惯和消费能力是不一样的。

(7)根据宗教信仰选品。

二、产品管理

商户进入商户平台可手动添加产品页面来手动添加产品(非批量上传)。

登录商户账号进入商户后台,首先单击最上方菜单栏里的"产品—添加新产品—手动",然后填写基本信息、上传产品图片、添加价格与库存、设置国家/地区的运费,以及添加颜色与尺码、产品变量及可选信息,最后上传新产品。

(1)如图 5-19 所示,商户所要填写的基本信息主要包括 Product Name、Description、Tags、Unique Id。单击字段名称旁的问号标记将显示更多有关该字段输入内容的信息。商户最多可为产品添加 10 个标签——标签越多,用户越容易找到商户的产品。当商户填写的字段无误时,商户的字段条目旁将显示一个绿色的核对标记。

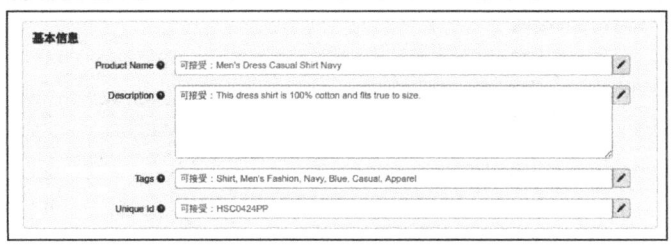

图 5-19　基本信息填写页面截图

(2)上传产品图片也有相应的要求,Wish 强烈建议商户为每种产品上传多张高质量的图片。为产品上传多张高质量图片,使潜在顾客能够从多个角度来了解商品,以获得更多的曝光机会。如图 5-20 所示,有三种上传图片的方法,即拖拽图片,从计算机选择,通过网络地址(URL)添加。

(3)输入产品价格、数量、运费和配送时间。如图 5-21 所示,商户在显示的配送时间范围内选择预计配送时间;若配送时间不在列表内,商户也可以手动输入。快速可靠的配送是客户满意的关键因素,商品也能获得更多曝光机会。另外,为产品添加更多高质量的图片也是增加产品曝光度和好评次数的有效方法之一。

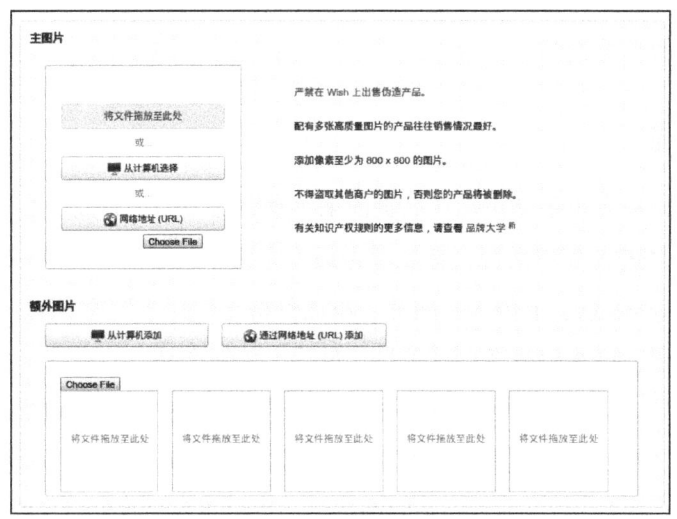

图 5-20　上传图片页面截图

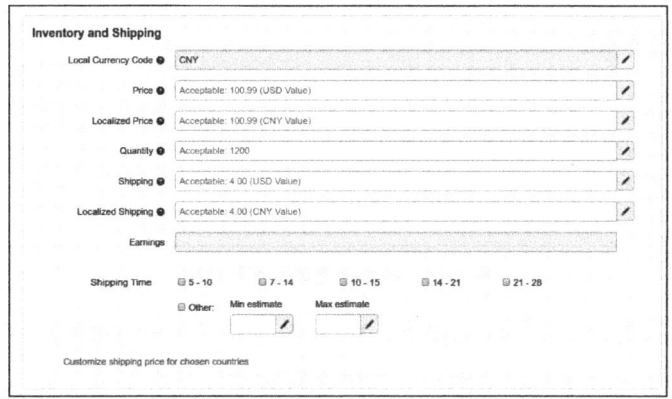

图 5-21　选择配送时间页面截图

(4)提供正确尺码和颜色信息。用户信赖拥有完整尺码和颜色选项信息的产品。当他们选择了自己喜欢的尺码和颜色时,他们更有可能购买产品。为产品添加颜色和尺码的操作非常简单,如图 5-22 所示。

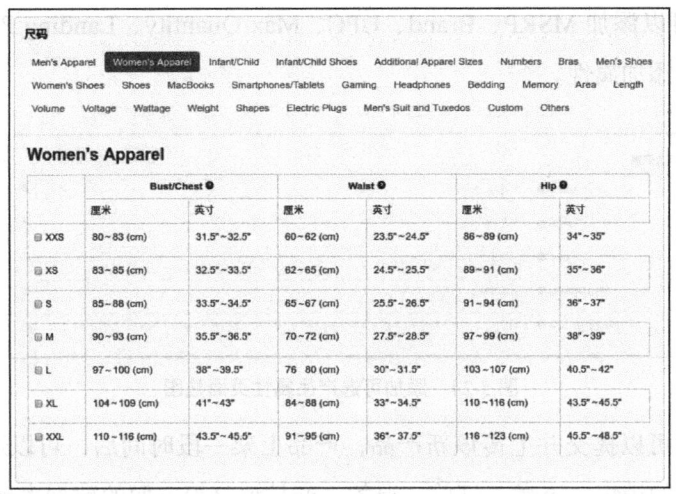

图 5-22 为产品添加颜色和尺码页面截图

（5）调整每个产品的价格和数量，如图 5-23 所示，假设没有彩色的 S 号，只需将数量调整为 0 即可。

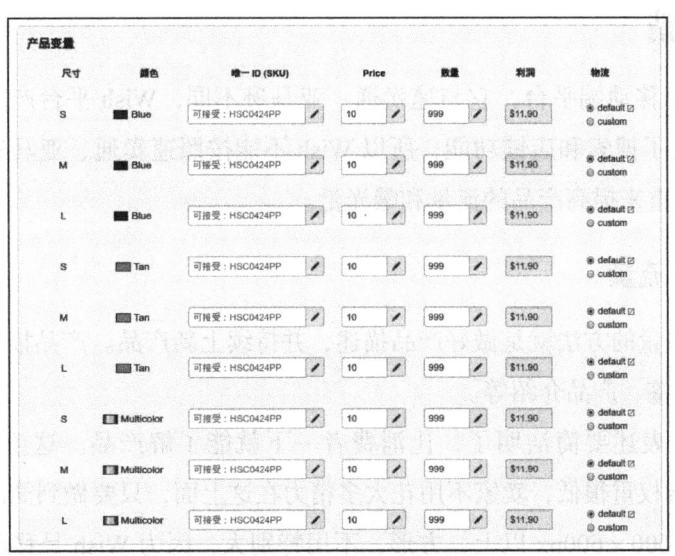

图 5-23 产品变量页面截图

（6）添加可选产品属性。如图 5-24 所示，展开可选信息部分为产品添加更多信息。

在这里，商户可以添加 MSRP、Brand、UPC、Max Quantity、Landing Page URL。单击相应字段为产品添加属性。

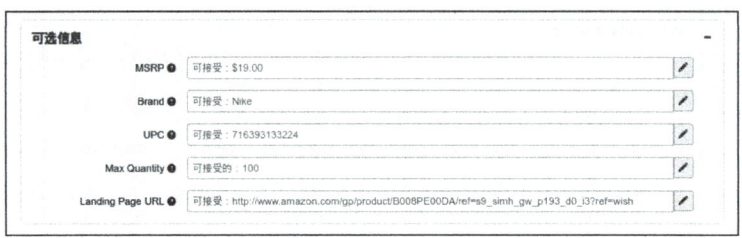

图 5-24　添加可选产品属性页面截图

接下来商户可以提交并上传该新产品，产品上架一段时间后，可以通过产品表现查看该产品在近期的销售、流量、订单、退款、产品评分等方面的数据表现情况。

第四节　网络营销与数据分析

一、网络营销

Wish 是一个移动端平台，它与速卖通、亚马逊不同，Wish 平台产品是通过用户习惯推送的，淡化了搜索和店铺功能，所以 Wish 不能按照速卖通、亚马逊的方式通过增加产品的搜索权重来提高产品的流量和曝光量。

（一）站内流量

Wish 增加流量的方法就是做好产品描述，并持续上新产品。产品描述主要包括产品标题、图片、标签、产品介绍等。

（1）标题：表述要简洁明了，让消费者一下就能了解产品。这里需要强调的是，Wish 标题的搜索权重很低，卖家不用花太多精力在这上面，只要做到简洁明了即可。

（2）图片：600×600px 以上，方形，不用特别大，因为 Wish 是移动端，图片太大用户在查看商品图片时加载会很慢。尽量多上传些图片，以全方位展示商品。

（3）标签：标签的搜索权重很高。标签的上限是 10 个，卖家要充分利用。不会写标签的卖家可以多关注做得好的商家，看他们是怎么写的。另外，Wish 也有 Trend（趋势）的标签，卖家可以参考。卖家也可以关注手机端建议的或者流行的标签。

（4）产品介绍：卖家在描述产品时，不要从卖家的角度出发，而应从买家的角度出发，换位思考一下，如果你是买家，你想要了解这件产品的哪些方面，然后重点描述这些方面就行。关于产品的颜色、尺寸、大小等属性要描述清楚，如果描述跟产品有误差，买家在收到货后发现跟描述不符，很容易退货。为避免不必要的纠纷，卖家在描述时要尽量如实描述。产品描述做好之后，卖家还要做的是持续上新产品，只有不断更新，店铺的流量才会高。

另外，要学会蹭热点，这将使卖家有机会获得巨大的买家流量。当 Wish 平台上出现某个热点时，卖家可以结合热点推出相关产品，并在标题、描述和自定义标签中加入热点关键词。同时，卖家发货是否及时也是影响店铺流量的一个重要原因。卖家要尽量早发货，并跟踪物流信息。若订单被系统或者消费者取消，会影响店铺的流量。

（二）站外流量

Wish 平台特点决定了提高 Wish 产品订单转化率需要很高的站外引流转发率。站外引流是触发推送的关键所在，Wish 热销品依靠的是 Wish 推送，做站外引流必须要做到以下几点。

（1）自建站的建设：自建站是一个公司的名片、是买家的归属地、是品牌打造的基础。

（2）Facebook 宣传：Facebook 是 Wish 的发源地、是 Wish 粉丝的聚集地、是流量来源与买家互动的平台。

（3）YouTube 视频：有多少买家帮卖家做了 Wish 买家秀？卖家要知道若有买家帮自己做了产品视频，则卖家的产品很有可能会被 Wish 平台上的几百万粉丝观看，所以买家秀的视频对店铺来说非常重要。

（4）ProductBoost：Wish 推出了 ProductBoost（以下简称 PB）后，商家可以直接以竞价的方式购买流量，这样在打造核心产品上就变得更加主动和灵活了。因此，对于有能力运营好 PB 的商家而言，PB 是一个非常好的工具。

PB 是结合商户端数据与 Wish 后台算法，为指定产品增加额外流量的活动。在 PB 面世之前，Wish 根据后台核心算法向匹配用户推送相关产品，而卖家在获取流量上处于被动局面。PB 是以竞价的形式直接购买流量。商户可以利用 PB 对自己的产品，尤其是潜力产品的流量进行干涉。参加 PB 活动会产生一定的费用，该费用在下一个支付日从商户的账户当期余额中扣除。对于 PB 活动的周期，商户可以进行自定义设置。

PB 的优势如下。

①能得到更好的曝光：产品的展示排名可以获得更好的位置。

②能实现从"0"到"1"的转化：有利于新品快速出单。

③能更快地凸显热销产品。

PB 的流量主要来源于平台搜索，当输入产品关键词搜索后，参加 PB 的产品会出现在搜索结果页面靠前的位置。这时可创建活动，具体操作为登录商户后台，在"加入 ProductBoost 获得更多销量"模块，单击"立即加入—创建活动"，或者直接在菜单栏"ProductBoost"下拉列表中选择"创建活动"。

二、数据分析

我们需要通过数据来了解 Wish 运营中销售端、运营端和整体规划的要点[①]。

第一，销售端。通过 Wish 后台数据，我们可以挖掘每个产品的流量、转化率、结账比例，以及产品的评论、销售人员操作店铺的效率情况、日常维护情况等。除此之外还可以了解平台主要大商户的表现。

第二，运营端。通过运营端，我们可以了解商户在发货、订单处理等方面的表现，并且运营过程中的退款情况、仿品甄别情况以及用户服务表现，都可以在后台数据中体现出来。

第三，整体规划。商户可以根据 Wish 后台及自身的数据统计，定期整合一系列的

---

① Wish 电商学院.Wish 官方运营手册：开启移动跨境电商之路[M].北京：电子工业出版社，2018.

财务数据来帮助企业或者运营人员了解在 Wish 平台上的投入、收益等。

登录 Wish 商户平台后，如图 5-25 所示，卖家可在首页查看一些基本数据指标，如未处理订单、平均订单评级、将在下一支付日收到的金额和因未确认配送而未收到的金额。

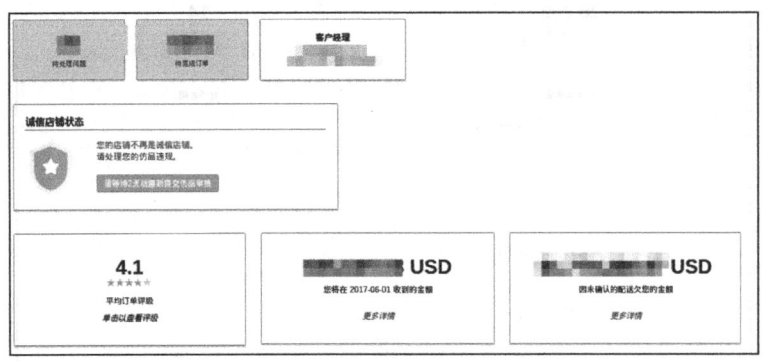

图 5-25 Wish 商户平台首页页面截图

下拉滚动条，卖家还可查看店铺的表现和其他店铺表现的对比数据。例如，订单履行率和到货时长，也可通过对比曲线图查看店铺表现，如图 5-26 所示。

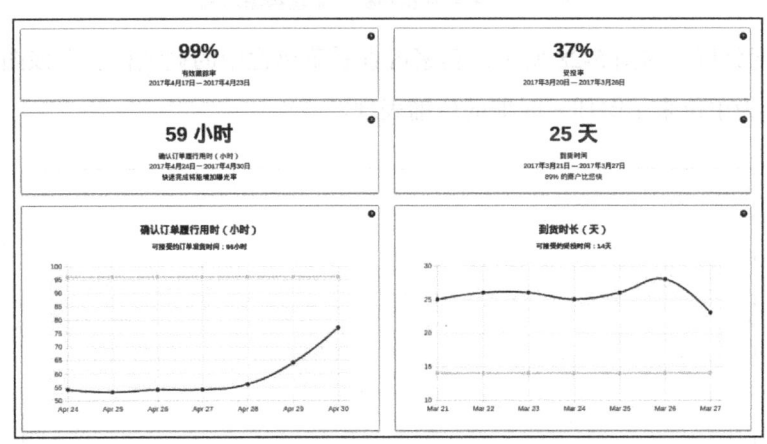

图 5-26 订单履行率和到货时长曲线图示例

平台也会展示如下数据：总体浏览数、总销售额、过去 7 天浏览数、过去 7 天的销售额和 Wish 总计。查看这些数据指标的变化趋势有助于卖家评估店铺上周的数据表现，如图 5-27 所示。

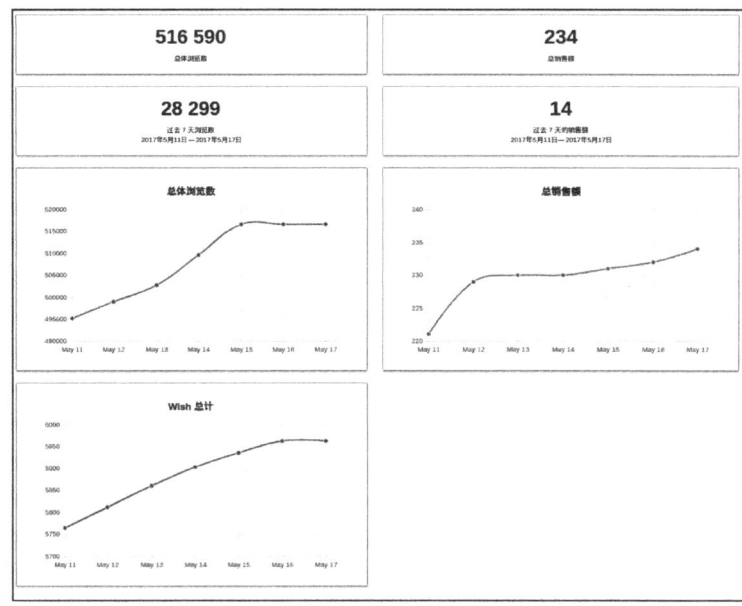

图 5-27　平台数据指标变化趋势图示例

对于深度分析，如图 5-28 所示，卖家可查看菜单栏中的业绩栏。在该图中，卖家可以日 / 周 / 月为单位来了解任一时期的店铺表现。

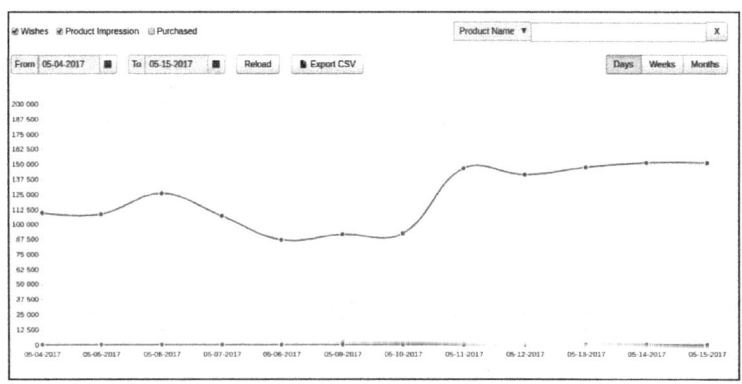

图 5-28　店铺业绩情况页面截图

在销售业绩栏中有很多销售表现指标供卖家查看，其也可查看单个产品销售表现，如图 5-29 所示。

总览　产品浏览　每个国家的明细列表

排名第一的商户

日期范围	产品浏览数	"购买"按钮点击次数	"购买"按钮点击率	购物车浏览数	订单	结帐转换率	成交总额	产品详情
05/08 - 05/14	937 258 581	1 044 367	0.1114%	1,044,367	184,223	17.64%	$644 000.72	产品详情

您的统计数据

导出 CSV

日期范围	产品浏览数	"购买"按钮点击次数	"购买"按钮点击率	购物车浏览数	订单	结帐转换率	成交总额	产品详情
05/08 - 05/14	220	6	2.7273%	6	49	816.67%	$111.46	产品详情
05/01 - 05/07	288	8	2.7778%	8	2	25.00%	$3.60	产品详情
04/24 - 04/30	370	0	0.0000%	0	0	0.00%	$0.00	产品详情
04/17 - 04/23	1 097	0	0.0000%	0	1	0.00%	$9.35	产品详情
04/10 - 04/16	944	0	0.0000%	0	3	0.00%	$15.30	产品详情
04/03 - 04/09	872	26	2.9817%	26	25	96.15%	$98.04	产品详情
03/27 - 04/02	1 736	0	0.0000%	0	0	0.00%	$0.00	产品详情

图 5-29　销售表现指标页面截图

卖家还可点击产品概述查看产品数据概览，了解店铺的产品表现，如图 5-30 所示。

产品数据概览

导出 CSV

时长	上架产品总数	SKU 总数	每个产品的 SKU 数量	平均价格	平均运费	价格与运费比	每个产品的平均附加图片数	浏览数	成交总额
05/08/17 - 05/14/17	77	103	1.34	$130.83	$4.28	30.57	0.19	220	$111.46
05/01/17 - 05/07/17	79	105	1.33	$128.88	$4.19	30.77	0.16	288	$3.60
04/24/17 - 04/30/17	79	106	1.34	$129.82	$4.19	30.98	0.18	370	$0.00
04/17/17 - 04/23/17	80	110	1.38	$128.47	$4.13	31.14	0.19	1,097	$9.35
04/10/17 - 04/16/17	83	117	1.41	$126.67	$3.95	32.08	0.23	944	$15.30
04/03/17 - 04/09/17	88	122	1.39	$128.10	$3.90	32.86	0.23	872	$98.04
03/27/17 - 04/02/17	97	135	1.39	$131.25	$3.71	35.39	0.26	1,736	$0.00
03/20/17 - 03/26/17	99	140	1.41	$127.74	$3.61	35.39	0.27	2 323 662	$65.45
03/13/17 - 03/19/17	95	133	1.40	$135.22	$3.67	36.80	0.25	141 286	$29.75
03/06/17 - 03/12/17	87	116	1.33	$142.17	$3.93	36.18	0.20	68 388	$80.75

图 5-30　产品数据概览页面截图

在业绩栏中点击评分表现查看卖家评分表现指标，如店铺评分和产品评分，也可通过导出 CSV 文件查看，如图 5-31 所示。

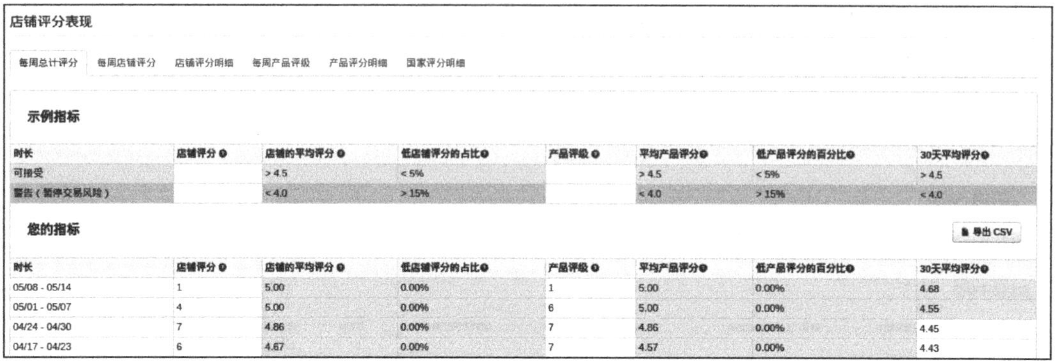

店铺评分表现

每周总计评分 每周店铺评分 店铺评分明细 每周产品评级 产品评分明细 国家评分明细

示例指标

时长	店铺评分	店铺的平均评分	低店铺评分的占比	产品评级	平均产品评分	低产品评分的百分比	30天平均评分
可接受		> 4.5	< 5%		> 4.5	< 5%	> 4.5
警告（暂停交易风险）		< 4.0	> 15%		< 4.0	> 15%	< 4.0

您的指标

导出 CSV

时长	店铺评分	店铺的平均评分	低店铺评分的占比	产品评级	平均产品评分	低产品评分的百分比	30天平均评分
05/08 - 05/14	1	5.00	0.00%	1	5.00	0.00%	4.68
05/01 - 05/07	4	5.00	0.00%	6	5.00	0.00%	4.55
04/24 - 04/30	7	4.86	0.00%	7	4.86	0.00%	4.45
04/17 - 04/23	6	4.67	0.00%	7	4.57	0.00%	4.43

图 5-31　卖家评分表现指标页面截图

物流表现栏中展示的是物流相关指标表现，如图 5-32 所示。

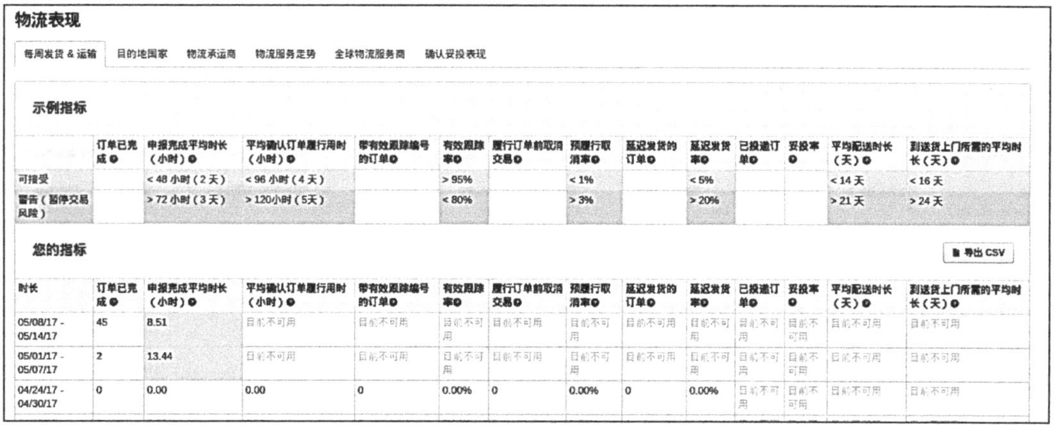

物流表现

每周发货 & 运输 目的地国家 物流承运商 物流服务走势 全球物流服务商 确认妥投表现

示例指标

	订单已完成	申报完成平均时长（小时）	平均确认订单履行用时（小时）	带有效跟踪编号的订单	有效跟踪率	履行订单前取消交易	预履行取消率	延迟发货的订单	延迟发货率	已投递订单	妥投率	平均配送时长（天）	到送货上门所需的平均时长（天）
可接受		< 48 小时（2 天）	< 96 小时（4 天）		> 95%		< 1%		< 5%			< 14 天	< 16 天
警告（暂停交易风险）		> 72 小时（3 天）	> 120小时（5天）		< 80%		> 3%		> 20%			> 21 天	> 24 天

您的指标

导出 CSV

时长	订单已完成	申报完成平均时长（小时）	平均确认订单履行用时（小时）	带有效跟踪编号的订单	有效跟踪率	履行订单前取消交易	预履行取消率	延迟发货的订单	延迟发货率	已投递订单	妥投率	平均配送时长（天）	到送货上门所需的平均时长（天）
05/08/17 - 05/14/17	45	8.51	目前不可用	目前不可用	目前不可用	目前不可用	目前不可用	目前不可用	目前不可用	目前不可用	目前不可用	目前不可用	目前不可用
05/01/17 - 05/07/17	2	13.44	目前不可用	目前不可用	目前不可用	目前不可用	目前不可用	目前不可用	目前不可用	目前不可用	目前不可用	目前不可用	目前不可用
04/24/17 - 04/30/17	0	0.00	0.00	0	0.00%	0	0.00%	0	0.00%	目前不可用	目前不可用	目前不可用	目前不可用

图 5-32　物流表现页面截图

单击“周发货完成及物流表现”，可了解每周的物流表现数据，如发货完成时间、物流到家门口时间，以及妥投率。

单击“物流服务走势”，卖家可了解不同时间段的运输数据，如送货上门所需的平均时长（天）、延迟发货率、平均配送时长、有效跟踪率、订单的数量等。

卖家可通过 Wish 平台来了解用户满意度。Wish 平台为卖家提供了准确的数据，卖家可据此了解店铺的退款率、退单率和用户满意度。

用户服务表现中的各项数据指标将帮助卖家分析用户服务表现趋势，如退单比例、退款金额比例、客户问题比例、响应客户问题的平均时长等，如图 5-33 所示。

图 5-33　用户服务表现页面截图

卖家可通过仿品率表现来了解 Wish 店铺的仿品率，如图 5-34 所示。

图 5-34　仿品率表现页面截图

定期分析退款率指标、保持低退款率对商户在 Wish 上保持销售增长至关重要。Wish 会同时审核当周前 0～30 个自然日内及前 63～93 个自然日内生成的退款订单数量。根据 Wish 的退款政策规定，若店铺的退款率高，但在不断改善中，则商户需要承担相关的退款责任；若店铺的退款率极高，则店铺存在被暂停交易的风险。如需深入分析退款表现，请通过业绩栏进入退款表现页面，如图 5-35 所示。

跨境电商出口零售实务

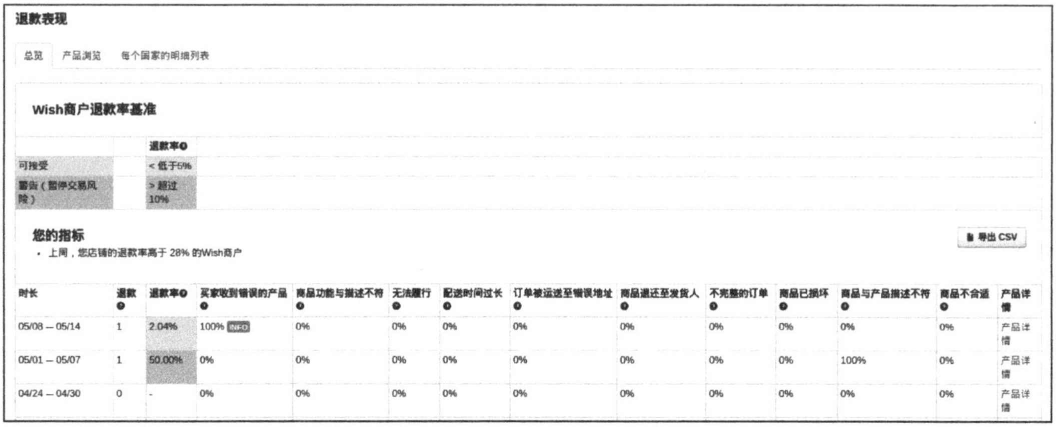

图 5-35 退款表现页面截图

对店铺运作情况的分析是经营 Wish 过程中一个必不可少的环节，目的是从整体上把握店铺的运作情况，为制定新的经营策略或调整旧的经营策略提供现实依据，总体来说就是卖家要从整体上了解店铺运作得如何。卖家要定期对自己店铺的运作情况做分析总结，及时调整并促进店铺经营。

东南亚跨境平台实务

第一节 东南亚 Lazada 平台实务

一、平台规则与平台服务

(一) Lazada 平台简介

在跨境电商蓬勃发展的今天,东南亚地区的跨境电商也在飞速发展。其中,Lazada 是该地区电子商务的领头公司。Lazada 成立于 2012 年 3 月,仅用了三年时间就成长为东南亚最大的跨境电子商务平台;2019 年上半年,Lazada 年度活跃用户数突破了 5 000 万,在整个东南亚市场电商 App 中位居第一。作为东南亚首屈一指的网上购物平台,Lazada 在印度尼西亚、马来西亚、菲律宾、新加坡、泰国以及越南设有分支机构,同时在韩国、英国和俄罗斯等国家和地区设有办事处。

Lazada 覆盖东南亚近 6 亿消费者群体,号称"东南亚亚马逊",平台产品十分丰富,多数买家来自于中国、韩国、美国和欧洲。从类目上看,平台主要经营服饰、玩具、幼儿用品、电话与平板电脑、家电、家具与生活用品、消费电子产品、手表、袋子、饰物等,其中服饰、家居和电子配件等优势比较明显。

Lazada 被视为国内互联网巨头阿里巴巴集团开拓东南亚市场的"先锋队"。阿里巴巴在 2016 年花费 10 亿美元收购了 Lazada 51% 的股份;此后在 2017 年又向其注资 10 亿美元,使其持股增至约 83%;2018 年年初又追加 20 亿美元投资,至此,阿里巴巴对 Lazada 的持股比例超过九成。阿里巴巴也为 Lazada 的发展提供了先进的技术和管理经验,并共同致力于东南亚地区物流网络和电子支付的完善,以建立起长期的竞争优势。

（二）佣金

商家在 Lazada 平台上销售产品不需要缴纳产品展示费，但需要向平台缴纳一定比例的佣金和付款费用。

其中，马来西亚、印度尼西亚、泰国、新加坡、菲律宾站点付款费用比例为 2%，越南为 3.84%。关于佣金比例，越南站点和其他站点也不同，具体如表 6-1 和表 6-2 所示。

表 6-1 Lazada 越南站点佣金比例

类目	子类目	佣金
电子产品	相机/手机＆平板电脑/电脑＆笔记本电脑/电视、音频/视频、游戏＆可穿戴设备	4%
非电子产品	时尚/快速消费品/居家＆生活/汽车/数码产品/其他	8%

表 6-2 Lazada 马来西亚、印度尼西亚、新加坡、泰国、菲律宾站点佣金比例

类目	子类目	佣金
电视、音频/视频、游戏、可穿戴设备	音频/小工具/电视/视频/可穿戴设备	1%
	App 配件/游戏机/电视配件	4%
手机、平板电脑	固定电话/手机/平板电脑	1%
	手机配件/平板电脑配件	4%
摄像机	车载摄像头/单反相机/无人机/小工具和其他摄像头/即时摄像头/傻瓜相机/监控摄像头和系统/视频摄录一体机	1%
	相机配件/镜头/无反光镜/光学配件	4%
计算机、笔记本电脑	台式计算机/笔记本电脑/打印机和配件/扫描仪	1%
	计算机配件/计算机组件/网络组件/PC 游戏/软件	4%
数码产品	全部	4%
箱包、旅行	全部	4%
床上用品、洗浴	全部	4%
时尚	全部	4%
家具、装饰	全部	4%
百货	全部	4%

（续表）

类目	子类目	佣金
健康、美容	全部	4%
家用电器	全部	4%
厨房、餐厅	全部	4%
洗衣、清洁	全部	4%
媒体、音乐、图书	全部	4%
母婴	全部	4%
汽车	全部	4%
宠物用品	全部	4%
运动、户外	全部	4%
文具、手工艺品	全部	4%
工具、DIY、户外	全部	4%
玩具、游戏	全部	4%
手表、太阳镜、珠宝	全部	4%

（三）物流

Lazada 获得快速发展，与其高效、精准的物流密切相关。Lazada 全球物流方案分为两种，分别为 LGS 物流和海外仓物流。海外仓物流是指商家向官方申请，直接从海外仓递送货物至顾客手中。下面着重介绍 LGS 物流。

1. LGS 物流概况

LGS 物流是 Lazada 的主要物流方式，包括三个步骤，即取货、国际货运和最后一千米的递送。

（1）取货：卖家将货物寄送至分拣中心，国内卖家可通过第三方物流将货物寄送至深圳和义乌两个分拣中心，非中国地区或者韩国发货将货物寄送至中国香港。

（2）国际货运：到达分拣中心的货物会由官方经过分拣统一安排国际货物运输，并由第三方物流运送到目的国家（地区）清关。

（3）最后一千米递送：可通过 LEX 物流将货物依次送至 LEX 分拣中心、各国主要城市站点和各卫星站点，最后货物被送至顾客手中；也可通过 Lazada 第三方物流直接将货物送至顾客手中。

2. LGS 物流的优势

（1）运送效率高：物流运输由官方统筹规划，每日直接寄送货物至东南亚，有效降低了货物派送的时效。

（2）节省了物流成本：货物统一运送以及由当地物流运送，借助规模优势大幅度降低了统一运输成本，也因此降低了运送收费率，节省了物流成本。

（3）物流有条理、可控：由于发货地和收货地的内部分拣管理机构的作用，产品的发货和物流分载的可控度提高，货物整体物流更有条理。

（4）管理更灵活：采用模块方式，实现对不同合作伙伴更灵活而且更大规模的管理，以应对物流的高低峰和其他未知情况的发生。

（5）高派送成功率：货物递送的成功率和精准度均较高，从而订单取消率得以降低。

（6）促进销量增长：高效准确的货物投递能提高顾客的满意度和运营评价。另外，使用 LGS 物流的商家还可参加平台特定的促销活动。

3. 退货物流方案

若是由于买家不在家、物流联系不到买家或者收货人信息错误导致货物派送不成功，派送公司会尝试第二次派送，如果仍然以失败告终，则将在新加坡的货物交付到当地的 Lazada 仓库，此后运回中国香港，其他国家在重寄货物流程之后运回中国香港。退回件抵达中国香港之后，原先由中国内地发货的包裹将退回给卖家（但是如果有货物价值过高等特殊情况无法退回内地，需要商家从中国香港自取）；由非中国内地发货的包裹将由卖家自取；由中国香港发货的包裹两种退回方式均可。

这里需注意：卖家既可先在 Times 物流（Lazada 在中国香港的第三方物流伙伴）系统内注册，以便退回货物抵达中国香港时收到邮件提示，也可在 Times 物流系统内查看货物退回状态。此外，卖家需要注意，越南退货将无法运送退回。

若是消费者退货（消费者可在 7 个工作日内退回错误、缺少、冒牌、破损和有缺陷的货物），货物会首先退回到当地的 Lazada 仓库，由 Lazada 对货物进行质检，价值超过 10 美元的货物将退回中国香港 Lazada 仓库，此后流程与上述派送不成功货物退回卖家流程一致。

（四）支付

目前 Lazada 平台为卖家提供三种跨境收款服务，分别为 Alipay（支付宝）收款服务、Payoneer（派安盈）收款服务和 WorldFirst（万里汇）收款服务，其中马来西亚、新加坡、泰国、菲律宾和印度尼西亚五个站点均支持以上三种收款方式，越南站点仅支持 Payoneer 收款。商家可以依照注册账户、对接和收款的流程绑定收款账户。

需要注意的是，目前 Lazada 和 WorldFirst 的对接项目还在进行中，Lazada 平台暂时还无法提供注册的渠道，因此商家如果想要注册 World First 收款需要登录 WorldFirst 官网进行注册。

二、平台店铺注册

Lazada 平台有印度尼西亚、马来西亚、菲律宾、新加坡、泰国以及越南共六个站点，其中只有越南站点不对我国商家开放，商家一般在马来西亚站点进行注册入驻。

近年来，Lazada 逐渐放宽商家入驻限制，突破了先前的邀请制，目前商家可以通过自助系统提交申请，顺利通过审核即可成为 Lazada 平台上的商家。

卖家在 Lazada 平台上注册店铺的具体操作步骤如下。

（1）进入 Lazada 平台首页，单击页面顶部"SELL ON LAZADA"，再单击左下角"BE A SELLER NOW"，如图 6-1 所示。

（2）进入商家注册界面，选择注册商家类型为 LazGlobal Seller，在弹出的新页面中依次填写正确的信息。选择账户类型为 Corporate，公司所在地选择 China，填写手机号码并输入平台发送的验证码，勾选"I have read……"，最后单击"SIGN UP"，如图 6-2 所示。

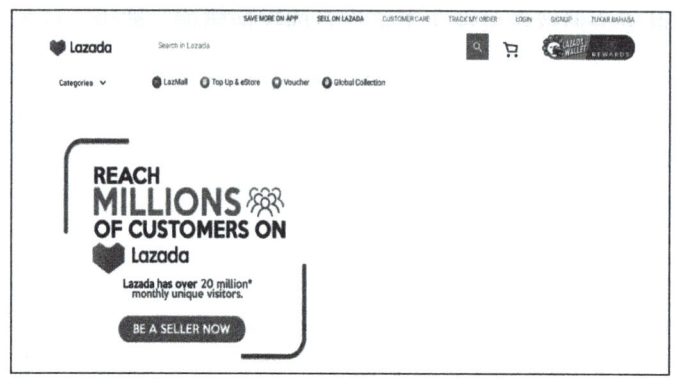

图 6-1　Lazada 平台首页页面截图

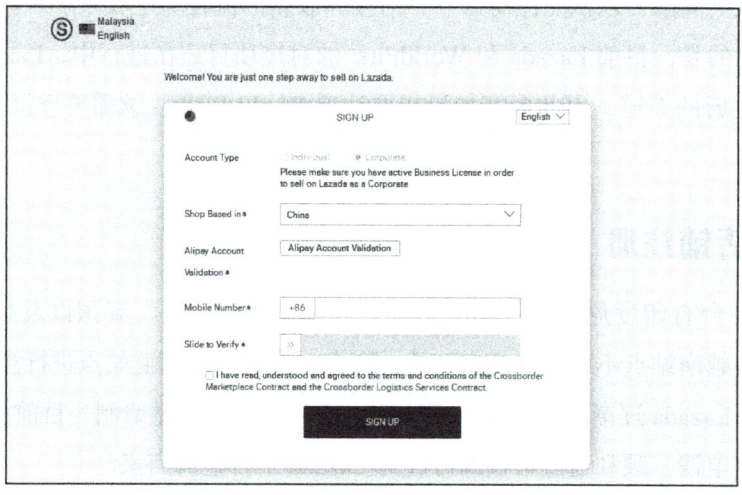

图 6-2　商家注册页面截图

（3）商家注册完成后，页面会自动跳转至"To Do Task"，单击"Manage Address Book"进行地址管理，分别按照提示填写仓库所在地、公司运营所在地和退货地址。

（4）地址填写完成并通过验证之后，页面会自动跳转至"Verify Your Business"。这时应先进行企业支付宝验证。此处的支付宝验证并不代表未来经营中收款必须使用支付宝，事实上商家收款方式还有派安盈、万里汇等收款方式，此处支付宝只用于验证企业信息。企业支付宝验证通过之后，平台会自动获取企业的相关信息，包括企业名称、注册编号等。

企业信息补充完整之后,商家开始上传企业的相关文件,包括营业执照、经营计划书。其中,上传经营计划书时可以单击右边的模板链接,参考相关内容完成上传。

将经营信息补充完整,其中包括主营类目和货币,一般选择人民币,如图 6-3 所示。

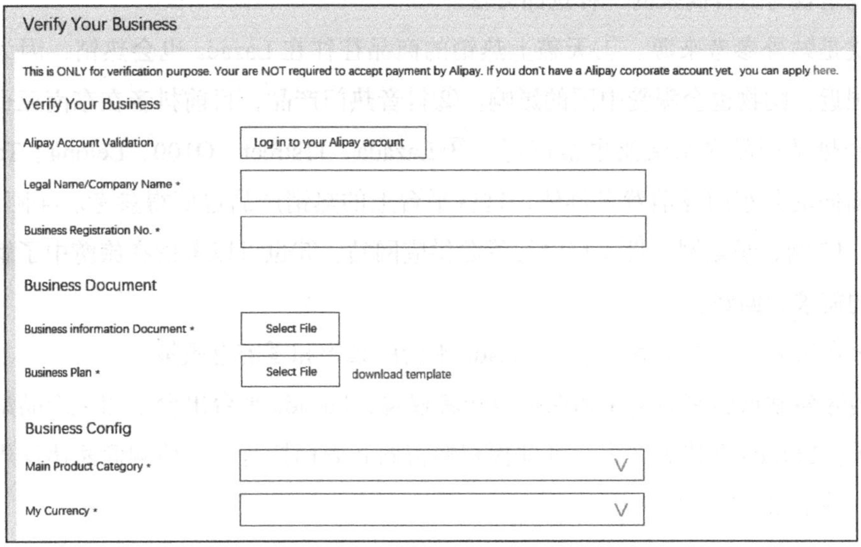

图 6-3　经营信息页面截图

Lazada 注册完成后,商家还需要耐心等待平台审核。

三、店铺选品与页面管理

(一)店铺选品

适销的产品类目和合适的产品结构是卖家在各大平台生存和发展的基础,通常来说,商家在选择产品时一般要遵循以下两个原则:第一,产品要与其定位相吻合;第二,产品要符合买家需求。所选产品不仅要满足买家当前的需求,还能创造和引导买家潜在的需求。随着科技和生产技术的快速发展,消费类产品的更新率也大大加快,这就要求采购人员能够把握未来流行的趋势和脉搏。

对于具体产品的选取，商家可参考 Lazada 站内和站外两个选品参考来源。

首先是站内参考来源。当商家在后台打开一个产品链接时，在产品描述下面会出现一个类目排名栏。这时，商家可以根据这个排名获取当前平台上面比较热销的产品，然后根据自己的喜好和市场需求进行产品分析、筛选，选出新颖又有"爆款"特质的产品。这也是较为适合商家的一种选品方法。

其次是站外参考来源。①天猫上热销的商品往往在 Lazada 也会热销，因为东南亚距离中国近，购物也会深受中国的影响。②抖音热门产品，目前抖音在东南亚也大受欢迎，抖音热销产品在东南亚也很流行。③ Lazada、11street、Q100、Lelong、Tokopedia 等平台面向的是东南亚消费者群体，这些平台上的热销产品也值得参考。④阿里巴巴、拼多多、17网、越域网、批发户网等货源供应网站。⑤也可以考虑在旅游中了解东南亚消费者的需求和偏好。

不过在选品过程中要格外注意 Lazada 平台的禁售和零容忍政策。

为遵守各站点国家的法律和保护消费者权益，Lazada 平台出台了相关产品禁售和零容忍政策。Lazada 会代表客户、其他授权销售商和商标持有人，检测商家违反规章制度的行为，并采取相应惩罚措施。

1. 禁售产品

（1）电池和移动电源、充电手机壳、无线充电器。

（2）香水、化妆品。

（3）食品、酒精、食品补充剂、保健品。

（4）医疗产品。

（5）淫秽和暴力产品、成人玩具。

（6）玩具枪、狩猎、求生用弹簧刀制品。

（7）烟草、香烟、电子香烟、烟丝、草药研磨机。

……

这里要注意的是，除了以上这些禁售产品，各个国家基于自身法律和习俗，对于禁售产品还有更为具体的规定。

另外，有些商品在某一个国家属于禁售产品或者敏感产品，在其他国家却属于可以正常销售的范畴。

商家为了避免在售卖产品上踩雷，其在 Lazada 平台上传和销售产品时应提前了解各国的具体政策，规范经营。

2. 零容忍政策

（1）商家可以在 Lazada 平台上合法销售的产品。

①已授权代理产品。

②全新产品。

③原装产品。

④合法产品。

（2）Lazada 平台对于以下几类产品实行零容忍政策。

①二手产品。

②违法产品。

③没有 FDA 许可的产品。

④未经授权产品、假冒产品，以及宣传暴力、犯罪、歧视或者与宗教信仰冲突的产品。

（3）禁售产品惩罚性政策。

商家如果违反 Lazada 平台的禁售和零容忍政策，可能要受到平台的惩罚，具体惩罚措施有以下几种。

①移除 SKU，产品下架。

②罚款。

③限制卖家账户的交易活动。

④冻结卖家账户。

⑤终止合同。

⑥法律诉讼。

（二）页面管理

1. 产品上传流程

进入 Lazada 卖家中心，单击导航栏中的"Products"，在下拉菜单中选择"Add Global Products"添加全站点产品，进入产品添加页面，如图 6-4 所示。

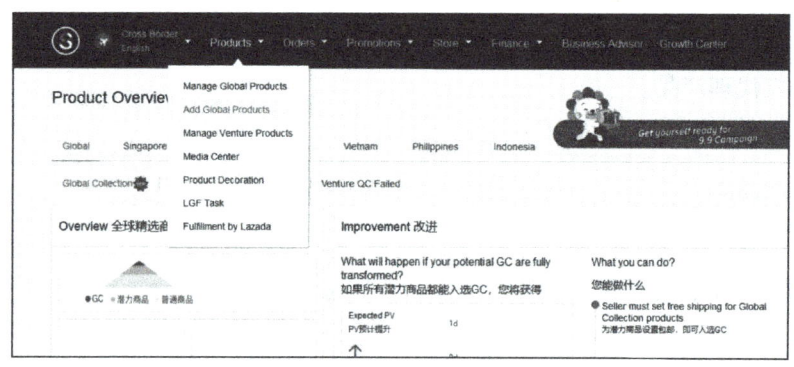

图 6-4 Lazada 卖家中心页面截图

（1）输入产品名称，名称应精简但要包括关键属性，如产品的款式等，同时要注意不要有同义词堆叠在一起。

（2）为产品选择准确的类目，此处需要注意，产品类目如果选择错误，产品审核可能难以通过，同时也影响顾客搜索的准确性，降低店铺的流量额点击率和在目标客户中的曝光率，也不能参加产品的促销活动，如图 6-5 所示。

（3）选择产品的品牌。如果没有品牌，则单击右边"No Brand"按钮；选择危险品种类，页面中有"Liquid"（液体）、"None"（无）、"Battery"（电池）、"Flammable"（易燃）四个选项，一般选择"None"，否则商品一旦属于危险品类，将无法通过审核，如图 6-6 所示。

（4）填写产品基础信息。在 Long Description（长描述栏目）写下对产品的描述，要符合英文语法并利用工具栏对描述进行排版，包括对齐方式、加粗等。单击 Image 可以插入图片链接，但是必须以 Https：// 开头。在 Short Description（短描述中）栏目，可以标注产品的亮点，亮点内容要显示在详情上方位置，最好罗列 3～6 条，用圆点排列，每句话都是英文且长度在60个字符以内，如图6-7所示。在产品基础信息中还可以插入产品展示的视频。另外，还需要补充包裹的规格、重量等，以便于计算运费。其中新加坡站点全场包邮。

（5）按需添加"Key Product Information"（关键产品信息），不同产品所添加的内容选项不同，可以根据产品的具体情况选择相应的补充内容。

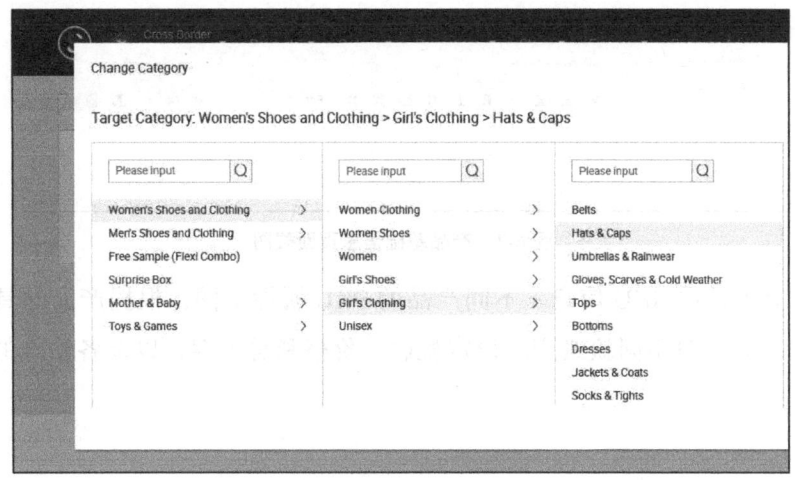

图6-5　产品类目选择页面截图

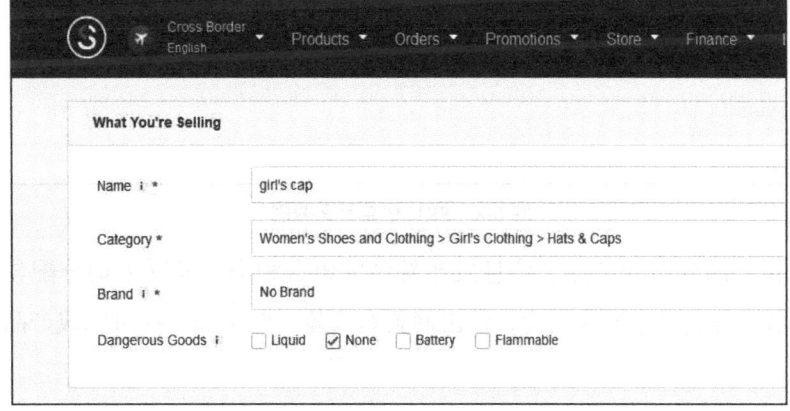

图6-6　产品品牌选择页面截图

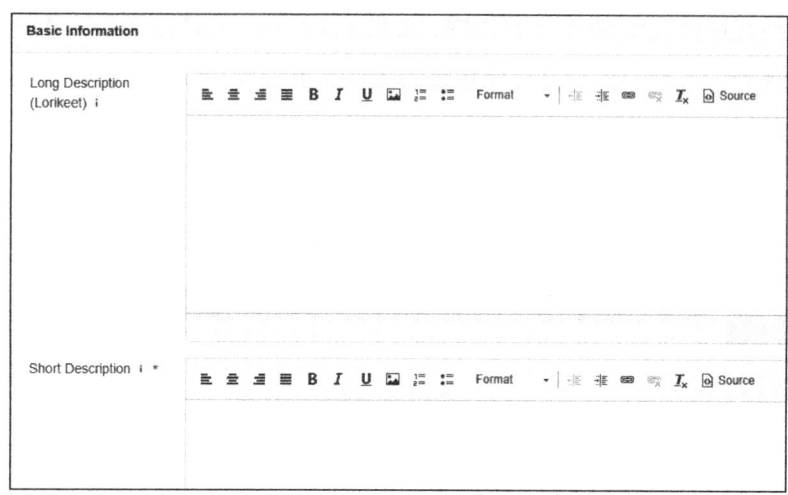

图 6-7　产品基础信息页面截图

（6）补充产品的 SKU 信息。不同产品的 SKU 属性不同，根据产品的具体信息设置不同规格，并且对不同款式产品设定税收、价格和总库存，以及各站点的库存，如图 6-8 所示。

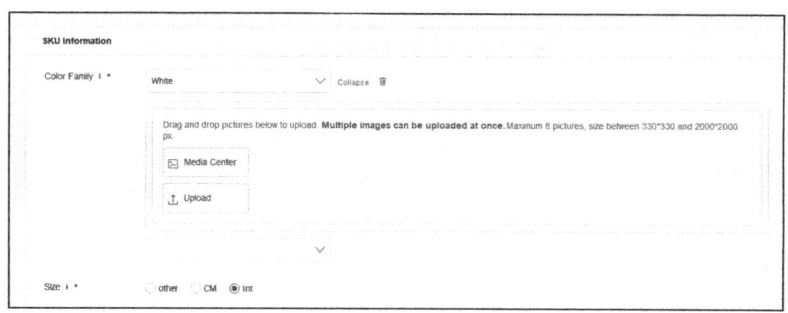

图 6-8　SKU 信息页面截图

（7）选择产品发布的站点、信息发布翻译的语言种类、库存平均分配与否等内容，如图 6-9 所示。完成以上步骤之后，单击网页右下角"Publish"即可完成产品发布。

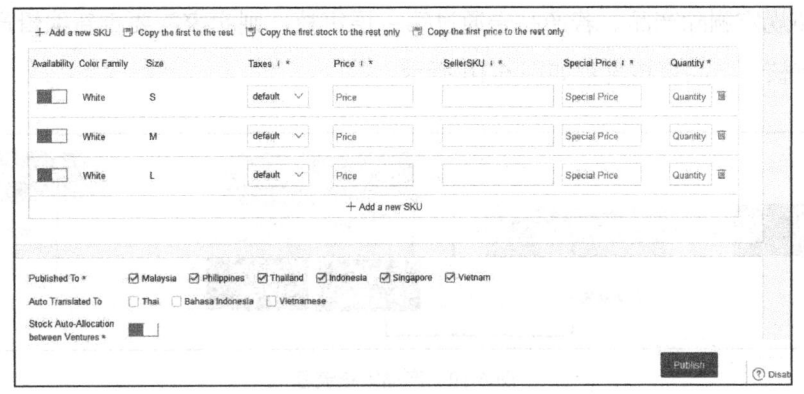

图 6-9 产品发布站点页面截图

2. 图片质量指引

（1）在产品展示页中至少要上传一张图片，一般 2～8 张更为适宜。

（2）图片分辨率不低于 72dpi，产品必须清晰可见，产品轮廓清晰流畅，不可以模糊、有噪点或者像素化，建议使用 1∶1 比例和纯白背景。

（3）主产品的正面视图必须清晰，不能被阻挡或者覆盖；产品展示最好脱离包装，如果未拆包装，则包装上必须有或者可以展示清晰可见的产品图像；产品必须以正常的比例展示，不能拉伸或者比例失调；产品上不要有其他人物或者物品的倒影。

（4）产品图片必须与产品内容相符；内衣、睡衣、泳装等产品应考虑当地文化敏感性，在此基础上根据实际情况决定是否由模特或者人体模型展示产品。

3. 产品审核

对于商家上传的产品，Lazada 平台会根据产品类目、词句、图片等产品信息对其进行审核，一般审核所需要的时间为从最后一次编辑起 2～48 小时。如果商家在审核通过前反复编辑修改产品信息，可能会造成审核延迟。

平台对产品一般经过两层审核。若提交的产品连续通过两层审核，则该产品可以直接上线销售；若产品通过第一层审核，未通过第二层审核，如果是属于一般审核拒绝，则卖家需要再次编辑产品信息，然后提交平台重新审核，如果是被判为禁止销售，则卖家需要按照规定删除产品。若产品未通过第一层审核,则卖家需要重新编辑产品信息并提交平台审核。产品审核流程如图6-10所示。

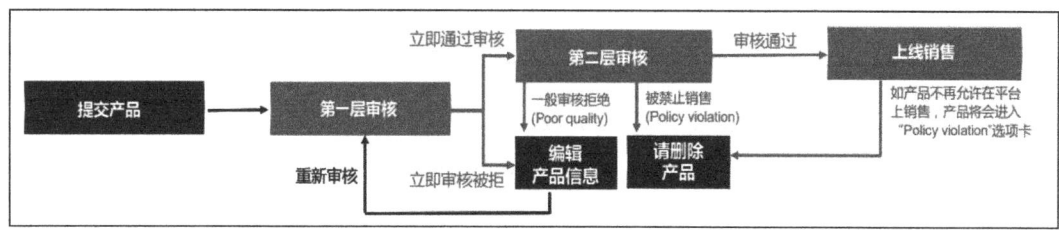

图6-10 产品审核流程

四、订单管理

(一)订单发货操作流程

(1)登录卖家中心,单击导航栏中的"Orders"(订单),再单击下拉菜单中的"Manage Orders"(管理订单)选项,由此进入卖家订单管理页面,如图6-11所示。

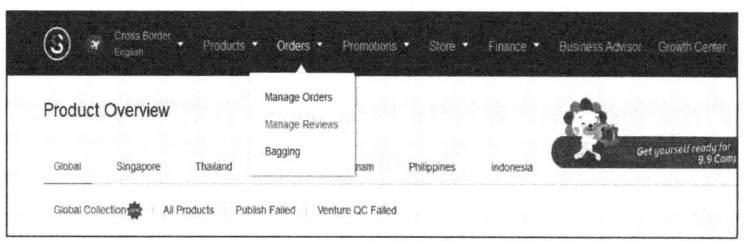

图6-11 卖家订单管理页面截图

(2)客户下单之后,在订单管理页面"Pending"(待定)项下会显示该订单,此时订单状态为未处理。卖家需要在该订单前的方框内打勾,在"Set Status"(设定状态)处选择"Ready to Ship"(准备发货),如图6-12所示。

需要注意的是,买家下单后,卖家必须在48小时内将订单状态由待定转变为准备发货,以避免订单取消和受到平台的罚款。另外,每次只能选择一个订单发货,不允许合并订单发货,即卖家不能重复使用同一个"Tracking ID"(运单号),因为平台无法追踪合并的订单,否则订单将被取消。另外,不要轻易点击"Cancel"按钮,除非产品库存不足或者没有及时发货。

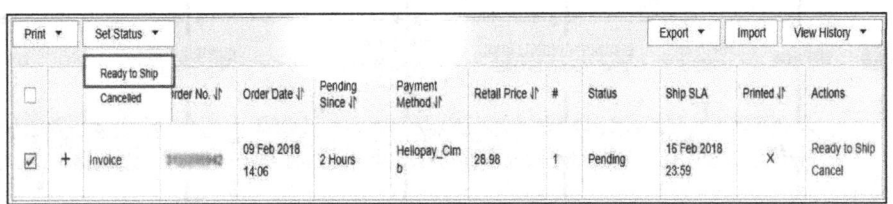

图 6-12 未处理订单页面截图

(3)在"Set Status"选项下打印物流标签和发票,将发票和物品一起放在包裹内,在包裹表面贴上完整的 LGS 物流标签。

(4)将包裹寄送至离平台最近的分拣中心,国内有深圳、义乌和香港三个分拣中心可供选择。需要注意的是,在订单形成的 7 个工作日内,包裹必须送达分拣中心,否则会被 Lazada 平台取消订单。当包裹抵达分拣中心后,订单会跳转到"Shipped"(已出货)选项卡下,此时的订单状态为"In Transit"(在运输中)。

当包裹抵达目的地国家(地区)物流中心时,订单物流状态会被系统自动改为"Shipped",此时平台会启动运费计算。在整个过程中,卖家可以在卖家中心点击订单号查询订单实时状态。

(5)在顾客签收包裹后,系统会根据物流信息将订单状态自动切换为"Delivered"(妥投),该状态下平台才会启动付款。Lazada 在每周的周五对本星期妥投的订单进行财务付款。"Cancelled"项下可以查看由顾客、卖家或者平台取消的订单;"Delivered Failed"项下可以查看投递失败的订单;"Returned"项下可以查看由顾客提出的退货的订单。

综上,以上发货流程可以概括为四步:第一步,确认订单;第二步,卖家发货;第三步,追踪订单;第四步,确认妥投。在整个投递过程中,卖家也可以在卖家中心进行订单处理和查询包裹实时状态。订单发货流程如图 6-13 所示。

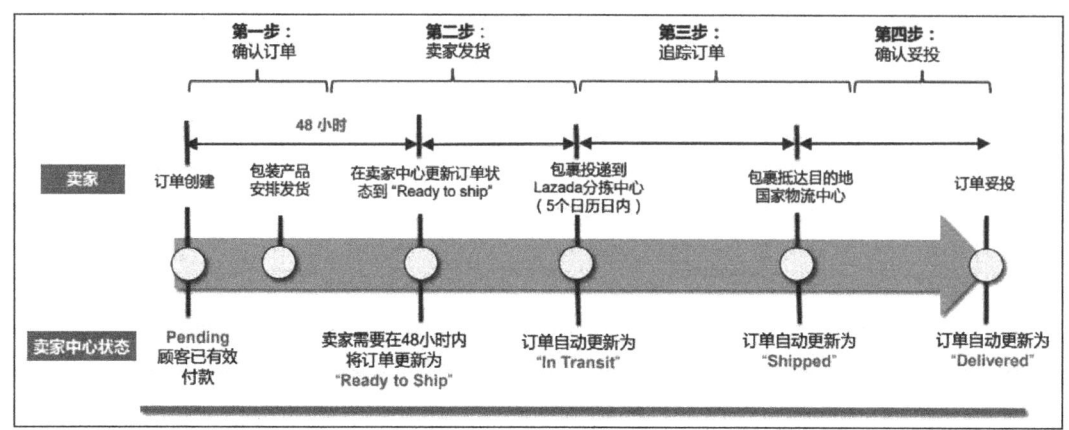

图 6-13 订单发货流程

(二)订单管理注意事项

(1)尽量避免取消订单。导致订单取消的主要原因有四种:第一,在收到订单之后的 48 个小时内卖家未将订单状态从待定改为准备发货;第二,在收到订单后的 7 个工作日内包裹未到达分拣中心被扫描;第三,卖家因为库存不足无法发货;第四,卖家因为自己的失误定价错误导致不肯发货。一旦订单取消率过高,Lazada 平台将很有可能对卖家设置订单数量限制(OVL),惩罚措施见表 6-3。

表 6-3 订单取消率过高的惩罚措施

高订单取消率改进计划(适用于卖家订单量>10)		
情况	10%≤订单取消率<50%	订单取消率≥50%
惩罚措施	(1)Lazada 下调 OVL 至过去 2 到 5 周平均订单量的 50% 计算(新上线首 8 个星期的卖家除外) (2)卖家观看教学视频进行学习并且提交调查问卷(通知邮件中)	(1)Lazada 将店铺开启假期模式 (2)Lazada 下调 OVL 至过去 2 到 5 周平均订单量的 50% 计算(新上线首 8 个星期的卖家除外) (3)卖家观看教学视频进行学习并且提交调查问卷(通知邮件中)

(2)要实时更新库存,避免因为库存不足无货可发导致取消订单而被平台罚款;至

少在 60 个工作日内更新库存，否则商品在系统中会显示为"0"库存，并且无法下单。同时，卖家要实时更新价格，并且以当地的货币定价。

（3）货物重新寄送。除新加坡站点，Lazada 其余站点可通过跨境中心处理投递失败但仍然可以销售的产品，并且当收到另外一个相同产品的订单时，可在当地直接寄送产品。事实上投递失败但是仍可寄送的产品将会在跨境中心停留两个月，其间若被重购，平台会直接安排寄送，并且重新寄送不收取运费；如果其间产品未被重购，Lazada 将按照一般退货程序将货物退给卖家。

五、网络营销

Lazada 每年都有许多促销活动，在给顾客带来优惠的同时也给商家带来大量的网络访问流量。这些促销活动可分为两种，一种是 Lazada 平台所有站点上统一进行的大型促销活动，如新年大促、3 月 Lazada 周年庆、"双十一"、"双十二"等；另一种是各个站点自己举办的促销活动，如各类限时促销。

与淘宝等电商平台相似，Lazada 平台也给卖家提供了多种促销方式和促销工具。

卖家登录 Lazada 平台，单击导航栏"Promotion"（促销）选项，可以看到以下促销工具：Campaign Management（限时促销）、Flexi Combo（联合促销）、Seller Promotions（捆绑促销）、Seller Voucher（优惠券）、Free Shipping（包邮工具）、Sponsored Products（直通车）、Seller Picks（买家秀），如图 6-14 所示。

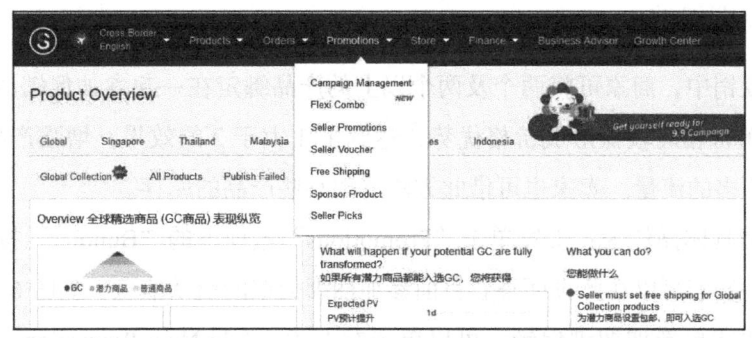

图 6-14　Lazada 平台促销页面截图

下面主要介绍几种较为常用的促销工具。

(一) 限时促销

限时促销是一种在特定时间内进行的促销活动。该活动给顾客营造一种时间上的紧迫感，促使顾客在短时间内做出消费决定。参与限时促销的产品容易成为爆款，给店铺带来较平时日更大的流量，同时也可以借此机会向顾客展示其他产品，提高这些产品的曝光度，带来关联销售，从而提升整个店铺的销量。

卖家单击导航栏"Promotions"选项下的Campaign Management（活动管理）可以查看具体活动细节，如图6-15所示。

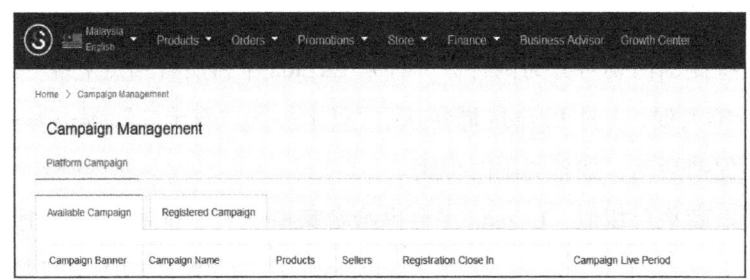

图6-15　限时促销页面截图

Available Campaign是指商家符合参加条件的限时促销活动。Registered Campaign是指商家已经正在参加的限时促销活动。

(二) 捆绑促销

在捆绑促销中，商家可将两个及两个以上的产品绑定在一起参加促销活动，使参加活动的产品单价相对较低形成价格优势，达到1+1大于2的效果，增强产品的影响力，为店铺获取更多的流量。卖家也可借此方法清理某些产品的库存。

捆绑促销具体操作为：卖家单击"Promotions"选项下的"Bundles"按钮，进入捆绑促销页面，卖家可以在此页面查看目前参加捆绑促销的活动信息，如图6-16所示。

卖家如果想要新增捆绑促销，可以单击右上角"Add New Promotion"按钮，进入"Promotion Detail"页面创建捆绑促销条目，如图6-17所示。

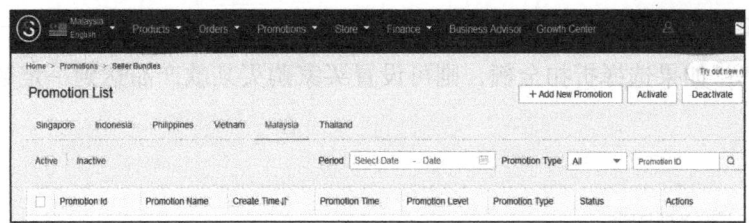

图 6-16　捆绑促销页面截图

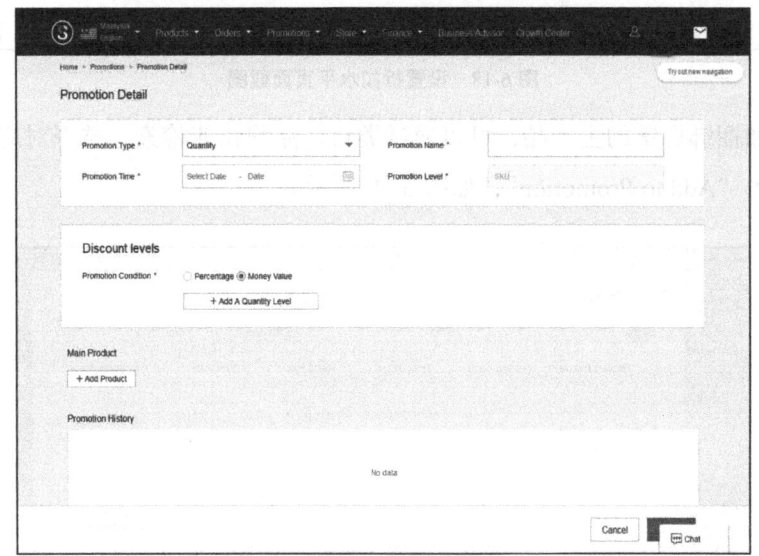

图 6-17　新增捆绑促销页面截图

在 Promotion Detail 页面，卖家可以根据实际情况设置捆绑促销的细节。

首先设置捆绑促销类型，卖家可以选择数量捆绑、买一送一、赠品捆绑以及套装捆绑中的任意一种。其中，数量捆绑是指以特别折扣售卖多件同款产品；赠品捆绑是指售卖一件产品，并额外免费赠送一件产品；套装捆绑是指售卖包含不同产品的套装，其中一件或者多件打折。

其次设置促销名称和捆绑促销有限期限。捆绑促销名称仅卖家可见，建议卖家使用 Seller SKU 作为促销名称，以方便搜索和管理。

如果卖家选择的是数量捆绑，则需要设置折扣水平。如图 6-18 所示，卖家可以选择折扣率和折扣金额。如果选择折扣率，可依次设置买家购买某款产品达到一定数量所享受的折扣比率；如果选择折扣金额，则可设置买家购买某款产品达到一定数量所享受的优惠金额。

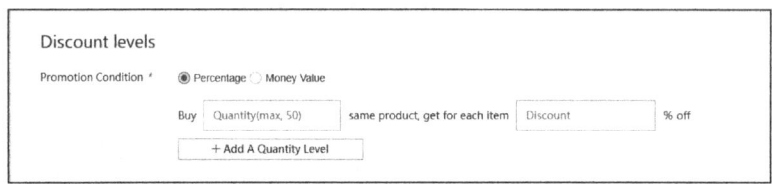

图 6-18 设置折扣水平页面截图

添加参加捆绑促销的主产品，可以通过类目、品牌快速检索，选择对应的产品，然后单击右下角"Add to Promotion"，如图 6-19 所示。

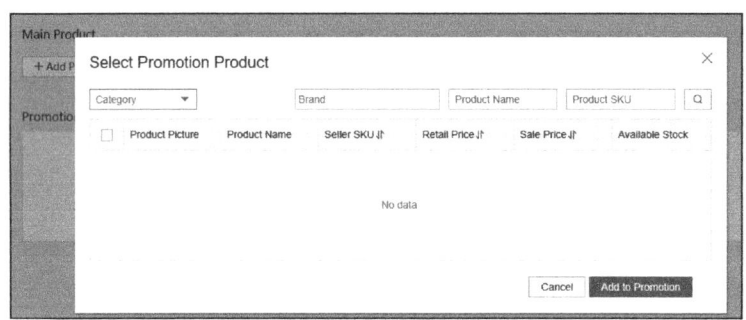

图 6-19 添加捆绑促销的主产品页面截图

以上步骤均完成之后，单击页面右下角的"Submit"（提交）即可顺利捆绑促销活动。如果捆绑类型选择的是赠品捆绑，则还需要选择赠送的商品；如果选择的是套装捆绑，则选择主产品之后还需选套装产品。

这里需注意，同一个捆绑促销中的各个产品无法拆单发货，同时所创建单一捆绑促销的价值和总重量不要超过 LGS 限制。

（三）优惠券

发放优惠券是卖家用来提高销售转化率的重要方式。卖家单击"Promotions"选项下的"Seller Voucher"(卖家优惠券)按钮,即可进入优惠券页面,如图 6-20 所示。单击右上角"Add New Voucher"(添加新优惠券),进入设置新优惠券页面。

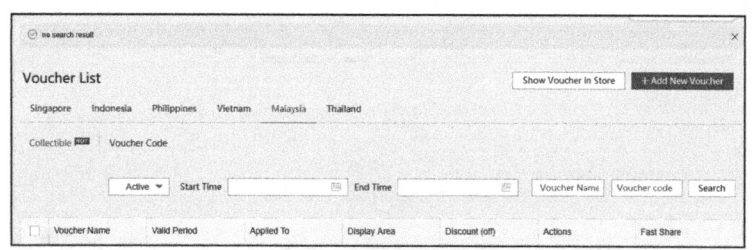

图 6-20　优惠券页面截图

在优惠券页面,卖家可依次为优惠券设置优惠券名称、收集和兑换的起始时间、优惠券编码、优惠券类型,以及使用优惠券的渠道,如图 6-21 所示。

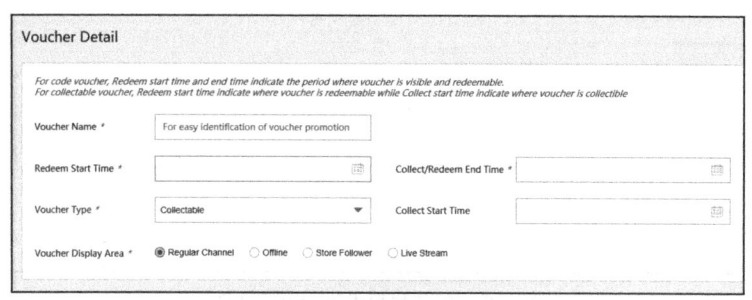

图 6-21　优惠券设置页面截图

接着设置优惠券的折扣种类,卖家可选择现金优惠券或折扣优惠券。

如果选择现金优惠券,则需填写折扣金额、使用优惠券的最低订单金额(顾客订单需满足该金额才可使用优惠券)、优惠券发放的总数、顾客每笔订单使用优惠券的上限以及优惠券适用范围(适用于全店或者特定商品)等具体信息,如图 6-22 所示。填写完成后,单击"Submit"按钮提交即可。

如果卖家选择折扣优惠券,与现金折扣不同的是需要设置折扣比率,并且可以根据自身情况设置最高优惠金额,如图 6-23 所示。填写完成后单击"Submit"按钮提交即可。

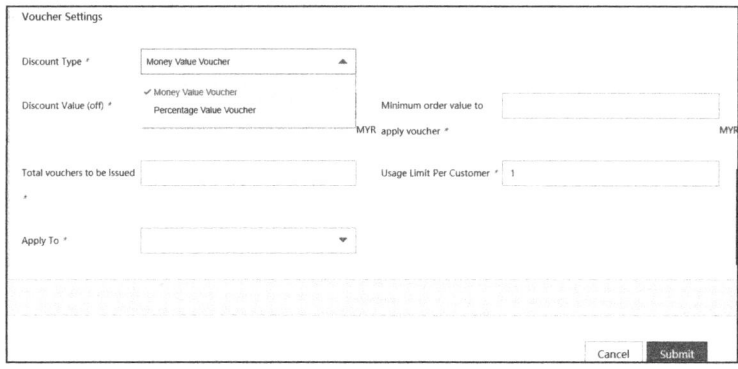

图 6-22　现金优惠券设置页面截图

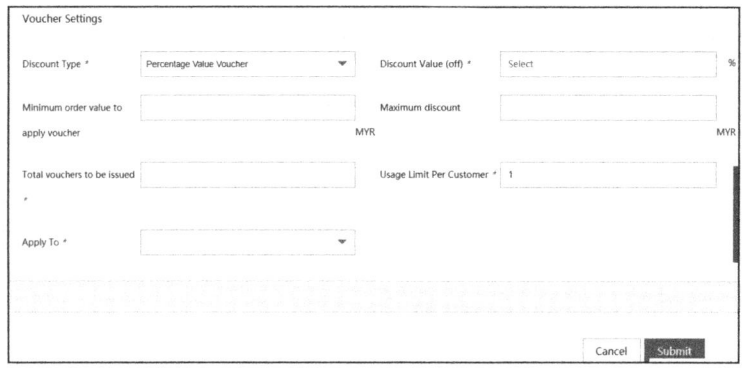

图 6-23　折扣优惠券设置页面截图

第二节　东南亚 Shopee 平台实务

一、平台规则与平台服务

(一) Shopee 平台简介

与 Lazada 一样，Shopee 也是东南亚跨境电商巨头之一，而且是 Lazada 最主要的竞争对手。

Shopee 于 2015 年在新加坡成立，随后业务延伸至马来西亚、菲律宾、印度尼西亚、泰国、越南等地。Shopee 的母公司为 Sea，其理念是运用科技的力量改善当地消费者的生活及推进中小企业的发展。Sea 旗下的电子娱乐、电子商务和电子金融业务在东南亚首屈一指，因此很大程度上为 Shopee 开拓市场提供了方向指引，并起到了熟悉市场的铺路作用。目前 Shopee 在我国深圳、上海和香港地区设有跨境业务办公室。

Shopee 自 2015 年成立以来短短几年内发展迅猛，已经成为东南亚领航电商平台。2018 年 Shopee GMV 达到 103 亿美元，同比增长 149.9%，App 下载量超过 2 亿，员工遍布东南亚和中国。移动数据分析平台 App Annie 分析结果显示，Shopee 荣登 2018 年东南亚购物类 App 下载量榜首。Shopee 中国跨境业务表现亮眼，单量涨幅喜人，增势迅猛，屡屡跑赢大盘。2018 年"双十一"和"双十二"大型促销活动期间，跨境卖家成交量较 2017 年分别提升了 8 倍和 10 倍。Shopee 是一个备受女性用户青睐的移动电商平台，产品覆盖服装配饰、美妆、母婴、家居装饰、流行鞋包等主要品类。随着男性用户及不同消费需求的增加，3C 数码、男装、户外用品等品类也逐渐在 Shopee 平台拓展开来。

Shopee 的经营理念为：用户至上，顺势应变，分秒必争，全心投入，保持谦逊。平台提供一站式跨境卖家解决方案。在物流方面提供自建物流 SLS（Shopee Logistics Service），一站式解决多站点运营难题，打造全程追踪功能；在售前和售后服务方面，小语种语言方案给买卖双方带来了极大便利，机器翻译和本地客服团队高效配合，降低了卖家运营压力，也给顾客带来更好的消费体验；平台还为买家提供支付保障等解决方案，卖家可以通过平台轻松触达业务覆盖的七大市场。

（二）佣金

Shopee 平台根据商家前一个月完成订单的总金额的等级收取不同比例的佣金，其中上月完成的订单总金额不包含运费。平台显示，Shopee 对全部七个站点的卖家佣金收取分为三个等级：上月订单总金额超过 100 万美元的一级卖家需向平台缴纳 5% 的佣金；上月订单总金额超过 50 万美元但不足 100 万元的二级卖家需向平台缴纳 5.5% 的佣金；上月订单总金额低于 50 万美元的三级卖家需向平台缴纳 6% 的佣金。

需要注意的是，平台只针对完成的订单收取交易佣金。如果订单取消，则平台不收取佣金；平台收取佣金的费率适用于下一个月16号开始后的一个月。例如，卖家在2019年11月完成订单总金额为150万美元，则其在2019年12月16日至2020年1月15日的佣金费率为5%，以此类推。

（三）物流

为促进跨境电商的发展，跨境物流是必须攻克的难题，尤其在东南亚地区，除了新加坡和马来西亚的物流体系比较成熟，其他地区由于自然环境和基础设施的影响，物流效率和成本控制成为较大的考验。近年来，Shopee发展迅猛，很大程度上得益于其坚实的物流保障。与Lazada一样，Shopee也有其自建物流SLS，而且SLS是跨境卖家使用的主流物流模式。

对于我国卖家而言，SLS物流主要可以分为三部分：取货、统一配送和尾程运输。下面以我国为例介绍SLS物流运作的注意事项。

首先，我国卖家需要将货物寄送至我国的四个SLS自营仓：深圳、上海、义乌和泉州。

其次，Shopee官方会对仓库中的货物根据目的地进行统一配送，以及提供宅配和店配两种服务将货物顺利送至买家手中。其中，宅配由黑猫宅急便完成尾程配送，店配则是将货物派送至买家收货地址附近的7-11便利店或者全家便利店，等待买家自行到店取货。如果首次派送不成功，宅配会免费对货物进行二次派送，但是店配没有二次配送的服务。

为了提高物流配送的安全性和效率，Shopee的SLS物流对于包裹有比较多的限制。

一是运输商品种类限制。不同国家对于品类限制的要求不同。

二是运输包裹的限制。各个站点对于包裹的尺寸大小、重量都有一定限制。

如果卖家不了解各个站点派送的要求，运输中容易出现包裹异常件。对于异常件的处理，Shopee有专门的细则。对于没贴SLS面单的"无头件"和将其他物流渠道的包裹递送至SLS自营仓的此类包裹，Shopee会将其销毁；包装破损或者面单无法识别的包裹会被定期退回给卖家，但是由此产生的邮费到付，即由卖家自行承担；不同国家的包裹混装或者运输袋袋口没有标识卡或者标识卡内容不全的包裹，Shopee 会首次收下并给予警告，如果卖家屡教不改，包裹也会被定期退回给卖家，邮费到付。

（四）支付

Shopee 启动第三方支付保障对货款进行托管，目前 Shopee 平台的支付合作方主要为 Payoneer、PingPong 和 LianLian Pay，在交易成功后这些支付合作商会将货款及运费补贴打至卖家收款账户，并且一般在月中和月末进行两次打款，没有最低打款金额限制。

目前，新加坡站点打款币种为 SGB，越南站点打款币种为 VND，其他所有站点均为 USD；印度尼西亚站点的打款规定是 Payoneer 2019 年 7 月第一个打款周期起；PingPong 和 LianLian Pay 2019 年 6 月第二个打款周期起，打款币种将会由目前的 USD 变更为 IDR（印尼盾）给卖家打款。

为了便于卖家接收销售货款，Shopee 平台的卖家需要在卖家后台中心绑定收款账户。Shopee 对卖家后台绑定的收款账户没有账户类型限制，公司账户或私人账户均可。尚未注册收款账户的卖家可以在卖家中心直接进行注册，通过"我的钱包"选项跳转至第三方支付商的官网按照提示步骤即可进行账户申请；已有 Payoneer、PingPong 或 LianLian Pay 账户的卖家可以直接在卖家中心进行绑定。提交信息之后需要 1～2 天审核时间，审核通过之后，绑定的账户卡片图标会显示已激活，卖家即可正常使用该账户接收 Shopee 打款。为了提升卖家账户的安全性，卖家在后台绑定或更换绑定账户时需要不同于店铺登录密码的独立密码，卖家可联系所属客户经理协助获得该独立密码。

二、平台店铺注册

Shopee 官网首页如图 6-24 所示，页面上方是搜索栏，买家可以根据自身需要输入关键字查找平台上销售的商品；页面下方是促销活动的广告和平台产品的分类。

跨境商家入驻 Shopee 平台无须缴纳平台使用费、年费或者保证金。商家可通过官网投递申请和参加 Shopee 招商会（现场直接与招商经理对接）两种方式入驻平台。官网投递申请的流程大致为：卖家向官网投递→在官网填写公司信息→Shopee审核人员对接→发送审核资料→审核通过→开通账号。与招商经理对接的申请流程为：向招商经理提交申请→Shopee审核人员对接→发送审核资料→审核通过→开通账号。下面着重介绍官网投递申请的入驻流程。

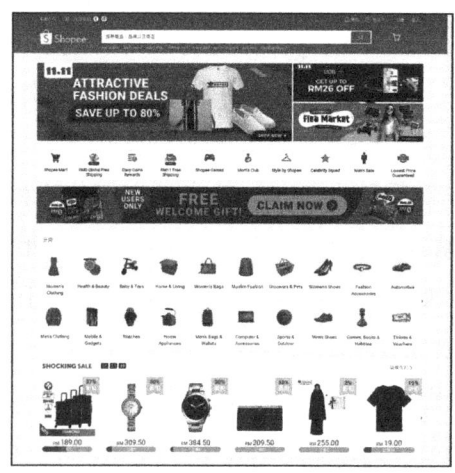

图6-24　Shopee官网首页截图

（1）卖家登录Shopee官方网站，单击页面右上角"立即入驻"按钮，即可进入商家注册页面。

Shopee比较看重入驻商家的资质，在注册首页，平台也会向卖家确认初步入驻条件，且对于跨境卖家和内贸卖家的招商要求有所不同。对于主营亚马逊、eBay、Wish、Lazada、速卖通等平台的跨境电商平台的卖家，需要确保拥有中国内地或中国香港注册的合法企业营业执照；产品符合当地出口要求和当地进口要求；有一定跨境电商经验以及产品数量达到100款以上。对于主营淘宝、天猫、拼多多、京东等国内电商平台的卖家，需要确保拥有中国内地或香港合法企业营业执照或者个体工商户营业执照；产品符合当地出口及进口要求；有一定内贸电商经验及产品数量达到50款以上。

（2）在确保自己符合Shopee的招商政策之后，卖家开始填写入驻申请的相关信息，包括联系人信息（姓名、手机号、邮箱、QQ）、公司信息（公司名称、地址、规模和营业执照编号）、品类与店铺信息（主要品类、Listing 总数、其他经营平台），以及备注自己店铺的优势，具体填写信息如图 6-25 所示。所有信息填写完成之后即可提交。

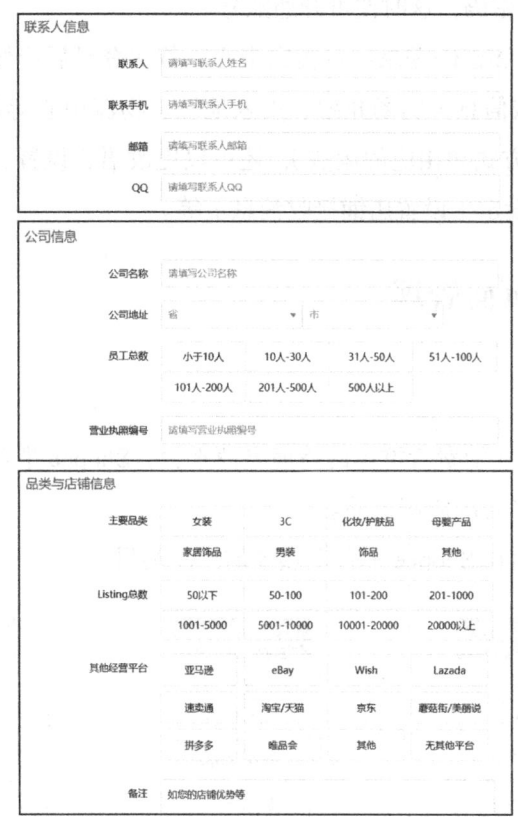

图 6-25　入驻申请页面截图

（3）在卖家提交申请之后，平台工作人员会对此进行审核，审核之后卖家需发送申请资料进一步接受审核。申请资料包括营业执照、店铺近三个月的订单流水或资金流水总体数据的截图（不需要精确到每一天每一笔订单和资金流水）、ERP 或系统后台的产品数量截图以及法定代表人身份证正反面复印件。

这里需要注意，以上申请材料需要命名为"公司名+申请材料"并打包发送。其中，营业执照等纸质材料可以使用扫描件或者照片，但是一定要确保信息完整、清晰、真实和有效。

（4）审核人员在每天9：30—18：30对提交入驻申请的卖家进行资质审核，若审核通过，卖家会收到登录密码，这时便可开通账号。

（5）卖家凭借账号和密码登录后台卖家中心。首次登录后应修改密码、上传商城图片装饰店铺、确认商城信息（卖场介绍、卖家地址、物流中心等信息）、设置物流选项（选择平台支持的物流方式和相应的运费），还可以更改语言设置、聊天设定（为店铺设置自动回复语）、通知设定（设置店铺接收消息）等。

三、店铺选品与页面管理

（一）店铺选品

同样作为面向东南亚消费者群体的跨境电商平台，Shopee平台上的店铺选品思路和技巧可以参考Lazada平台的店铺选品。

图6-26概述了目前在Shopee平台上热销的产品类目。

新加坡站点	马来西亚站点	菲律宾站点
1 女装	1 女装	1 3C电子
2 3C电子	2 3C电子	2 母婴用品
3 家居用品	3 母婴用品	3 家居用品
4 母婴用品	4 家居用品	4 女装
5 美妆保健	5 美妆保健	5 男装

印度尼西亚站点	泰国站点	越南站点
1 母婴用品	1 3C电子	1 女装
2 3C电子	2 女装	2 家居用品
3 美妆保健	3 母婴用品	3 3C电子
4 女装	4 家居用品	4 母婴用品
5 时尚饰品	5 箱包	5 时尚饰品

图6-26 Shopee几大站点的热销产品类目

由图 6-26 可知，Shopee 平台各大站点目前最热卖的产品类目主要集中在女装、3C 电子、母婴用品、家居用品、美妆保健等品类上。商家（尤其是新入驻商家）若想快速出单可参考这些热销产品并结合自己的店铺定位、货源等因素选择合适的产品。

（二）产品上传

Shopee 卖家中心页面如图 6-27 所示。

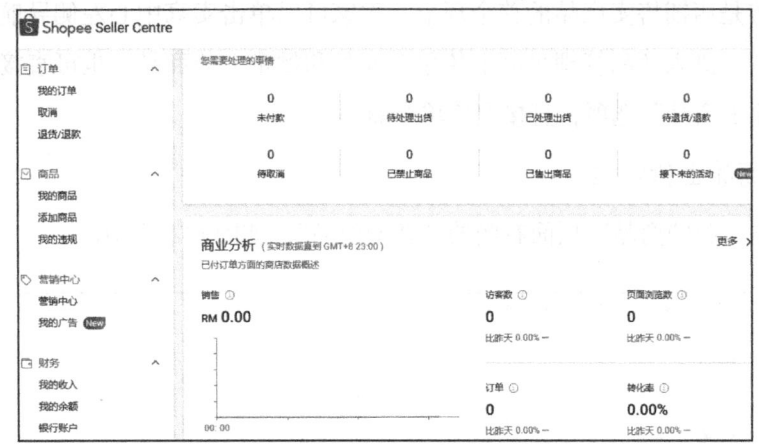

图 6-27　Shopee 卖家中心页面截图

由图 6-27 可知，卖家中心左侧导航栏分为六个部分，即订单、商品、营销中心、财务、数据和商店，右侧功能栏包括代办清单和信息两个模块。

订单：可以查看销售的所有订单、买家尚未付款的订单、待出货订单、运送中的订单、已完成订单、取消的订单和退货、退款的订单，还可以利用时间条件搜索相应的订单。

商品：可以查看销售的全部商店、上架商品、已售完/禁卖商品、未上架商品等信息。

销售中心：可以报名参加一些促销活动、使用行销工具，如付费广告、设置店铺折扣活动、设置优惠券等。

财务：卖家可以查看店铺收入、绑定 Shopee 平台支持的第三方支付平台账户。

数据：可以查看店铺的关键数据，如销售额、订单数量、转化率、访客数和商品浏览次数等。

商店：可以查看和修改店铺的装饰布置、地址、语言设定等。

代办清单：在这一功能栏卖家可以查看待出货、待退货/退款、待取消订单以及已禁止商品、已售出商品的信息。

信息：实时查看Shopee平台向卖家发布的公告。

产品上传是店铺售卖产品的首个环节，卖家可以单击卖家中心左侧导航栏中的"我的商品"一栏，进入商品管理页面上传单个商品和批量上传商品，也可直接单击左侧导航栏中的"添加商品"选项，直接上传单个商品。

1. 单个商品上传流程

（1）单击"我的商品"页面右侧的"新增商品"，如图6-28所示。

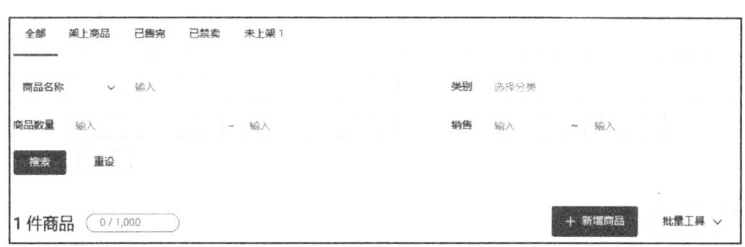

图6-28　我的商品页面截图

（2）进入新增商品页面，按照平台流程要求，分别填写商品的名称、产品类别。填写完成后单击页面左下方的"下一步"按钮，如图6-29所示。

其中，商品名称中可包含商品的基本信息，如品牌、颜色、尺寸、适用人群和风格等，但是需要注意各个国家的关键词限制问题。此外，不允许使用主题评论，如"热门商品""畅销商品"或促销信息（如"促销"或"免费送货"），也不允许使用表情符号。

（3）填写商品的具体信息，包括基本信息、销售资料、媒体管理、运费以及其他信息。

不同类别的商品需要填写的基本信息不同，以时尚产品为例，需要填写商品名称、商品描述等，如图6-30所示。

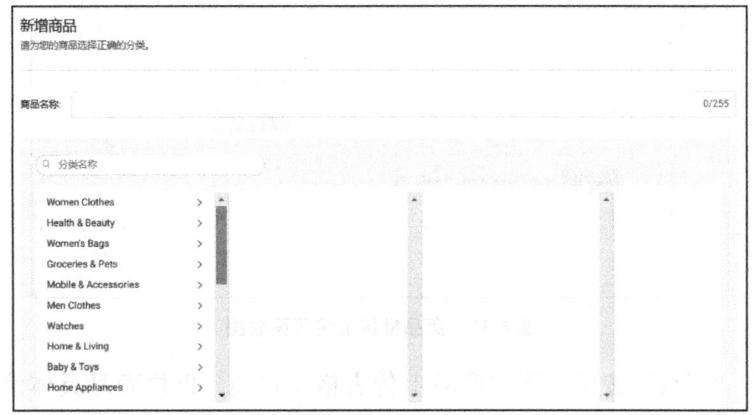

图 6-29　新增商品页面截图

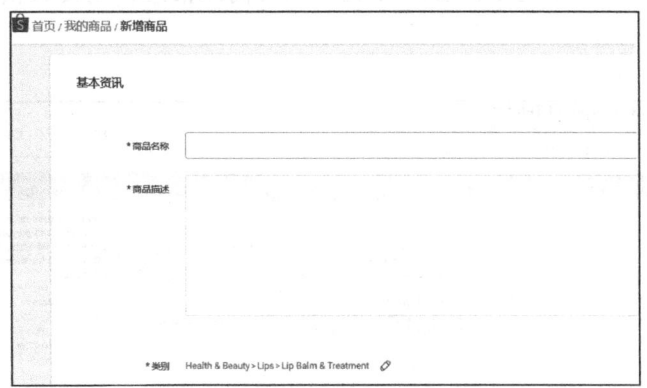

图 6-30　新增商品基本信息页面截图

在销售资料模块，卖家需要填写上传商品的价格、数量、规格和批发价等信息；在媒体管理模块，卖家可以上传产品的照片、封面以及产品尺码图表。卖家在设置完运费以及其他信息之后单击"储存并上架"按钮即可完成单个商品上传。

2. 批量商品上传流程

（1）在"我的商品"页面中，单击"新增商品"右侧的"批量工具"，选择下拉菜单中的"批量上传"进入图 6-31 所示的商品批量上传页面。

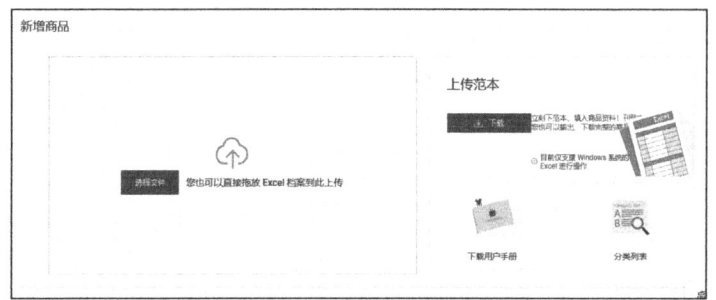

图6-31　商品批量上传页面截图

（2）单击"下载"按钮，下载商品上传表格至本地，以供商品具体信息的批量导入。卖家也可考虑下载用户手册，按照提示进行批量上传操作。

（3）按照下载的表格范本的要求和提示填写商品信息，上传表格内容，如图6-32所示。

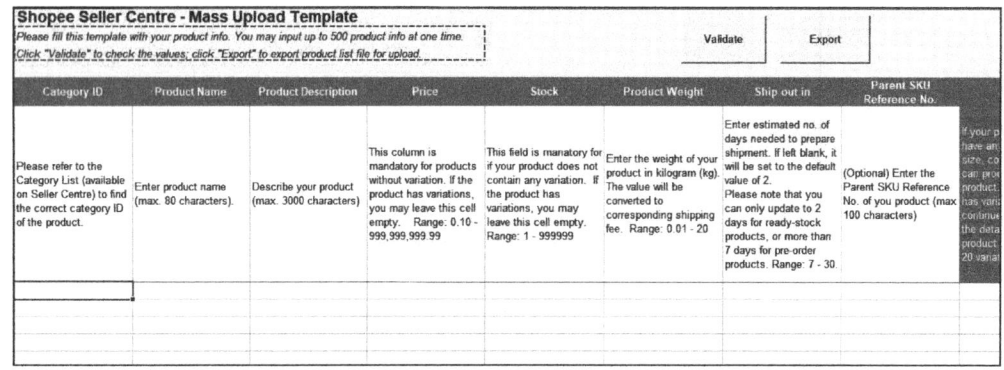

图6-32　上传表格内容页面截图

所要填写的商品信息类型包括商品的类目编码、商品名称、价格、库存、重量等。

其中需要注意的是，类目编码（Category ID）是不同品类产品对应的编码，由Shopee平台制定；关于商品属性（Variation），若卖家的商品有多种属性，可以根据不同属性进行填写，一次最多可填写20个属性；商品图片（Image）是相应商品的展示图片，卖家只需填写商品图片链接，系统会根据卖家提供的商品图片链接获取图片并进行上传。

卖家在填写完所有商品信息之后，可以单击右上方灰色按钮"Validate"（验证）对填写内容进行验证，一旦有填写不规范之处，系统会自动将不规范的内容标记为粉红色，卖家更改之后可以再次验证直至所有内容填写无误，这时可单击右侧"Export"（导出）按钮，将商品信息导出到上传文件。

这里需要注意商品上传表格会不定时更新，上传商品时要保证所使用批量上传表格为最新版本。

（4）再次回到批量上传页面，单击左侧方框内"选择文件"按钮，找到相应的文件完成自动上传，也可直接将准备好的 Excel 文件拖拽至方框内完成上传。

3. 图片指引

为了确保消费者拥有良好的在线消费体验，Shopee 对于商家商品上架的要求非常严格，对于商品图片也有较多限制。

对于平台所有图片，Shopee 有以下要求：

- 每个商品至少都有三张或更多专业拍摄的图片；
- 所售商品的图片必须清晰，不像素化处理，并以逼真的色彩拍摄；
- 图像不应该反映和商品不相关的人或其他物体。

对于封面图片，Shopee 的要求除了以上几点要求，还附加以下要求：

- 封面必须为纯色背景（白色最优）；
- 商品必须至少覆盖图像框架的 80%；
- 不允许使用水印或其他图形；
- 不允许一张图片内组合多个图像；
- 图片内不允许使用文字或者镶嵌其他图片；
- 图片呈现的商品必须完整；
- 对于非组合商品，同一张图片内不允许呈现多种商品等。

四、订单管理

在整个跨境电商运营过程中，订单管理是非常重要的一环，也是影响消费者体验的重要因素之一。跨境电商卖家要跟进每个订单，做好每个流程的衔接以及处理好相关细节。

（一）订单状态

商家在卖家中心首页"待办任务"列表能够方便快捷地查看"待出货""待退货/退款""待取消"等订单状态的通知，如果要查看更多细节可单击左侧导航栏部分"我的订单"进入订单管理页面。从图6-33中我们可以清楚地看到，订单有六种状态，分别为"尚未付款""待出货""运送中""已完成""取消"和"退款/退货"。

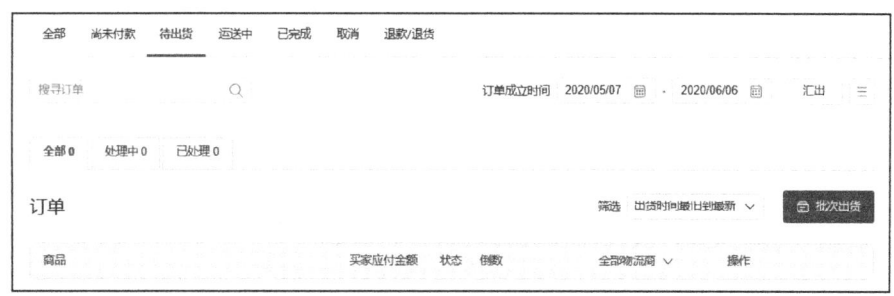

图6-33 我的订单—订单管理页面

其中，尚未付款订单是指买家已经下单但还未完成付款操作的订单。对于此类订单应注意和买家进行及时沟通，避免因为长时间未付款或者买家犹豫而取消订单，卖家可以通过平台的"聊聊"功能向买家发起对话，促进订单转化。待出货订单是指买家已经下单并且完成付款，等待卖家发货的订单。取消订单指的是在交易完成前，买家或者卖家因为某些原因取消的订单，或者是被系统取消的订单。卖家可以进入订单详情页查看订单取消的原因。退款/退货是指买家申请退款、退货的订单。卖家可以进入详情页查看买家申请退款、退货的理由。

卖家也可在订单状态栏搜索相应订单，并在右侧设定订单成立的时间范围，在最右侧还可以下载订单店铺的订单报告。

（二）订单操作流程

（1）进入"待出货"页面，选择"处理中"选项，筛选出需要进行发货处理的订单，从中可以看到订单的详细信息，然后单击右侧"申请出货编号"按钮，如图 6-34 所示。

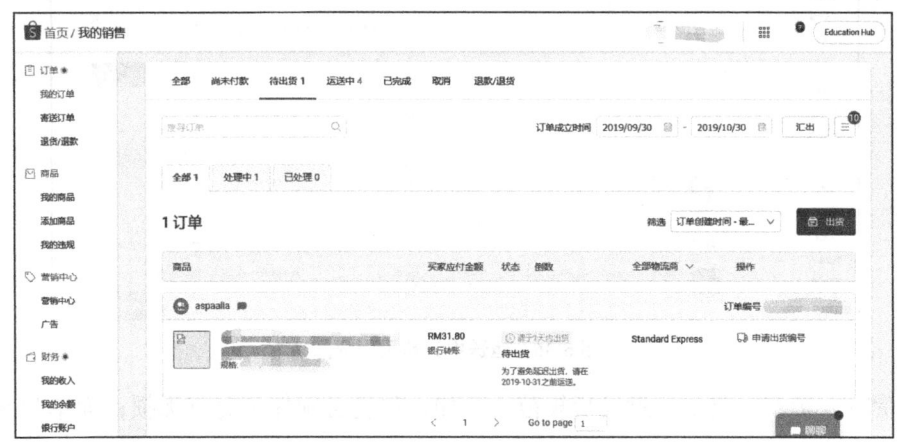

图 6-34　待出货页面截图

（2）上一步操作完成之后会弹出安排出货的弹窗，单击页面下方的"列印出货单"按钮，即可打印此订单的面单，如图 6-35 所示。

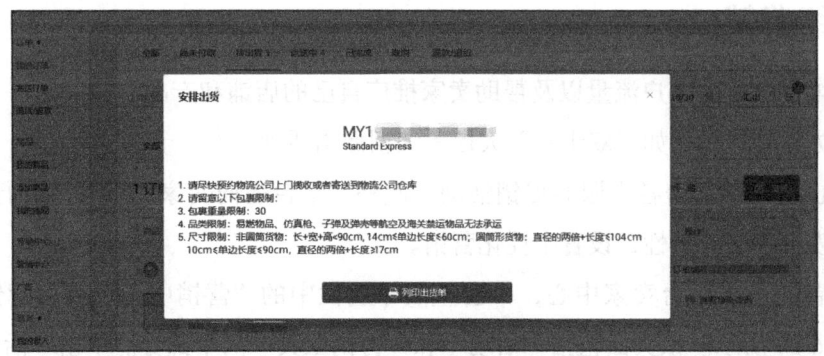

图 6-35　列印出货单页面截图

（3）将打印的面单贴在打包好的包裹表面，随后将包裹寄送至最近的 SLS 仓库，仓库在成功扫描面单之后，订单的状态会自动进入下一个状态，即从"待出货"转变为"运送中"。卖家此时进入"运送中"订单页面，可以查找包裹已经被仓库收录的订单，如图 6-36 所示。

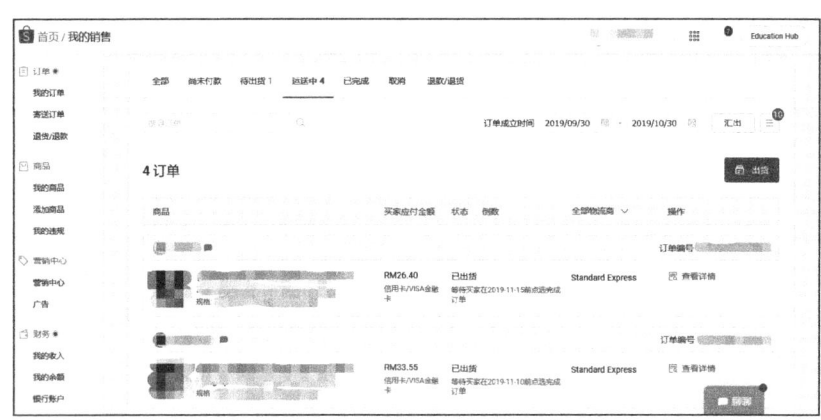

图 6-36　运送中订单页面截图

发货时，卖家一定要注意发货规范。例如，包裹必须保证完好无损；面单和 SLS 标签清晰可见，面单不能被折叠；相同国家的包裹放到同一个运输袋；装袋后用扎带绑紧并且需要在运输袋袋口系标识卡；标识卡的内容需要包含国家代码、卖家公司名称、卖家联系电话等。

五、网络营销

为了增加平台的客户流量以及帮助卖家推广自己的店铺和产品，Shopee 平台时常会有各类官方促销活动，如"双十一"大促等大型促销活动。

卖家也可报名平台各类限时促销活动。此外，平台还向卖家提供了多种行销工具，以便卖家发挥主观能动性，设置个性化营销。

卖家首先进入后台卖家中心，单击左侧导航栏中的"营销中心"进入营销中心页面，如图 6-37 所示。该页面包括"活动"和"行销工具"两个部分。单击"活动"进入

"我的促销活动",可以查看平台接下来会举办的活动、进行中的活动以及过期的活动。卖家可以重点关注这些促销活动,以提高店铺和商品的曝光率。

图 6-37 营销中心页面截图

卖家可以在"接下来的促销活动"中,根据自身店铺和商品的特点以及经济实力选择自己想要参加的促销活动,平台随后会对报名进行审核。

由于 Shopee 平台提供了多样化的行销工具,商家可以充分发挥创造力自定义符合自己店铺和商品的有特色的优惠促销活动。

(一)关键字广告

关键字广告能够提高卖家商品在网站和手机 App 上面的曝光率的广告服务。当买家搜索相应关键字时,拥有该关键字广告的商品将会优先出现在搜索结果中,从而吸引买家进店,促进购买,为流量和销量带来持续性增长。

卖家进入营销中心页面,单击行销工具中的"广告"模块,如图 6-38 所示,单击"立刻创建关键字广告"按钮即可创建。

图 6-38 创建关键字广告页面截图

在弹出的产品选择页面中勾选要进行促销活动的产品,单击"确认"进入"新增广告"页面,如图 6-39 所示。

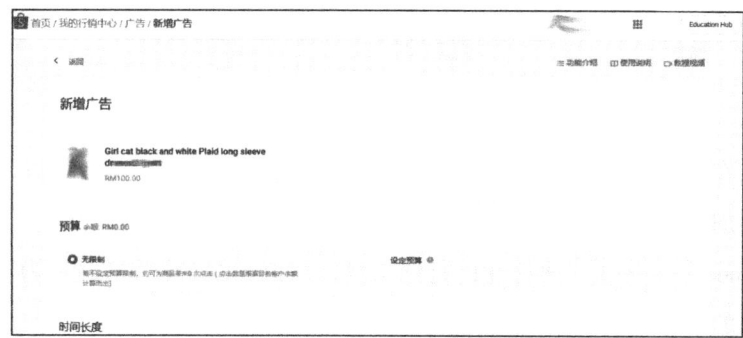

图 6-39 新增广告页面截图

首先可以设置此次关键字广告的预算。在预算选择方面,卖家可以选择"无限制",也可以自行设定预算。另外,卖家还要选择预算方式(每日预算和总预算),如图 6-40 所示,选择预算为每日 10 元时,平台会为这个商品(每日)带来约 76 次点击量。

其次可以设置关键字广告时间长度,如设置成"不限时",或者自行设置广告开始日期和结束日期,如图 6-41 所示。

图 6-40 设定预算页面截图

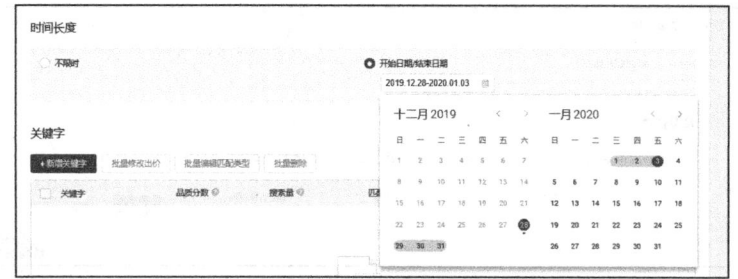

图 6-41　关键字广告时间长度设置页面截图

最后设置关键字。单击"新增关键字",进入新增关键字页面。在输入框中输入想要添加的关键字,单击"操作"模块下的"新增"按钮,右侧方框内会显示已新增关键字,卖家可选择添加多个关键字,添加完成后单击右下角的"确认新增关键字",如图 6-42 所示。

图 6-42　新增关键页面截图

(二)套装优惠

套装优惠是卖家把若干个商品组合在一起销售,并设定更加优惠的价格,使得买家购买组合套装时能够享受(相比购买单个商品)更多的优惠,从而使组合商品更具吸引力。卖家可以在后台设置套装名称、周期、套装优惠类型(折扣比率、折扣金额、套装特价)等,具体如图 6-43 所示。

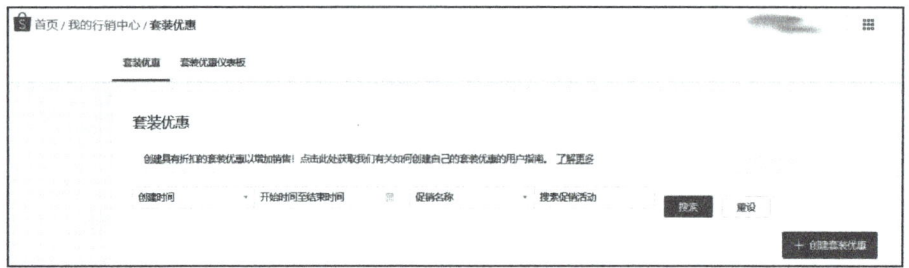

图 6-43　套装优惠设置页面截图

首先单击卖家后台的行销中心的"套装优惠"模块，选择"创建套装优惠"，即可进入套装优惠详情页面，如图 6-44 所示，分别设定套装名称、套装周期（套装优惠活动开始和结束的时间）。

图 6-44　创建套餐优惠页面截图

其次设置套餐类型。平台提供了三种套餐类型供商家选择，即折扣比率、折扣金额和套装特价。如果卖家选择折扣比率，则可以设置买家在购买特定件数产品时享受的折扣；如果卖家选择折扣金额，则可以设置买家购买特定件数商品时的优惠金额；如果卖家选择套装特价，则可以设置购买特定件数商品时需要花费的总金额。

最后是购买限制的设定，即可以设置买家最多可以购买此优惠套装的次数。设置完成后单击右下角的"保存 & 选择商品"，即可进入如图 6-45 所示的页面。

通过图 6-45，卖家可以发现刚刚设置的套装优惠已经显示在页面中，可以继续编辑，添加参加此次套装优惠活动的商品，即完成商品发布。

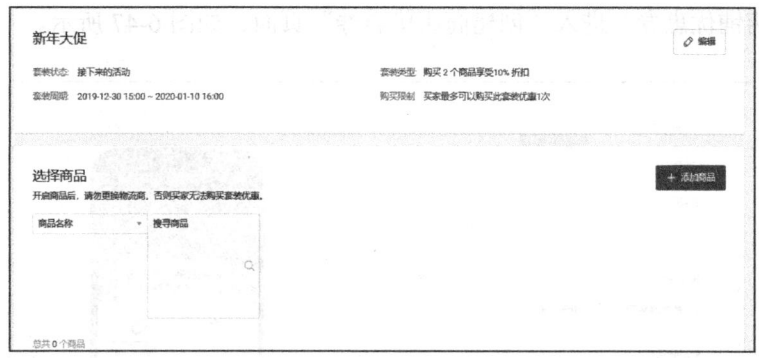

图 6-45　选择商品页面截图

（三）优惠券

卖家在优惠券页面中可以分别设置商店优惠券和商品优惠券。商品优惠券主要用于向买家补发商品或者单独发给顾客的优惠码。卖家单击行销中心的优惠券模块，即可进入优惠券详情页面，在此可设置具体的优惠券名称、优惠码、奖励类型、优惠折扣、最低消费金额、优惠时限、优惠券数量等。

卖家可以单击左侧下拉菜单，查看已经设置的优惠券，包括"全部""已预订""进行中"和"已结束"优惠券，如图 6-46 所示。

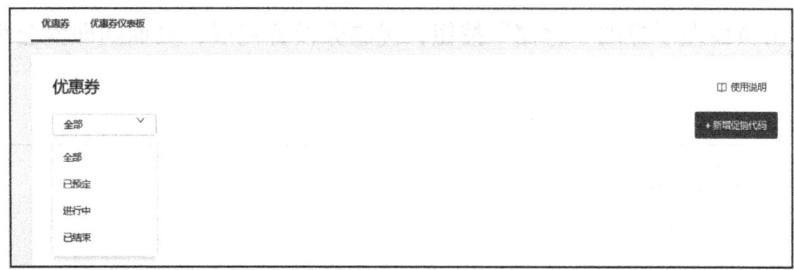

图 6-46　优惠券页面截图

单击图 6-46 所示页面右侧的"新增促销代码"，选择要发放的优惠券类型，有"店铺优惠券"和"商品优惠券"可供选择。下面以店铺优惠券为例展示优惠券的设置过程。

单击"店铺优惠券"进入"创建商店优惠券"页面，如图6-47所示。

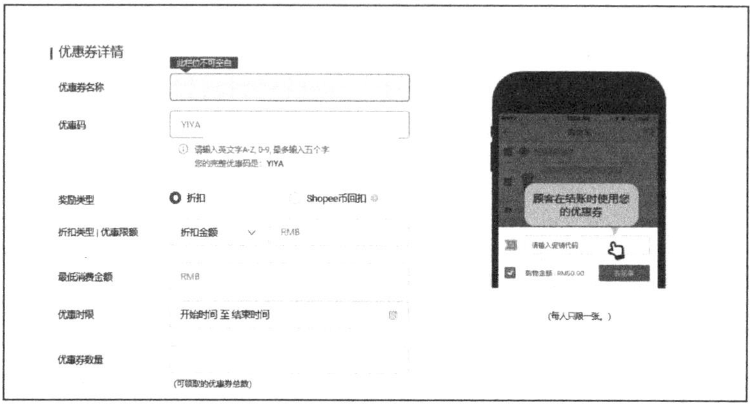

图6-47 创建商店优惠券页面截图

首先输入优惠券名称和优惠码，该优惠券名称不公开，仅供卖家参考。

接着选择优惠券"奖励类型"，可以选择"折扣"或者"Shopee币回扣"，分别设置折扣金额、最低消费金额、优惠时限、优惠券数量等具体信息。

设置优惠券显示页面（见图6-48），如果选择"在基本页面上显示"，那么可以方便买家在商店页面、商品详情页和购物车页面上查看优惠券；如果选择"不要显示"，则设置的优惠券不会显示在任何页面上，但卖家可以与用户分享优惠券代码。

最后单击页面左下方的"存储"按钮，优惠券设置完成，页面随即就会跳转到优惠券详情页。

图6-48 优惠券显示页面截图

第七章

独立站实务

提起跨境销售渠道，或许多数人首先想到的是各大跨境销售平台，如亚马逊、eBay、Wish、速卖通，以及Lazada、Shopee等第三方平台。这些第三方平台可以凭借其知名度和强大的流量基础，轻松吸引庞大的客户群。商家只要达到平台的进入门槛就能较快地完成入驻，从而大大降低了入驻企业和个人初始投入的时间、精力等成本。而且，第三方平台经过多年的运营，往往集支付、物流等功能于一身，甚至能为入驻商家提供一站式服务，不需要商家自行挖掘和打通各类渠道，这不仅可以降低商家运营的难度和成本，而且商家可以利用平台优势缩短外贸出口的中间环节，直接掌控外贸终端销售渠道，让国外消费者能够以更加优惠的价格消费我国的产品，从而获得更高的利润和竞争优势。

鉴于第三方跨境平台的种种有利之处，商家纷纷入驻第三方平台，形成了一波波入驻浪潮。

但是在第三方平台强大的平台优势之下，商家也同样面临着更多规则束缚，如产品展示图片尺寸、颜色、文字、外部链接等各类限制，导致商家运营缺乏一定的机动性和灵活性。此外，顾客的行为也可能影响商家运营，如客户反馈中一旦出现差评将影响其他顾客的购买决定，若是客户故意给差评则商家将变得十分被动。当然，随着跨境电商行业的不断发展，行业的发展政策和相关法律不断完善，各大平台也在不断调整和完善相关机制与规则，以解决现存的漏洞以及不断涌现的新问题，推动行业稳步发展。这就要求跨境电商卖家及时根据规则的变化调整自己的经营战略，以面对更加激烈的竞争。

近年来逐渐兴起的独立站摆脱了上述第三方平台的种种束缚。独立站是指商家拥有自己的域名和服务器，自己搭建和运营的网站。相比借助第三方平台，企业在拥有自己的独立站的情况下，会享有更多的自主权，在运营规则上更具话语权，能够更灵活地制定和实施运营战略。另外，独立站运营更有利于客户资源的留存和积淀，提高客户黏性，从而有利于进一步形成自身的品牌文化和特色。

第一节 网站搭建

一、案例简析

（一）Anker

Anker 给自己定位为充电专家，其产品涉及的主要领域包括无线充电设备、汽车充电设备、便携式和墙壁充电器等。Anker 比较注重其他领域产品的拓展，自称娱乐、旅游、智能家居设备领域创新者。

Anker 连续三年入选谷歌联合全球最大传播集团 WPP 调研发布的"BrandZ™ 中国出海品牌榜单"。其中，在"2018 年 BrandZ™ 中国出海品牌 50 强"排行榜中，Anker 位列第 7，并凭借 22% 的品牌成长速度当选"成长最快消费电子品牌"。除了先进的技术和产品，Anker 的独立站也为其成功保驾护航。

与国内许多跨境电商独立站的大卖场风格不同，Anker 网站展示简约明了，采用蓝白灰黑主色调，科技感非常强烈，呈现了非常完美的视觉效果。

Anker 非常重视产品图片拍摄和图片处理，高清且充满质感的图片给用户一种十分高端大气的感觉。

Anker 网站布局严谨，采用上中下架构。网页右上角有店铺、旗下品牌、搜索、账户、地区链接，用户进入店铺会看到在售产品的详情，也可点击品牌选择浏览公司旗下其他品牌。搜索按钮为用户自主搜索产品提供便利，从而能提高用户的商品购买效率。用户点击账户按钮可以选择注册账户、登录以及查看订单，与第三方平台相比，这一功能有利于企业沉淀客户，获得客户信息。最右侧的地区选项事实上与 Anker 的亚马逊站点对应，可供用户自主选择，如我国本地用户也可选择"中国"，此时界面会连接到 Anker 的天猫旗舰店。

网页第二行是 Anker 的企业 Logo 和导航栏，导航栏包括企业产品的分类导航、企业的用户社区、网站提供的支持和关于企业的信息。

网页的主体部分是各类产品的展示,包括所占版面最大的轮播图模块、新品发布模块、热销模块和促销模块等,分别引导用户购买相关产品。

网站右下角有三个小亮点。第一个小亮点是弹窗,当用户打开网站时会自动弹出某款移动电源的预售等活动,以吸引用户的注意,并引导用户直接点击下单;第二个小亮点是订阅模块,其能促使用户订阅企业新闻、产品信息等消息,以利于加强客户认知,提高客户黏性;第三个小亮点是右下角 Facebook、Twitter、Instagram 等社交媒体的链接,借助此类社交媒体能达到引流效果。

占页面将近三分之一的隐私保护、使用方法、随时咨询、付款保障等内容,呈现了企业的责任和义务保证,给用户营造出真实、有保障的氛围,令其放下戒备,购买产品无后顾之忧。

(二)环球易购

环球易购成立于 2007 年,于 2014 年通过并购成功在 A 股上市,并在 2017 年公司成立 10 周年之际营业额突破 100 亿美元。环球易购旗下 Gearbest 是跨境 B2C 领域第一大自营网站,能自赋流量。在"2019 年 BrandZ™ 中国出海品牌 50 强"中,Gearbest 位列第 24 位。企业主要涉及电子 3C 产品、计算机周边、消费电子、服装服饰、家具户外、儿童母婴等产品,在线产品 SKU 数量超过 50 万,欧美用户占比近 90%。

Gearbest 作为跨境 B2C 综合网站,其网站内容十分充实和饱满,网页篇幅相对一般企业的独立站显得非常长。下面将整个网站分为三部分进行介绍。

1. 优惠券领取页面

用户登录网站首先映入眼帘的是一个优惠券的弹窗,弹窗底部还有添加邮箱选项,用户添加邮箱可使网站获得用户信息并发送相关信息。用户单击"Collect Coupons"(领取优惠券),页面会自动跳转至优惠券领取页面,如图 7-1 所示。

导航栏下方针对新客户的广告非常显眼,能激发新客户的探索兴趣,方框内的"活动规则"会进一步激发用户的好奇心,引导用户点击了解详情。

广告的下一行是不同折扣的优惠券(标明了优惠券的有效期和最小订单金额)。优惠券下方展示各类产品，旨在再次提高产品的曝光度并获取流量。

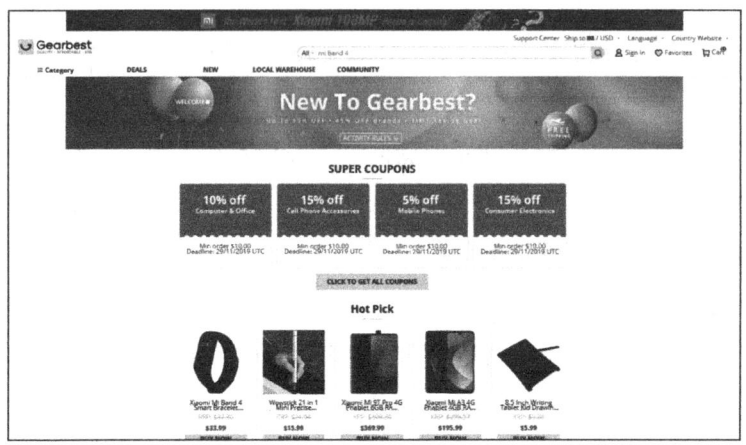

图 7-1　优惠券领取页面截图

2. 产品类目页面

网站首页第二行信息量较为丰富，左侧是 Gearbest 醒目的黄色 Logo，中间是搜索框，右侧有账户管理、用户收藏和购物车。用户收藏和购物车满足了用户浏览期间暂存商品的需求。

网页左侧产品类目导航栏内展示了所有产品的一级类目，当用户的鼠标滑动至一级类目时，会自动弹出该一级类目下所有二级类目并铺满大图广告页面，在最右侧还有具体某款产品的图片展示，如图 7-2 所示。用户可以全面且有条理地浏览网站商品。

图 7-2　产品类目页面截图

3. 横幅

横幅的下方是各类产品的展示,包括促销产品、新品发布、顶尖品牌、热门分类、个性化推荐等,用户可以根据自己的喜好选择目标类目。

网站产品展示下方是热门搜索推荐,这是为了方便客户了解热门产品,对网站而言则又是一个赚取流量的好方法。

网站还有一个值得一提的功能,那就是当用户浏览网站时页面右侧有小导航栏固定显示,其功能主要指向一键回到页面某一具体位置,如一键回到网页顶部等,以及一键报错和订阅,以方便用户精准定位到内心所想的部分,避免在长篇幅网站中使劲儿滚动鼠标的烦恼,改善用户体验。

二、建站要点

独立站的功能不仅是向用户展示产品,更在于体现企业的品牌形象和价值观念,影响用户的体验,从而进一步影响用户的回访和复购率。因此,独立站的网站搭建越来越成为企业重视的环节。

在建站过程中如何满足企业需要,突出网站特色,我们可以考虑从以下几个方面入手。

(1)网站的主题定位和名称。根据企业产品、文化等特点确定网站的主题,给用户清晰明确的印象。网站名称对于扩大网站的影响十分重要,网站名称要易于记忆且有特点,一般和企业名称相同。

(2)网站的 Logo 和主题色彩。网站 Logo 是网站特色和内涵的集中体现,就像商标一样,其理想的效果就是用户看到该标志就能联想到网站和企业。网站的主题色彩也是体现网站形象和内涵的重要因素,它能带给访问者视觉冲击。

(3)网站的整体风格。网站风格相对抽象,能向访问者呈现网站的整体形象,能使用户对其有一个综合的感受。我们可通过版面布局、图片、文字等来突出网站风格特色。

(4)网站的栏目导航。栏目导航是网站内容的索引,体系清晰、结构合理的导航可以大幅提高用户的浏览效率和体验，同时也能提高管理人员维护网站的效率。因此，卖家建站时应对公司产品和服务形成明晰的认识，分门别类设置各级类目，以帮助用户快速寻找所需内容，提高效率。

（5）网站的超链接。在建站时，可以设置导入到第三方平台（如亚马逊、eBay等）和社交媒体（如Facebook、Twitter、YouTube等）的超链接，从而形成流量闭环。

（6）页脚部分。页脚部分的信息要详实，以促进访问者对企业的了解；咨询和反馈部分要方便客户解决问题，提升好感度；支付保障、售后服务模块的信息要详细，使客户购物无后顾之忧。

（7）网站的亮点功能。网站的亮点功能往往给访问者耳目一新的感觉，如弹窗、"一键回顶部"等快捷功能等，其在改善用户体验的同时，还能增强他们对网站的好感度和回访率，甚至促使访问转化为订单。

三、建站常用工具

1.Shopify

Shopify是一款有较多用户使用的不需要服务器就可以自建独立站的软件。它提供不同月租的套餐以供用户选择，用户可以根据所买套餐在商城中选择免费或者付费的模板建立自己的网上商店，这些模板不论免费还是付费，都能永久使用。用户可以在官网自行注册账户或者选择专业的建站团队帮助进行建站。

账户注册完成后，卖家可以登录Shopify后台主页管理页面设置商店、更改配置和管理业务。Shopify后台有很多自带功能，如订单管理、更新和整理产品、查看并管理客户信息等。

Shopify自带许多插件，卖家可以自行去App Store寻找合适的插件。例如，为了优化店铺页面，卖家可以使用Ultimate Sales Boost插件，帮助店铺提升转化率。

2.Magento

Magento是一款免费开源软件，像Shopify一样，许多用户也在该平台上建立自己的独立站，进行自定义设计。使用该软件的包括华为、汉堡王等知名品牌。2018 年，Magento 被软件巨头 Adobe 公司收购。

Magento 软件功能强大，扩展模板非常丰富，用户可以根据公司特点自定义网站主题和风格，根据套餐的不同添加各类功能。2019 年其新增了与谷歌、亚马逊的集成功能，商家可以通过 Magento 后台自动管理他们在亚马逊的库存、谷歌广告和谷歌商户中心。

Magento 也能关联 Facebook 等社交账号。此外，Magento 也能对站点的数据进行追踪，输出各项报告以供商家下载。

第二节 网站推广

一、搜索引擎优化

（一）搜索引擎优化简介

1. 什么是搜索引擎优化

搜索引擎优化（SEO）的定义在第一章已经介绍过，在此不再赘述。

搜索引擎结果页面内容一般可以分为两大部分，分别是付费广告和自然排名。在营销推广过程中有的公司会选择竞价排名、点击付费等付费广告模式作为营销手段，也有不少公司开始尝试 SEO 这一营销手段。

因此，SEO 的研究对象是搜索引擎结果页面上的自然排名部分，与付费的搜索广告没有直接关系，事实上搜索引擎优化的结果只会对自然搜索的结果产生影响，不会影响（如 Google AdWords 之类的）付费链接的结果。

2. 为什么要做 SEO

近年来互联网快速普及，电子商务飞速发展，人们使用互联网的时间和频率也在不断提高，互联网已渗透至人们生活的方方面面，其中各大搜索引擎是人们利用互联网的重要窗口，其已成为很多人获取信息的重要方式。在当前流量成本越来越高并呈现碎片化趋势的情形下，越来越多的企业网站认识到搜索流量的重要性。

其中，SEO 就是给网站带来访问流量的最好方法之一，其优势如下。

（1）搜索流量质量高。其他的网站推广方法很多是将网站推到用户面前，而用户往往没有访问网站的意图。主动搜索的用户是在主动寻求所输入关键词的信息、产品甚至网站，因此目标非常精准，有利于提高转化率。

（2）性价比高。SEO 虽然不是免费的，需要花费时间、精力进行摸索和维护，但是相比同是搜索引擎营销的付费广告等方式，其成本绝对是相对较低的，尤其是当站长自身掌握 SEO 技术的时候。

（3）可拓展性。SEO 是一个长期不断完善的过程，商户有新的想法和点子都可以随时添加至网站中，只要掌握了关键词研究和内容扩展方法，就可以在网站中增加关键词和流量。

（4）长期有效。网络广告、搜索广告等一旦停止投放，流量就会立即停止，用户很难再找到相关的网站信息，因此事件营销效果明显，但是话题过去，流量也就消失。在 SEO 优化过程中，只要不作弊、不违反规定，搜索排名就一定会上去。

（5）提高网站易用性，改善用户体验。SEO 是少数需要修改网站才能实现的推广方法之一，很多操作是与易用性相通的，通过提高网站的易用性使得用户体验得到改善，提高用户的好感度和美誉度，从而进一步提高用户黏性。

（二）谷歌 SEO 实务

1. 网站标题

网站标题是一个网站功能和定位的综合性概括，通常为显示在浏览器标题栏中的一系列字符。

网站标题是页面优化最重要的因素。在网站 HTML 源代码中，用 <title：> 标识的内容是网站的标题。源代码对于搜索引擎优化的影响非常大，搜索引擎只有读取了源代码才能了解网页内容。

以耐克官网为例，其标题名为 Nike. Just Do It，代码格式如图 7-3 所示。

```
<!doctype html>

<html lang="en">
  <head>
    <script id="nes-localization">window.LO
{"code":"en","local":"English","name":"English"},
{"title":"Nike. Just Do It","meta":[{"name":"robot
shipping and returns on every order from certain
{"property":"og:title","content":"Nike. Just Do It
on every order with NikePlus."},{"property":"og:ty
nike.com\u002Fa\u002Fimages\u002Fw_1920,c_limit\u0
US"},{"property":"og:site_name","content":"Nike.co
```

图 7-3　耐克代码格式页面截图

标题最好写在开头，这样搜索引擎可以迅速找到标题标签从而展示在用户搜索结果中。

对网站标题进行优化时，卖家要注意以下几点内容。

（1）准确相关。通过网站标题，最好能让用户一看就知道将访问的页面大致包括哪些内容，搜索引擎也能迅速判断页面的相关性。因此，标题要能准确描述页面内容。例如，可以像耐克一样，在网站首页的标题中列出网站或者公司名称和其他重要信息。

（2）独特不重复。标题不仅要和其他网站区分开来，也要注意在同一个网站内不同页面内容、不同标题也不宜重复。写标题时最容易犯的重复错误就是忘记写标题标签，导致最终成为"未命名文件"（Untitled Document），与搜索引擎中其他海量的未命名文件重复。

（3）字数限制。像百度等其他搜索引擎一样，谷歌的搜索列表页面标题部分对能显示的字符数有一定的限制，标题超过字符限制部分将无法全部显示，通常是用省略号代替。

2. 描述元标签

网页的描述元标签为搜索引擎提供了关于这个网页的总结性描述，在用户的搜索结果中，这部分信息会以摘要的形式出现在标题下方。网页描述应该简要概括网页的信息，突出重点内容，增加网页被用户搜索到的概率。描述元标签在源代码中的位置一般处于开头部分，图 7-4 为 Anker 的描述元标签，该公司在标签中写上了其公司使命。

```
<!doctype html><html lang="en-US" data-reactroot=""><head><title data-react-helmet="t
property="og:site_name" content="Anker"/><meta data-react-helmet="true" property="og:
content="200"/><meta data-react-helmet="true" property="og:image :height" content="20
property="og:description" content="We created Anker® to make the smart life simpler;
helmet="true" property="og:card" content="summary"/><meta data-react-helmet="true" pr
content="@anker"/><meta data-react-helmet="true" name="description" content="Anker is
```

图 7-4　Anker 的描述元标签页面截图

优质的描述元标签能给用户以指引，提升其浏览兴趣，增加网站的有效点击率和访问量。在元标签撰写过程中，卖家要使其准确概括网页内容，避免与网页实际内容不相符、描述过于宽泛等。另外，卖家可以为每个网站内的每个网页创建不同的描述。

3. URL 优化

URL 是对可以从互联网上得到的资源的位置和访问方法的一种简单的表示。

进行 URL 优化时，卖家需要注意以下几个要点。

（1）URL 长度适中。URL 的长度对于搜索引擎收录没有影响，但是一旦过长，用户看起来就会非常不便，有可能影响点击率。另外，短的 URL 有利于复制和粘贴。一方面站长做链接时常常会复制 URL，长的 URL 容易造成复制不完整，影响后续流程；另一方面，一旦用户有复制需求也会造成不便，影响其体验。

（2）避免参数过多。尽量使用静态 URL，使其显得简单，如果必须使用动态 URL，那么也要尽量减少其中包含的参数，一般建议 2～3 个参数为宜。若参数过多，有可能会影响用户搜索引擎的获取。

（3）使用简单的目录结构。目录结构应该能很好地归纳网站内容并使用户知道他们点击进入某个网站时处于网站的哪个位置，因此要避免目录层级过多和多层级嵌套的子目录，否则不仅会使用户产生困惑，也可能使搜索引擎了解网页归属关系产生混乱。

4. 导航优化

网站导航的功能是引导用户有条理地浏览网站，访问指定的网站菜单、栏目、相关内容，获取网站服务。一个清晰的导航能使用户清楚每点击一步自己处于什么位置以及下一步要去哪里，并帮助用户完成页面之间的跳转。

对导航系统进行优化时，卖家可参照以下方法。

（1）清晰醒目。全局导航一般体现为一级类目，通过清晰醒目的全局导航，用户和搜索引擎蜘蛛都能方便地深入访问网站的重要内容。

（2）文字导航。尽量使用最普通的 HTML 文字导航，而不要用图片作为导航链接，也不要用 Flash 做导航，虽然图片和 Flash 能更加美观，但图片和 Flash 不容易被搜索引擎蜘蛛识别，影响搜索引擎蜘蛛对其进行爬行抓取，进而无法提升网站在搜索引擎中的排名。

（3）扁平化、自然的层叠结构。让用户尽可能从主干页面寻找到目标内容，并且让所有页面与首页点击距离越近越好，内页离首页最好不要超过五次点击，避免设计过于复杂的网站导航链接，也不要过于细分网站内容。

（4）面包屑导航。面包屑导航是在网页顶端或者底部放置的一排内部链接，它可以使用户和搜索引擎方便地判断当前页面在网站整个结构中的具体位置，也方便用户回到当前路径中任意上级的网页或者根页面，从而大大提高用户的浏览效率和体验。

5.网站地图

网站地图将网站的所有网页以层级列表的方式展示出来，并汇总了该网站包含的众多重要页面的链接。

网站地图能使用户对网站结构一目了然，当其在使用栏目导航无法满足需要或者在寻找某些页面遇到困难时，可能会通过网站地图解决问题。网站地图能告诉搜索引擎网站中的哪些网页和文件比较重要，还会提供与这些文件有关的重要信息，如网页上次更新的时间、网页更改的频率，以及网页是否有其他语言版本等。

图 7-5 所示为一加手机厂商官网美国站点的网站地图，包含"About OnePlus""Where to buy""Programs"等位于网站首页页脚部分的一级类目和"OnePlus 7T"等各款产品一级类目以及分别所属的二级类目，条理清晰，令浏览者一目了然。

制作网站地图可以选择 HTML 地图和 XML 网站地图两种模式，它们分别针对用户和搜索引擎。制作过程中最好两种地图都准备，其中 HTML 地图可以帮助用户轻松地找到他们想看的内容，而 XML 网站地图能帮助搜索引擎找到网站上的页面。

卖家可以采取以下方法通过谷歌网站站长工具（Google Search Console）提交 XML 网站地图文档。

（1）确定要让谷歌抓取网站上的哪些网页，并确定每个网页的规范版本。

（2）决定要使用的网站地图格式。可以手动创建网站地图，也可以借助 Plone、WordPress、G-Mapper、Visual SEO Studio 等众多第三方工具进行创建。

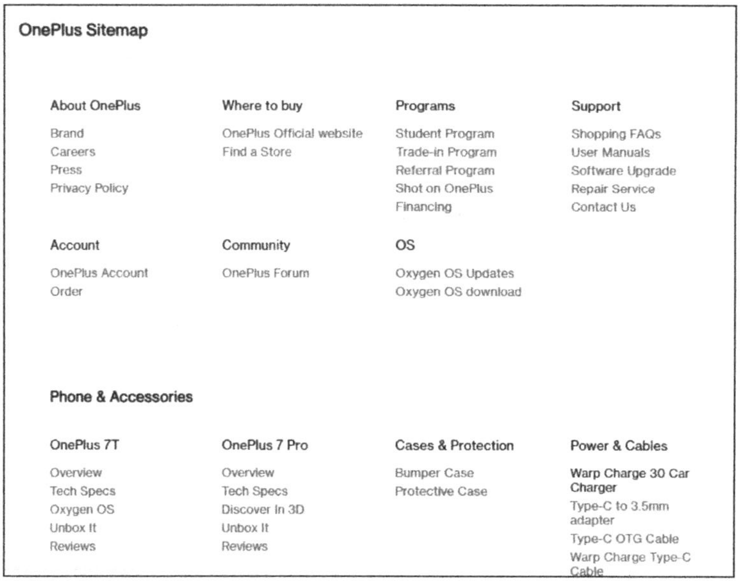

图 7-5　一加手机厂商官网美国站点的网站地图页面截图

（3）将网站地图提供给谷歌。可以选择将其添加到 robots.txt 文件中，也可以将其直接提交给谷歌网站站长。

卖家要注意单个网站地图的文件在未压缩状态下大小一律不得超过 50MB，并且其中包含的网址数量不得超过 50 000 个，否则必须将网站地图拆分成多个较小的网站地图；或者也可以选择创建网站地图索引文件，也就是指向网站地图列表的文件，然后将这个索引文件提交给谷歌。卖家可以向谷歌提交多个网站地图或者网站地图索引文件。

6. 网页内容

优质的网页内容毫无疑问会更加吸引用户的关注，提高用户转化率，也更有可能提升网站流量，同时也有利于搜索引擎对内容的抓取。

要想创建优质的网页内容，图片是关键，谷歌会将图片优化程度作为索引和抓取的参考标准之一。

在图片优化中，很多人首先关注的是图片本身的内容，包括元素构成、颜色搭配、整体创意等，卖家可以根据自己的想法利用 Photoshop 等软件工具设计丰富多彩的图片。

不过值得注意的是，除了图片内容本身，图片的大小也十分重要。访客往往不愿意在网站内容加载上花费过多时间，如果图片过大，图片的加载时间可能过长，从而导致较高的网站跳失率。因此，站长在处理图片时应关注图片的大小，可以利用 Photoshop 中的"图像"命令来修改大小，在保证图片像素的前提下，提供较小的图片，提升加载速度。

除了图片，文字也是网页的基本组成要素。图文并茂才是吸引访客并引导其驻足的重要因素。因此，卖家在设计网页内容时，应注意以下几点。

- 文字内容的撰写要浅显易懂，一定要注意避免拖沓冗长又有很多语法和拼写错误的情况，否则会给访客留下草率、不专业的印象。
- 围绕主题有条理地组织内容，并合理划分层次，使访客迅速找到所需要的内容。
- 提供新颖、独特的内容，要有属于自己网站的亮点，给访客留下深刻的印象，这样不仅有利于招揽回头客，而且通过历史访客的口口相传和社交媒体分享，能吸引更多的访客。
- 除了内容形式，卖家也可以预测用户可能会用什么关键词搜索与自己网站相关的内容，不同身份、认知的访客搜索相似内容时可能会用不同关键词，这时可以综合排布各种潜在的关键词，兼顾不同用户的搜索习惯。

（三）谷歌 SEO 工具

1. 谷歌站长工具

为了更好地和站长沟通，谷歌推出了谷歌站长工具。谷歌站长工具是谷歌官方提供的免费的网站管理平台，站长只要登录进入网站的控制台就可以对网站的运行情况进行监测。

站长可在平台上点击相应模块进行深入分析，如利用"搜索流量"模块可以查询通过搜索引擎引入的流量情况、指向网站的外链情况、内部链接情况等具体统计信息，也可以下载更多报告，了解用户进入网站的渠道。

谷歌站长工具更具人性化的功能是邮件。它会记录站长的网站操作，而且当网站违反谷歌规定或者出现网站错误时，谷歌会及时发送邮件通知站长给予站长修正的机会。

2. Google Ads 关键词规划师

Google Ads 关键词规划师是一款广受欢迎的关键词工具，能为用户提供关键词搜索、选择以及竞争情况分析等便利。2019 年谷歌公司对其进行了改版。

要想使用 Google Ads 关键词规划师工具，卖家首先需要注册一个 Google Ads 的账号，登录之后可以在后台工具一栏找到关键词规划师。键入与自己产品或者服务相关的字词或词组作为主关键词，按需设置覆盖的地理位置、语言、搜索网络和时间跨度，该工具会帮助你发现与之相关的新关键词，给出关键词建议。卖家通过该工具还可以查询具体的平均月搜索量、单次点击付费价格、竞争程度等。

卖家可以输入自己的网站，从而获取整个网站或者网页的关键词信息。依照这一思路，卖家也可以输入竞争对手的网站，了解其网站的关键词广告。

借助 Google Ads 关键词规划师的算法研究，卖家可以洞悉特定关键词的搜索频率、在一定时间跨度内的变化趋势，根据自身和竞争对手的具体情况筛选适合的关键词，从而有助于网站优化和竞价。

二、社交媒介推广

（一）Facebook 推广营销

1. Facebook 简介

Facebook 是一家全球注册用户众多、支持多种语言、覆盖国家和地区最广泛的社交平台。它由马克·扎克伯格和他的几个同学在哈佛大学读书期间创建，起初名为 Thefacebook，后来更名为 Facebook。Facebook 创建的初衷是给哈佛大学学生提供一个网上交流的平台，后来注册用户越来越多，覆盖全美甚至全球。

Facebook 是消息分享、博客、问答、图片和视频分享的集成平台，支持大量社交媒体功能。在 Facebook 上用户还能分享文章、发起讨论和活动、发送礼物。人们可以通过评论和点赞参与互动，通过分享和邀请将有趣的主页分享给朋友和粉丝。近年来，Facebook 也不断发布新功能，包括热门话题、广告服务、市场功能、谣言审核等，用户还可以将第三方应用集成到自己的主页上。

2. 创建个人账号

创建 Facebook 个人账号非常简单。首先登录 Facebook 官网，进入图 7-6 所示的账户注册页面。这时我们可根据真实情况填写个人基本信息和用于注册的邮箱或者手机号以及设置登录密码、生日、性别。这些信息在登录个人主页时可以修改，因此不必浪费过多时间思考。填写完成后单击下方的"注册"按钮即可。

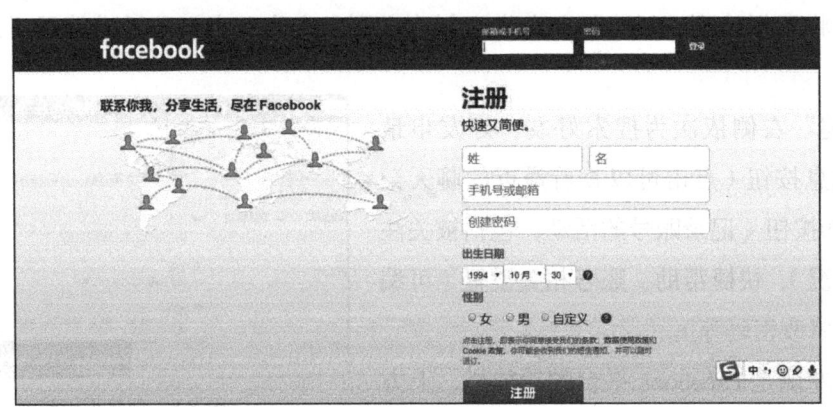

图 7-6　Facebook 注册页面截图

接下来会进入验证页面，如果上一步填写的是邮箱信息，则平台会给对应的邮箱发一封邮件进行确认，如果留下的是手机号，则平台会给对应的手机号发送短信验证码，输入正确的验证码，通过平台审核，个人账号就注册成功了。

3. 个人首页分析

注册成功之后用户可以单击 Facebook 首页的登录按钮登录刚刚注册的账号，即进入个人页面。个人页面上方导航栏最左侧是 Facebook 主页按钮，当用户浏览 Facebook 其他页面时点击此按钮可以一键返回 Facebook 主页。中间是长条的搜索框，用户输入搜索内容后会显示小组、用户等分类的搜索推荐内容，点击可以查看详情，也可点击搜索框右侧的"搜索"按钮，页面会显示搜索结果，如图 7-7 所示。

图 7-7　搜索结果页面截图

用户将鼠标放到"创建"上会弹出创建主页、广告、小组和活动等子目录，如图 7-8 所示。

"创建"右侧依次为搜索好友、好友申请通知、消息按钮（点击可以查看最近的聊天记录）、通知按钮（记录账号的活动，包括被关注和被赞情况）、快捷帮助、账号相关设置（可编辑信息、修改密码等）。

首页左侧是 Facebook 平台的功能栏，上方是消息部分，可以快捷地查看动态、消息以及

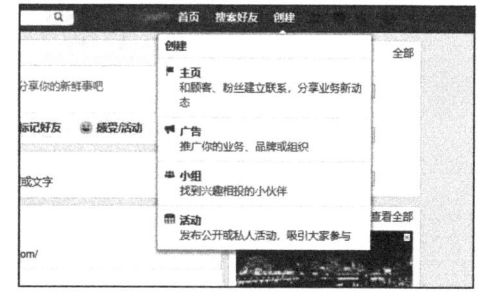

图 7-8　创建页面截图

最近的热门视频、新剧推荐等。下方是站内应用，有小组功能（推荐加入的小组和创建小组）、公共主页、活动、游戏、招聘、搜索好友等非常丰富的功能，用户可以自己在使用中慢慢摸索，挖掘新功能。

4. 发布个人动态

动态是广大用户在 Facebook 上保持互动的重要媒介，要拉近和朋友、粉丝之间的关系，除了看对方发布的动态，自己也要时常发布和更新帖子。Facebook 有非常多的发

帖功能，包括文字、图片、视频，甚至支持发链接。

个人首页的中上部分就是发帖的文本框，点击文本框任意处可进入帖子编辑状态，输入文字、上传照片、视频或者网页链接之后点击下方"发布"按钮即可发布成功。当然，用户也可以点击"发布"右上方好友权限，选择可以看见这条动态的好友。图 7-9 是动态发布过程的细节，其展示了上传网页链接后平台自动抓取网页图片并附上文字说明的动态效果。

图 7-9 动态发布页面截图

5. Gearbest 首页分析

Gearbest 是 Facebook 营销比较成功的案例，其官网首页如图 7-10 所示。

Gearbest 官方网站首页左上角是 Gearbest 的黄色大 Logo，非常醒目，令浏览者一眼就能看见；上方中间是巨幅广告，用户可单击下方"赞""关注""分享"等，也可单击右侧"去逛逛"从而跳转至 Gearbest 的官方网站。

首页中间主体部分是 Gearbest 发布的帖子，包括文字、图片、视频以及添加的一些活动。用户可以根据自己的兴趣点赞或者关注。

图 7-10 Gearbest 首页截图

首页左侧 Logo 下方是 Gearbest 页面的展示栏。用户单击相应的模块可查看详情。例如，单击"简介"，页面会跳转至公司简介页面，其中罗列着 Gearbest 公司的成立时间、使命、联系方式、商品以及官网和其他第三方平台地址；单击"小组"可查看和 Gearbest 有关的小组，包括公开小组和非公开小组，如图 7-11 所示。用户可加入小组参与讨论或者分享文件。

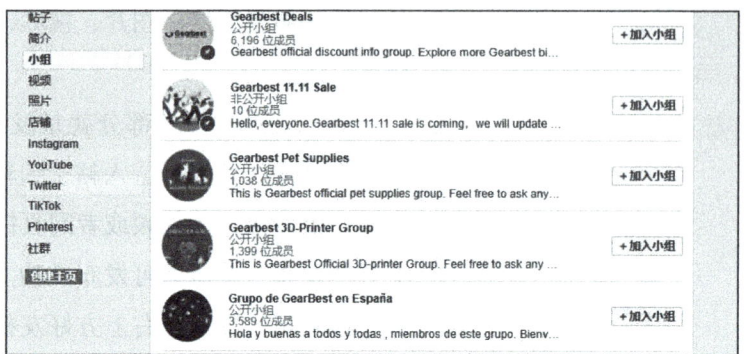

图 7-11 Gearbest 有关小组页面截图

6. 创建和完善主页

（1）单击顶部导航栏"创建"，也可以单击左侧导航栏"创建"按钮，选择"创建主页"选项，此后会弹出"商家或品牌"和"社群或公众人物"，这时可选择前者，如图 7-12 所示。

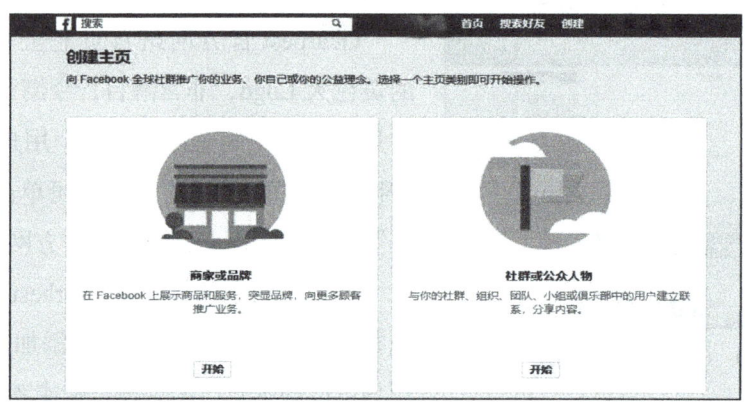

图 7-12 创建主页页面截图

（2）填写首页简介，包括主页名称、产品类别（输入关键词，平台会自动推荐类别，选择合适的类别即可）、卖家地址和手机号（选填），如图 7-13 所示。

（3）上传主页头像。卖家可以从计算机本地上传主页头像。一个醒目且优质的主页头像是吸引访客的重要因素，一般用企业的 Logo 比较合适。

（4）上传主页封面照片。封面照片是主页的形象，卖家应挑选吸引眼球的照片上传。如果暂时不想上传或者没有合适的照片，可以单击"跳过"，之后返回到主页页面仍然可以进行编辑。至此公共主页初步建成，公共主页概览如图 7-14 所示。

以上步骤完成后，只形成了一个初步的框架，想要面向更多访客，卖家需要进一步完善和优化。

首先可以添加简介。访客可以通过简介快速了解公司概况，因此有必要完善公司简介来向访客传递公司的信息。单击左侧"简介"按

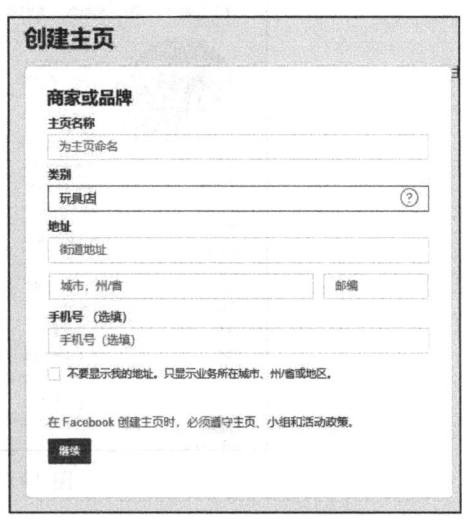

图 7-13 创建主页页面截图

钮，可进入简介编辑页面创建公司的主页账号、公司的详情介绍、联系方式、隐私权政策等具体内容，甚至还可以上传公司的故事，如图 7-15 所示。

其次考虑更换头像和封面图片。点击头像和封面可以选择添加或者更换图片，建议选取像素高的图片，这样才能保证图片的清晰度。另外，构思巧妙、妙趣横生的图片有助于公司通过 Facebook 开展营销，实现与粉丝之间的互动。

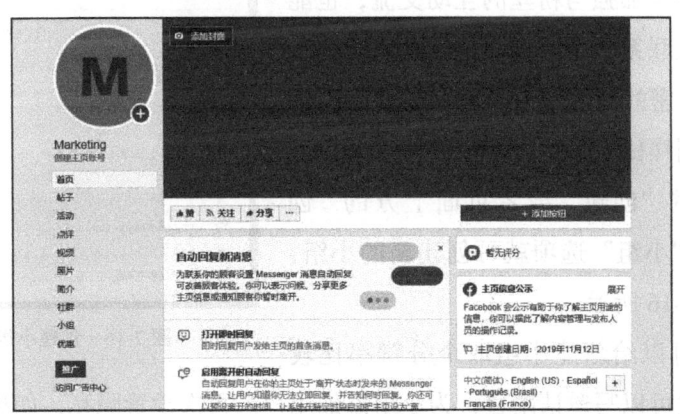

图 7-14 公共主页概览页面截图

图 7-15　添加简介页面截图

7. 创建小组

平台往往会根据用户上传的信息为其推荐各类型小组。用户浏览其他公司首页往往也会有与该公司相关的小组推荐，用户可以根据自己的兴趣和需要加入小组讨论。

Facebook 小组类似于我们常用的 QQ 群和微信群，小组是相互独立的空间，组内成员可以就某个特定的主题展开讨论、分享照片等。一些公司会通过建立小组加强与粉丝的互动交流，也能让粉丝相互建立联系，有些也会通过小组与合作伙伴建立相对私密的沟通和信息发布空间。

创建小组同样比较简便，单击左侧功能栏中的"小组"中的"创建"或者页面上方的"创建"选项下的"小组"选项就可创建新的小组，具体设置如图 7-16 所示。

图 7-16　创建小组页面截图

卖家首先可以给新建小组取个分辨率比较高的名字。其次可以写邀请附言，为小组添加用户。再次设置隐私，如果在下拉菜单中选择"非公开",则只有小组成员可以查看成员名单和小组帖,如果选择"公开",那么人人都可以查看成员名单和小组帖;也可以为小组设置隐藏功能,如果选择"可发现",则任何人都可以找到该小组,如果选择"不可发现",那么只有小组内成员可以找到这个小组。最后单击"创建",小组创建完成,该小组会即刻出现在小组列表中。

8. Facebook 广告

在 Facebook 平台上除了以帖子、小组等形式吸引流量,广告也是极为重要的营销手段。Facebook 的广告营销具有营销目标分类细致、广告创意形式多样等优势,其可以满足不同行业广告客户的推广要求,不仅降低了开展广告营销的门槛,而且有助于品牌在特定群体中的传播和扩散。

(1)创建广告。首先,单击个人首页上方导航栏最右侧的倒三角形,选择下拉菜单中的"Facebook 广告"选项,进入 Facebook business 页面,再单击页面右上角的"创建广告"按钮进入广告创建页面。

其次,选择自身的营销目标。营销目标包括三大模块,分别为品牌认知、购买意向和行动转化。三大模块又细分了更加具体的目标,如覆盖人数、访问量、互动率、视频观看量、转化量、店铺客流量等,如图 7-17 所示。

(2)设置广告账户。在广告账户设置页面可选择账户国家、地区、货币和时区。

这里需要注意的是,所有广告账单和报告数据都会使用这个货币和时区设置,以后如需修改设置,必须新建广告账户。

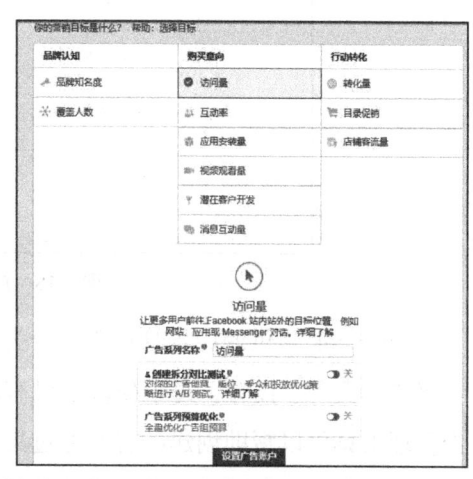

图 7-17 营销目标页面截图

(3)广告组的设置。广告组分为三大模块,即受众、版位、预算和排期。

①受众。受众是设置广告的目标人群,包括地区、性别、年龄、语言等信息。

②版位。选择希望广告展示的位置,可以选择自动版位和编辑版位两种,其中编辑版位需要手动选择展示位置,选择的版位越多,会有越多机会覆盖目标受众,实现推广

目标。

③预算和排期。设置花费预期和广告展示时间。预算是广告投放期间卖家愿意为此支付的金额，非实际花费的金额，其分为单日预算和总预算；排期有两种方式可供选择，一种是从今天起开始长期投放，另一种是在所选择的日期范围内投放。

（4）设置业务的广告发布身份、广告格式，选择多媒体素材（多张图片、一个视频或一张幻灯片），设置文字和链接等内容后，广告便可以投向受众。

为了提高广告营销质量，Facebook 平台还提供了广告管理工具（见图 7-18）来帮助商家管理广告账户执行绩效并不断自动优化广告。

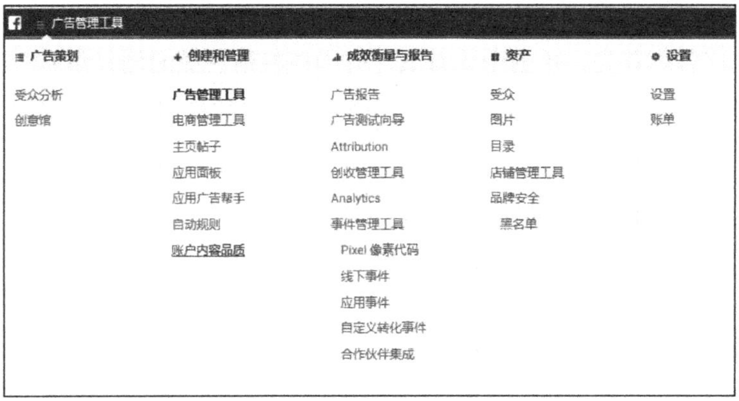

图 7-18　广告管理工具页面截图

Facebook 提供的广告管理工具分为五大模块，即广告策划、创建和管理、成效衡量与报告、资产、设置，每个模块下设有若干具体的工具。例如，创建和管理模块下的广告管理工具可以帮助创建广告并通过集成报告分析广告表现；利用电商管理工具可以管理电子商务销售情况（订单、成效分析和进账等）；单击广告报告可以在广告管理中创建并导出报告，查看广告关键指标，从而有助于商家分析如何达成业务目标等。

（二）Twitter 营销

1.Twitter 简介

Twitter 是美国的一家广受欢迎的社交网站，由杰克·多西（Jack Dorsey）、比兹·斯通（Biz Stone）和埃文·威廉姆斯（Evan Williams）于 2006 年 3 月共同创办，不少人称之为"互联网的短信服务"。其最大的亮点当属多年来对移动设备的支持。Twitter 的另一个与生俱来的特点是信息实时发布。正是 Twitter 一直以来重视移动端这一阵地，与移动通信技术紧密融合，促成了用户在平台上信息发布的实时性。目前智能手机的渗透率越来越高，几乎渗透至人们生活中的每个角落，一旦有新闻或者突发事件发生时，人们打开手机就能发布该信息，使得 Twitter 总能在第一时间将各类消息迅速传播开。

Twitter 和多数社交媒体不同的是，Twitter 平台对推帖本身有篇幅限制。由于 2006 年 Twitter 创建的时候主要是面向移动应用，当时的移动通信以短信为主，所以促成了 Twitter 文字精炼的风格，在很长一段时间内有 140 个字符的限制。2017 年 Twitter 将字符限制数扩展到了 280 个。

Twitter 简约、精炼的风格吸引了众多用户，人们可以通过简短的推帖迅速抓取和传播信息，与此同时也吸引了众多公司通过 Twitter 平台开展社交媒体营销，尤其值得一提的是其中包括其竞争对手——曾经意图收购 Twitter 的 Facebook。2007 年 3 月 Facebook 在 Twitter 上注册了官方账号，用来发布公司的重要事件、新闻以及软件更新等，同时也会和来自全球 1 351 万名粉丝互动，其主页如图 7-19 所示。

图 7-19　Facebook 的 Twitter 主页页面截图

2. Twitter 账号注册

卖家要想在 Twitter 上开展营销活动，首先要做的就是创建一个合适的账号。

登录 Twitter 官方网站，如图 7-20 所示。Twitter 官网营造的是一种简约的风格，蓝白底色给访客清爽大气的感受，"看看世界上的新鲜事"这一标语以及页面左侧蓝底白字的三则短语更令人萌生与他人交流、探索新世界的念头。

图 7-20　Twitter 官方网站页面截图

单击"注册"按钮，即可进入图 7-21 所示的 Twitter 新用户账号注册页面。这时用户可按照提示一步步填写名字、联系方式（手机号或者电子邮箱）、出生日期等信息，按照流程提示提交和确认登录密码并完成手机号或者邮箱验证。一旦信息被验证，电子邮件地址也被确认之后，账号注册即完成。

需要注意的是，Twitter 的用户名必须是唯一的，如果自己提交的用户名已有人占用，那么平台会让你更换用户名或者自动在名字后面添加数字以供参考。

账号注册完成后，用户可按照平台提示了解最基本的功能和使用方法。

图 7-21　Twitter 新用户账号注册页面截图

Twitter 的个人主页如图 7-22 所示，其页面简洁清晰，大体可分为左中右三部分。

左侧是 Twitter 的小鸟标志和导航栏，小鸟标志也是主页快捷键，不论后续浏览到哪个页面，点击该标志即可一键回到个人主页；功能栏罗列着 Twitter 各项操作的入口，包括"主页""探索""通知"等。

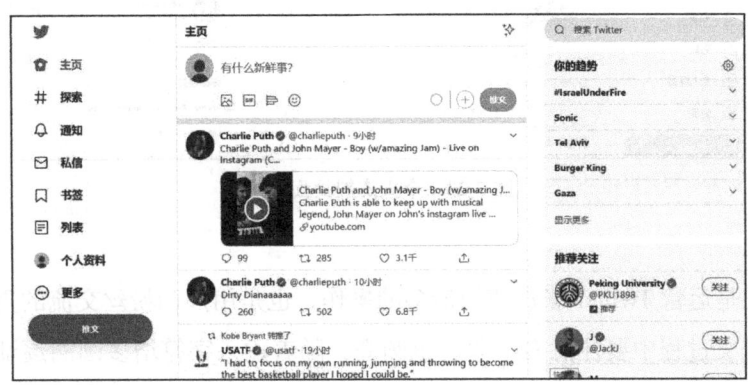

图 7-22　Twitter 个人主页页面截图

页面中间部分上方是推文发布框，卖家可以在发布框内输入文字、上传照片等来发布消息和动态；下方是所关注对象的动态。

页面右侧从上到下依次为搜索栏、趋势推荐和关注人推荐，卖家可以在搜索栏内自行搜索感兴趣的用户和内容，也可根据推荐关注感兴趣的人或事。

3. 完善个人主页

（1）完善个人资料

单击个人主页左侧导航栏的"个人资料"选项，进入图 7-23 所示的个人资料页面，可以发现刚注册账户的个人资料页内容不完整，头像和封面也是灰色状态。单击封面右下方"编辑个人资料"进入编辑页面，再单击头像和封面可以分别上传合适的照片，有品牌的商家和企业可以使用品牌 Logo 以提高辨识度；如果对初步设置的名字不满意，编辑页面还可以修改名字；为了突出自身特色，还可以为自己的产品或者品牌编辑一段简介，并可添加地址信息和网站等。其中，简介可以让访客快速了解公司，如 Anker 的官方账户简介介绍了公司使命；网站如果添加的是公司官网，则可以令访客快速访问，了解公司更详细的产品和文化等信息，达到通过 Twitter 引流的目的。

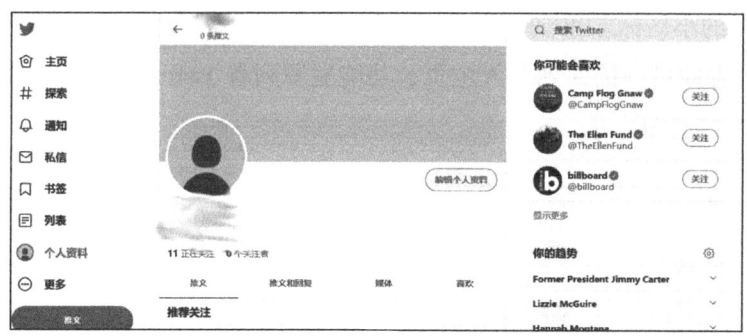

图 7-23　个人资料页面截图

（2）推文

发表推文是运营 Twitter 账户使用最多的操作，也是用户和粉丝交流的重要渠道。

在发表推文过程中要注意右下角白色圆圈，随着输入字符增多圆圈逐渐变蓝色，蓝色所占比例就是当前字符数占限制总字符数的比重，当圆圈变成橙色时，圆圈里面会出现数字，表示距离限制字符数还可以输入的字符数，当圆圈变成红色时，表示超过限制的字符数，此时单击右下角"推文"按钮若无反应，则不能发表推文。

这时应简化句式，也可以使用术语和缩略语。缩略语往往是英文短语的首字母缩写，熟练运用缩略语不仅能高效发布信息，而且能使发布的推文富有活力和感染力。另外，也可以单击"推文"左边加号按钮，在原推文的基础上补充一条。

在营销互动过程中，除了单纯的文字，商家也可适度添加照片、视频甚至网站链接。在推文发布框的左下角有四个小图标，单击最左侧照片小图标可以上传本地照片和视频；单击 GIF 小图标可以搜索动图资源并上传；往右是投票按钮，商家如果通过这种方式发布投票活动，就能增加和粉丝的互动，了解粉丝需求；也可在发布推文的过程中加入一些表情，避免让粉丝觉得是纯粹的营销而产生抵触心理。

如果发布的推文是视频或者音频的链接，可以将其在网站的 URL 地址粘贴至推文，Twitter 会自动识别该链接的具体内容并展示在推文中。视频链接上传在时间线中的效果如图 7-24 所示。卖家发布链接时要注意链接应和内

图 7-24　视频链接上传在时间线中的效果截图

容相关，否则会被当成垃圾链接看待，效果将大打折扣。

在发布推文频率方面，每天发布 3～5 条推文比较合适，并且每条推文之间适宜间隔一段时间，使其分布在一天的不同时段，以提高在粉丝面前的整体出镜率。

为了提高热度，卖家在发布推文时可以使用标签功能。如果一条推文嵌入了主题标签，那么这个主题标签会以超链接的形式呈现在用户面前。用户单击该主题标签，Twitter 会显示添加了同样标签的所有内容，因此标签相当于是某个主题的检索入口，当用户搜索或者在别处单击该标签时，页面很有可能也会显示卖家发表的推文（前提是卖家也添加了相同的标签）。由此可见，通过主题标签能有效提高品牌的曝光度，这不失为一个低成本的营销手段。图 7-25 为搜索带有 "Double 11" 标签时的结果。

标签虽然有效，但是在使用过程中也要关注一些细节。例如，同一条推文所添加的标签最好不要超过 3 个；标签一般放置在推文开头或者结尾，如果放在中间会影响用户阅读体验的流畅度；主题标签可以不区分大小写，但是不要出现拼写错误，否则会影响传播的效果等。

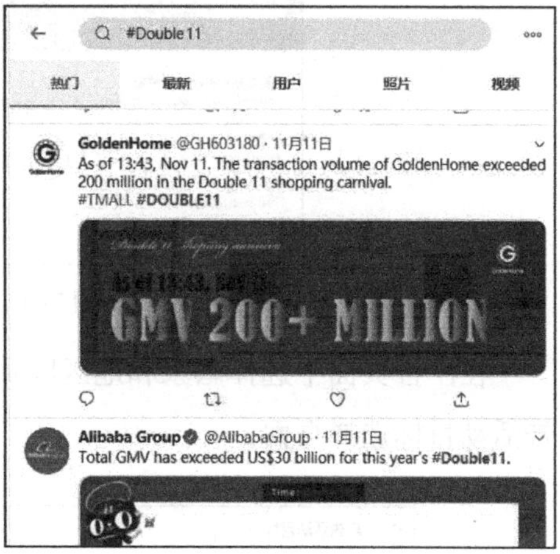

图 7-25　搜索带有 "Double 11" 标签时的结果页面截图

4. 广告营销

Twitter 平台提供自助式的广告服务平台，商家可以按需选择广告服务。Twitter 广告的优势在于基于平台对广大用户的定位精准投放广告和对广告客户按照广告投放后的实际效果收取费用。

Twitter 平台拥有大量用户数据，并且对用户属性深入挖掘。根据地理位置、性别、语言、关注者、兴趣爱好等信息，Twitter 广告系统后台能对用户实现比较全面的定位，从而将广告投放给目标人群。

同时，Twitter 在广告服务方面比较人性化还体现在收费模式上。有别于一般媒体，Twitter 广告的收费依据基于用户和广告的互动效果。只有当广告确实产生推广效果时，即当用户关注了平台推荐的账号或者对推荐的推文进行了回复、转发和收藏等时,广告客户才需要对每一个新关注者的关注和互动付费,从而大大降低了广告客户的广告成本。

商家可以单击 Twitter 主页左侧导航栏"更多"按钮中的"Twitter 广告"选项进入广告页面购买广告服务,如图 7-26 所示。

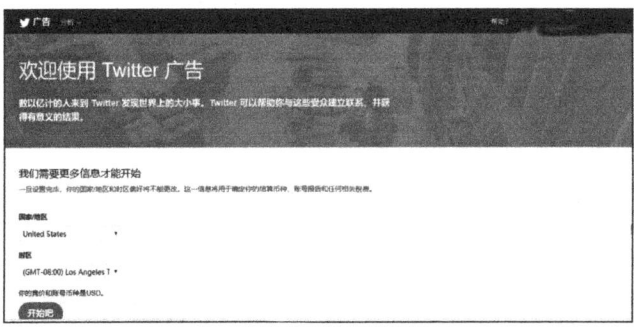

图 7-26　Twitter 广告页面截图

在广告页面中选择国家和地区以及时区,单击"开始吧"即进入如图 7-27 所示的广告活动目标选择页面。

图 7-27　广告活动目标页面截图

从图 7-27 中我们可以发现 Twitter 广告目标分为八类，分别为推文互动量、推广视频观看量、认知度、网站点击量或转化量、流媒体视频观看量、关注者、应用安装量和应用再次互动率。广告客户可以根据自己的实际需求点击相应的目标进入广告购买的具体设置页面。

以聚焦关注者这一目标为例，对广告活动进行设置，如图 7-28 所示。

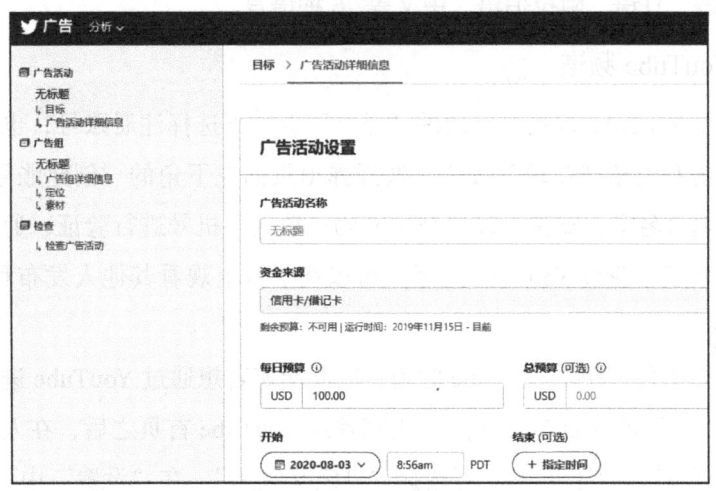

图 7-28 广告活动设置页面截图

通过图 7-28，卖家可以自行设置广告名称、预算、广告推广开始和结束的时间等广告互动详细信息。这一步设置完成后单击下一步依次设置广告组详细信息、广告受众定位、素材等信息，还可以单击页面左上角树状图中最底下的"检查广告活动"检查设置，如果设置无误，单击页面右上角的"启动广告活动"发布广告。

（三）YouTube 营销

1.YouTube 简介

YouTube 是世界上较大的视频分享网站之一。人们可以在平台上观看他人发布的各种视频，也可以自己上传视频，YouTube 创建的初衷就是方便朋友之间分享视频。YouTube 发展速度十分迅猛，仅仅 15 个月就成功超越 MSN Video、Google Video 等强劲的竞争对手。

2006年11月，谷歌以16.5亿美元收购了YouTube，并把其作为一家子公司来经营，用户可以凭借谷歌账户登录YouTube。2007年YouTube开始拓展全球本地化服务，对于不同国家的用户，YouTube推出了可供选择的多国语言网站页面。目前YouTube已经可以自动识别用户计算机的语言并跳转到相应页面，支持的语言有英语、西班牙语、葡萄牙语、意大利语、日语、阿拉伯语、中文等76种语言。

2. 开通YouTube频道

我们可以在YouTube首页右上角的"登录"选项下选择注册账号，也可以直接登录谷歌首页，单击右上角"登录"按钮，选择弹出页面左下角的"创建账号"。在所弹出的页面中依次填写名字、邮箱，设置登录密码；填入手机号进行验证，通过之后账号即创建成功。用该账号登录YouTube之后，可以在平台上观看其他人发布和转发的视频、订阅视频和频道。

由于谷歌账号不会附带YouTube频道，因此卖家若想通过YouTube进行营销，则需要自己创建一个公开的YouTube频道。卖家登录YouTube首页之后，在人像下拉菜单中会出现"我的频道"，点击进入，可选择"自定义频道"。在"设置"中可创建新频道，填写品牌名称即可创建一个频道。而后进入"我的频道"下的"自定义频道"，可以对频道内的具体信息进行完善。

影响频道门面的首先是频道图标和图片，两者会给浏览者留下对该频道的第一印象，因此卖家上传的照片最好既有辨识度又显得和谐。上传完照片，可以完善"简介"，添加频道描述、公司邮箱、连接到公司网站的链接以及其他社交平台账号等信息，使自己的频道更个性，体现自身的特点，传递企业的价值观。

3. 创建视频

要想通过优质的视频吸引粉丝的关注，获取更多订阅量，卖家必须要做好视频内容构思、视频录制和编辑、上传视频三个环节的工作。

首先是视频内容构思。开始拍摄视频前，卖家需要考虑清楚该视频的推送目的，如添加频道的订阅者、提高品牌知名度、日常视频分享等。一个视频最好只确定一个目标，并且之后的录制和编辑都为该目标服务。确定目标之后就可以准备具体的视频内容，包括写视频脚本和台词。一切准备就绪之后，除非是即兴表演或者录制意想不到、不能控制的内容，否则必须按照剧本多彩排几次，以提高视频拍摄的效率，增加视频的流畅性。

其次是视频录制和编辑。在这个信息爆炸的时代，提高视频品质、突出自己的特色是做好视频营销的竞争优势所在。为了给视频受众留下好印象，我们可以观看一些视频录制的相关教程，以拍摄出优美、大气的视频。对于在不同场景拍摄完成的视频，可以使用自己熟练的视频编辑软件把它们拼接成为一个整体，也可以按需添加滤镜等特殊效果。但是要注意整体画面，切换要自然。

另一个非常重要的内容是为视频添加合适的背景音乐，帮助营造氛围，这也能体现出专业性。通常情况下，人们对于图片的关注度会更高，为了快速吸引受众，可以为视频创建一个缩略图。缩略图是视频呈现在大家搜索结果或者列表中所显示的画面。

最后是上传视频。一切准备妥当之后，卖家可以将成果上传到 YouTube 频道。YouTube 对于上传的视频长度有一定限制，网站对于 15 分钟以下的视频没有限制，可以直接在频道中上传，但是长于 15 分钟的要先进行身份认证后才能发布。此外，YouTube 不允许新注册的账户上传 15 分钟以上的视频。因此，对于新账号可以先从短视频入手。

4. YouTube 视频推广

上传的 YouTube 视频应能触及更多受众，促进他们讨论、转发和分享，简单的动态分享式上传视频往往效果不大，因此卖家需要考虑如何主动推广。卖家可以从两方面进行考虑：一是优化视频；二是借助其他工具推广视频。

卖家可从以下几方面着手来优化视频。

（1）设置合适的视频标题

标题是一个视频的核心概括，在搜索中权重最大，优质的标题通常能将视频的亮点显现出来，从而吸引更多用户的关注。但是如果标题描述的内容和视频本身不符，那么用户的跳失率或者吐槽率就会增加。因此，在设置标题时，卖家可以参考以下两点。第一，标题要简明扼要。尽量把标题字符数控制在 70 个左右，保证整个标题都会出现在搜索结果中，也能够凸显关键词，方便视频搜索者和浏览者第一时间抓取想要搜索的关键词。第二，标题描述要准确。标题要准确描述视频所要传达的信息，不要为了加标题而设置标题，引用不相关的关键词滥竽充数只会带来视频浏览量和点击率的下滑。

（2）附上视频说明

视频说明是用来描述视频内容的，字符数通常要控制在 160 个以内，可以简要描述视频内容，也可以根据视频强调的要点进行补充或重复说明，还可以放置相关流量导向的链接，引导视频观看者访问相关页面。这也是大多数视频播客惯用的方法。

（3）标签

标签是对与视频相关的关键词的整理，可以在很大程度上增加视频被检索到的概率。标签通常由几个关键词或几个短语组成，这些关键词或短语较为准确地反映了视频内容。这类关键词也是优质视频需要重点关注的对象。各关键词之间通常以逗号分开，它们通常以类目词和核心词为主，即由品牌＋类目词＋核心词构成所谓的热搜词。

除了优化视频本身，卖家也可借助其他工具来推广视频。目前 YouTube 已经将视频分享机制做到了很大程度的简化，不仅可以实现网站内部转发，还能分享至其他平台。例如，单击视频的分享按钮，可以实现一键分享至 Facebook、Twitter 等社交媒体，方便企业或者个人在各个社交媒体账号之间实现营销内容的贯通。另外，还可以在自己的网站和博客中嵌入 YouTube 视频，在推广该视频的同时也能为网站带来更多流量。此外，还可利用邮件分享视频，增加嵌入视频的播放量甚至引导订阅者以及其邮箱联系人观看相关的播放列表。

5. YouTube 广告

YouTube 作为一个视频网站，为广告营销提供了非常好的平台，尤其是视频的多样性更是为广告投放提供了更多的选择和空间。YouTube 上的广告投放模式和腾讯、爱奇艺、优酷等国内视频网站不一样，它是选择性的投放，能让浏览者自己选择是否观看广告，而国内视频网站如果没有充值会员往往在观看正式内容之前被强制观看几十秒甚至一百秒以上的广告，因此 YouTube 的广告模式更加人性化，也给用户带来了更好的浏览体验。

YouTube 的人性化还体现在收费模式上，由于用户可以自己选择是否观看广告，所以广告主付费也相当灵活，一旦用户选择跳过广告就不用付这一部分的费用。

商家在 YouTube 上最常使用的广告形式是 TrueView 广告，其分为 TrueView 视频发现广告和 TrueView 插播广告。

TrueView 视频发现广告往往在视频搜索时展示。

TrueView 插播广告往往在用户观看视频的开头、中间或者结尾弹出，播放 5 秒左右之后用户可选择跳过广告。如果用户观看广告时长超过 30 秒或者看完一个不到 30 秒的广告视频，那么广告主就需要支付这一部分的广告费。

三、"网红"营销

（一）"网红"简介

网络红人（简称"网红"）是指在现实或者网络生活中因某个事件或者某种行为受到网民关注从而走红的人。"网红"在社交平台上拥有一大批追随者，并且在这些追随者中具有比较强的影响力，他们能够凭借自身的影响力，通过广告、直播、电商等方式展现其强大的营销能力。

"网红"涵盖的范围很广，我们比较容易想到的"网红"如电商模特、视频主播、街拍达人等，事实上很多明星、演员、教师、主持人、运动员，甚至科学家等都有可能成为"网红"，因此"网红"并不仅仅局限于某个特定的领域。

近几年国内"网红"经济发展迅速，以 papi 酱、号称"口红一哥"的李佳琦等为代表的"网红"流量火爆，其在微博、抖音等各类社交平台均拥有大量粉丝，发布的动态往往获得几十万的点赞量和转发量。许多商家纷纷抛出与"网红"合作的橄榄枝。

相比近几年"网红"的火爆，在互联网普及比较早的国家，其"网红"经济起步更早。2004 年 Facebook 等社交平台崛起给了大家分享内容、展示自己的平台。2007 年 YouTube 推出的"视频广告 45% 的收入归 YouTube 平台所有，55% 的收入归视频内容创作者"的分成计划更是大大激发了网络内容制作者的热情,"网红"开始大量出现。同时,类似"网红"经纪公司的MCN(多频道网络)也开始崛起,为"网红"提供周边服务,包括持续创造内容、广告接单、匹配品牌等。

在海外,大家将"网红"称为"influencer",从字面意思看是指有影响力的人,其影响力在"网红"的流量吸引以及对于营销的带动上得到了不错的体现。在欧美,就连以往高贵冷艳的奢侈品牌也越来越倾向于找"网红"代言。

过去很多年,企业为自己和自身的产品采用传统广告模式做宣传,经济实力强大的大企业往往会邀请知名的明星做企业的代言人,但是这一模式对众多中小企业造成不小的困扰。而如今,社会化媒体平台的出现明显降低了企业的广告门槛,企业可以通过在各种各样的社交网络,如国内的微信、微博,海外的Facebook等社交媒体上发布相关的产品和服务信息,从而收获巨大的粉丝效应和社群效应,如今还可以通过"网红"营销这一越来越火的方式进行营销。

在这种大趋势下,有效开展"网红"营销也是一种海外营销的极佳手段。

(二)"网红"定位

基于国内大红大紫的"网红"的火爆流量和不菲的身价,很多人容易形成借助"网红"营销需要高昂的成本的想法,但事实上"网红"不仅仅包含那些有数百万粉丝的大"网红",更多的"网红"其实是一些细分行业或者拥有较少粉丝数的中小"网红"。

相较知名的大"网红",众多中小"网红"的优势主要体现在以下几个方面。

- 中小"网红"有更高的概率回复宣传邀请,合作谈判相对容易,在真正合作过程中他们也相对不会很强势。
- 中小"网红"的报价比较低,可以节约营销成本,相较知名"网红"在Instagram等平台上一条推广帖可达几十万美元,中小"网红"的推广费用可以低至几千甚至几百美元。
- 切入细分行业的中小"网红",对于粉丝的"痛点"及"痒点"把握更加准确,拥有更牢固的粉丝基础,也能产生不错的营销效果。

如果营销预算足够,卖家可以放心考虑直接和知名"网红"合作,这样能更快地带来流量增长,但若预算不够充足,那么中小"网红"就是真正应该去寻找并能达成切实可行合作的群体。

此时我们已经知晓"网红"流量的价值和作用,但是"网红"群体数量过于庞大,如何才能找到适合的"网红"并且达成合作,成为一个需要攻克的难题。

(三)"网红"筛选

1. 在社交媒体上搜索相应的标签

在 Facebook、Twitter、YouTube 等社交媒体上,大家对于某个共同话题的讨论都会被加上标签,同一话题下的讨论者基本都是对这个话题感兴趣或者有相同观点的人群,可以通过标签查找已经在推广或者宣传类似的产品和服务的"网红"。由于是相同的一个或者同时贴有若干个相同的标签,那么这部分"网红"更有可能对卖家的产品感兴趣,并且他们的目标受众很可能跟卖家的产品更加吻合。

2. 通过谷歌搜索当地的博主

国内用户主要通过微信、微博发布动态,博客使用热度已逐渐减少,但博客在海外仍然非常流行,也拥有广泛的细分行业用户群。如果产品针对的是某个国家或者地区的特定用户,和当地的博主(Blogger)合作,让其帮助推广是一个非常好的营销选择。卖家可以通过"行业类别 +blogs in+ 国家 / 地区"这一搜索方式找到一些博主再进行挑选,通过这些博主的博客辐射到当地的目标用户。

3. 借助"网红"接单平台

随着"网红"经济的发展,很多"网红"经纪公司、接单平台纷纷嗅到商机如雨后春笋般地纷纷成立。因此,除了主动寻找海外"网红",卖家也可以将公司的"网红"需求发至"网红"接单平台,推广类型比较匹配或者有兴趣的"网红"在看到营销需求后会主动联系。类似的品牌商和"网红"对接平台主要有 Tribe、Famebit、Nichify 等,每个平台的侧重点略有不同。例如,Tribe 平台有大量丰富的 Instagram "网红"资源,

Famibit 更加侧重的是 YouTube "网红"。

4. 借助第三方工具进行筛选

以上搜索方法可以初步帮助卖家找到大致匹配的"网红",但是对于"网红"具体情况的了解,卖家会存在比较多的盲区,包括不容易查看到"网红"的"粉丝"精确信息,如"粉丝"的国籍、年龄、性别、爱好等,导致无法判断通过这些"网红"发布的信息面向的受众是否为目标人群;同时也无法借助"网红"营销获得具体的营销效果。这时卖家需要借助一些第三方工具进行更加精准的筛选。目前使用比较多的第三方工具主要有 Shoutcart,Influence,BuzzSumo,Klear,HYPR 等。

Shoutcart 能够进行"网红"关注者的人口统计(语言、国籍、年龄、性别等),以帮助卖家更好地选择有更多匹配目标受众的合作"网红"。卖家登录 Shoutcart 官网可以按照分类查看"网红"代表的关注者人数、评分,可以根据自己的产品和服务选择更详细的类别。但是游客状态无法查看具体账号以及价格,要想深入了解可以注册账户并尝试付费。Shoutcart 每天还会审核红人信息,提高透明度。

Influence 是世界上第一个为全球"网红"营销社区建立专业分享内容和持久关系的平台,其可以帮助用户根据地理位置、类别和其他人口因素找到合适的网红。平台还根据用户名首字母罗列了"网红",卖家登录平台可以看到很多拥有大量"粉丝"的"网红",并且标有各种标签。

HYPR 是一款免费的"网红"营销工具,其拥有的"网红"数超过 1 000 万。登录 HYPR 官网可以看到不同领域"网红"的分类汇总,用户可按需快捷寻找;也可以通过搜索过滤功能找到与自己产品匹配度较高的"网红",并查看他们的社交账号信息判断是否合适。